供水服务绩效指标手册

(原著第二版)

Performance Indicators for Water Supply Services
(Second Edition)

埃伦娜·阿莱格雷　　海梅·梅洛·巴普蒂斯塔
恩里克·卡布雷拉　　弗朗西斯科·库维洛
帕特里夏·杜阿尔特　　沃夫兰·赫尔纳　　　著
沃尔夫·默克尔　　　雷纳托·帕雷纳

韩伟　李爽　曾为　译

中国建筑工业出版社

著作权合同登记图字：01—2009—2510 号
图书在版编目（CIP）数据

供水服务绩效指标手册（原著第二版）/阿莱格雷等著；韩伟等译.
—北京：中国建筑工业出版社，2010.12
ISBN 978-7-112-12605-7

Ⅰ.①供… Ⅱ.①阿…②韩… Ⅲ.①城市供水-工业企业管理-指标-手册 Ⅳ.①F294.1-62

中国版本图书馆 CIP 数据核字（2010）第 206412 号

Performance Indicators for Water Supply Services-Second Edition / H Alegre, JM Baptista, E Cabrera Jr, F Cubillo, P Duarte, W Hirner, W Merkel, R Parena,

Copyright © 2006 IWA Publishing
Translation Copyright © 2010 China Architecture & Building Press

This translation of Performance Indicators for Water Supply Services-Second Edition, is published by arrangement with IWA Publishing of Alliance House, 12 Caxton Street, London, SW1H 0QS, UK, www.iwapublishing.com

本书由英国 IWA 出版社授权翻译出版

《供水服务绩效指标手册》（原著第二版）系统介绍了国际水协推荐的供水服务绩效指标体系的组成，详细介绍了绩效评价指标，特别对使用指标进行绩效评价的方法进行了阐述。书中还介绍了葡萄牙、德国、西班牙等国家开展行业绩效评价的经验。本书对建立供水行业绩效指标体系有着指导性意义，可供我国供水行业的运营管理人员学习和使用，也是从事供水绩效评估体系研究的重要参考资料。

责任编辑：于　莉　姚丹宁
责任设计：董建平
责任校对：姜小莲　马　赛

供水服务绩效指标手册
（原著第二版）
Performance Indicators for Water Supply Services
(Second Edition)

埃伦娜·阿莱格雷　　海梅·梅洛·巴普蒂斯塔
恩里克·卡布雷拉　　弗朗西斯科·库维洛
帕特里夏·杜阿尔特　　沃夫兰·赫尔纳　　　　著
沃尔夫·默克尔　　　　雷纳托·帕雷纳
韩　伟　李　爽　曾　为　　　　　　　　　　译
*
中国建筑工业出版社出版、发行（北京西郊百万庄）
各地新华书店、建筑书店经销
北京嘉泰利德公司制版
北京云浩印刷有限责任公司印刷
*
开本：787×1092 毫米　1/16　印张：18½　字数：360 千字
2011 年 4 月第一版　　2011 年 4 月第一次印刷
定价：**68.00** 元
ISBN 978-7-112-12605-7
　　　（19879）

版权所有　翻印必究
如有印装质量问题，可寄本社退换
（邮政编码 100037）

目 录

图表目录 ··· XI
译者序 ··· XV
第二版前言 ··· XVII
致 谢 ··· XIX
作者简介 ··· XXI
单位符号 ··· XXVI
缩略语 ··· XXVII

第 I 篇　IWA 绩效指标手册 ····································· 1

第 1 章　综 述 ··· 3
1.1　供水行业简介 ·· 3
1.2　供水行业面临的挑战 ·· 4
1.3　供水行业绩效评估的必要性 ································ 4
1.4　供水行业绩效评估的潜在使用者 ······················· 4
　　1.4.1　重要的相关实体或利益方 ························· 4
　　1.4.2　其他相关利益方 ······································ 5
　　1.4.3　潜在的利益和使用价值 ····························· 6
1.5　本手册的作用 ·· 7
　　1.5.1　主要作用 ··· 7
　　1.5.2　辅助作用 ··· 7
1.6　关于本手册 ··· 7

第 2 章　绩效指标体系 ·· 8
2.1　绩效指标体系构成 ··· 8
　　2.1.1　数据元素 ··· 8
　　2.1.2　指标变量 ··· 8
　　2.1.3　绩效指标 ··· 9
　　2.1.4　背景信息 ··· 9

目 录

- 2.1.5 解释性因素 ········· 9
- 2.2 绩效指标体系定义阶段要求 ········· 10
  - 2.2.1 绩效指标定义原则 ········· 10
  - 2.2.2 指标变量定义原则 ········· 10
  - 2.2.3 背景信息及其他数据元素 ········· 11
- 2.3 数据的准确性和可靠性 ········· 11
  - 2.3.1 推荐的准确性级别 ········· 11
  - 2.3.2 推荐的可靠性级别 ········· 12

第3章 IWA 绩效指标体系 ········· 13

- 3.1 绩效指标体系目标 ········· 13
- 3.2 绩效指标体系结构 ········· 14
  - 3.2.1 绩效指标 ········· 14
  - 3.2.2 指标变量 ········· 15
  - 3.2.3 背景信息及其他数据 ········· 15
- 3.3 使用 IWA 绩效指标体系 ········· 16
- 3.4 绩效体系指标 ········· 17
  - 3.4.1 基本假设 ········· 17
  - 3.4.2 水资源指标 ········· 18
  - 3.4.3 人事指标 ········· 19
  - 3.4.4 实物资产指标 ········· 22
  - 3.4.5 运行指标 ········· 24
  - 3.4.6 服务质量指标 ········· 30
  - 3.4.7 经济与财务指标 ········· 34
- 3.5 绩效体系指标变量 ········· 40
- 3.6 绩效体系解释性因素 ········· 41
  - 3.6.1 解释性因素的种类 ········· 41
  - 3.6.2 解释性背景信息 ········· 42
  - 3.6.3 解释性绩效指标和变量 ········· 44
  - 3.6.4 其他解释性因素 ········· 44

第4章 实施绩效指标系统 ········· 48

- 4.1 简介 ········· 48
- 4.2 使用 IWA 绩效指标 ········· 49
- 4.3 确定目标 ········· 50
- 4.4 定义策略 ········· 50

4.5　确立关键性成功因素 ·· 51
4.6　建立绩效指标体系 ·· 51
　4.6.1　定义战略绩效评价指导方针 ····························· 52
　4.6.2　挑选合适的绩效评价指标 ······························· 53
4.7　评价绩效指标 ·· 57
4.8　持续改进绩效指标 ·· 59

第5章　IWA绩效指标应用实例 ·································· 60
5.1　前言 ·· 60
5.2　IWA指标体系在更新改造供水管网方面的应用 ············ 60
　5.2.1　背景、目标和应用范围 ·································· 60
　5.2.2　选择和定义绩效指标体系指标 ·························· 61
　5.2.3　管网修复绩效指标工具 ·································· 64
　5.2.4　试验性中试 ·· 64
　5.2.5　结论 ··· 67
5.3　葡萄牙在水务与废弃物管理方面的经验 ····················· 68
　5.3.1　简介 ··· 68
　5.3.2　服务管理类型 ··· 68
　5.3.3　行业监管需求 ··· 69
　5.3.4　IRAR管理目的 ··· 70
　5.3.5　IRAR工作范围 ··· 70
　5.3.6　IRAR监管模型 ··· 70
　5.3.7　服务评价、标杆基准和公共信息 ······················· 72
　5.3.8　第一年实施成效 ·· 76
　5.3.9　结论 ··· 78
5.4　IWA绩效指标的典型实例研究：德国巴伐利亚供水效率
　　　及质量分析 ·· 78
　5.4.1　简介 ··· 78
　5.4.2　EffWB的目标 ·· 79
　5.4.3　参与组织及背景信息 ····································· 79
　5.4.4　建立绩效指标体系 ······································· 80
　5.4.5　定性及定量成果 ·· 81
　5.4.6　结论 ··· 84
5.5　西班牙马德里Comunidad在水源管理效率评估方面的应用 ·· 84
　5.5.1　简介 ··· 84

5.5.2 效率分析的主要组成 ·········· 85
　　5.5.3 地理范围 ················ 87
　　5.5.4 时间区间 ················ 88
　　5.5.5 效率战略 ················ 89
　　5.5.6 水源使用控制及优化 ·········· 96
　　5.5.7 结论 ·················· 99

第6章 参考文献 ················ 100

第Ⅱ篇 IWA 绩效指标体系应用说明 ········ 103

第7章 水平衡定义 ················ 105
7.1 水平衡的定义 ················ 105
　　7.1.1 供水系统输入和输出的定义 ········ 105
　　7.1.2 水平衡组成 ················ 107
　　7.1.3 计算无收入水量和漏失水量的步骤 ···· 108
7.2 组织职能 ··················· 109
　　7.2.1 组织职能 ················· 109
　　7.2.2 每一部分功能的子功能 ·········· 110
7.3 财务概念 ··················· 114
　　7.3.1 年损益结构表 ··············· 114
　　7.3.2 相关名词的详细定义 ··········· 115
7.4 补充定义 ··················· 117

第8章 绩效指标 ················· 121
8.1 简介 ···················· 121
8.2 绩效指标速查清单 ·············· 121
　　8.2.1 水资源指标 ················ 121
　　8.2.2 人事指标 ················· 121
　　8.2.3 实物资产指标 ··············· 122
　　8.2.4 运行指标 ················· 123
　　8.2.5 服务质量指标 ··············· 125
　　8.2.6 经济与财务指标 ············· 126
8.3 水资源指标 ················· 128
8.4 人事指标 ··················· 129
　　8.4.1 全部职工人事 ··············· 129

8.4.2 主要部门人事 … 130
8.4.3 技术服务人事 … 131
8.4.4 人员资历 … 133
8.4.5 人员培训 … 133
8.4.6 健康与安全人事 … 134
8.4.7 加班时间 … 135

8.5 实物资产指标 … 135
8.5.1 净水厂 … 135
8.5.2 储水池 … 136
8.5.3 水泵 … 136
8.5.4 水处理 … 137
8.5.5 输配水管网 … 137
8.5.6 水表 … 138
8.5.7 自动化及控制 … 139

8.6 运行指标 … 139
8.6.1 实物资产检查与维修 … 139
8.6.2 仪器仪表校准 … 141
8.6.3 电力及信号传输设备检查 … 142
8.6.4 交通工具使用 … 143
8.6.5 主管、阀门及服务连接点的修复、更新 … 143
8.6.6 水泵修复 … 145
8.6.7 水量漏损 … 145
8.6.8 故障 … 148
8.6.9 水表计量 … 150
8.6.10 水质检测 … 151

8.7 服务质量指标 … 153
8.7.1 服务覆盖面积 … 153
8.7.2 公共水龙头用户 … 154
8.7.3 供水压力与供水连续性 … 155
8.7.4 供水水质 … 158
8.7.5 服务连接点和水表安装、修复 … 159
8.7.6 客户投诉 … 160

8.8 经济与财务指标 … 162
8.8.1 收入 … 162

目录

- 8.8.2 成本 ··· 163
- 8.8.3 运营成本构成 ··· 164
- 8.8.4 运营成本构成中主要业务成本 ··· 165
- 8.8.5 运营成本中技术成本 ··· 166
- 8.8.6 资本成本构成 ··· 167
- 8.8.7 投资成本 ··· 168
- 8.8.8 平均水费 ··· 169
- 8.8.9 效率 ··· 169
- 8.8.10 财务杠杆 ··· 171
- 8.8.11 财务流动性 ··· 172
- 8.8.12 盈利能力 ··· 172
- 8.8.13 水量漏损的经济成本 ··· 173

第 9 章 指标变量 ··· 175
- 9.1 简介 ··· 175
- 9.2 A 部分——水量数据 ··· 175
- 9.3 B 部分——人事数据 ··· 182
- 9.4 C 部分——实物资产数据 ··· 190
  - 9.4.1 储水池数据 ··· 190
  - 9.4.2 净水厂数据 ··· 191
  - 9.4.3 泵站数据 ··· 191
  - 9.4.4 输配水管网 ··· 192
  - 9.4.5 计量及控制设备 ··· 193
  - 9.4.6 服务连接端 ··· 195
- 9.5 D 部分——运行数据 ··· 196
  - 9.5.1 能耗数据 ··· 196
  - 9.5.2 检查和维护数据 ··· 197
  - 9.5.3 预防性维护数据 ··· 200
  - 9.5.4 故障数据 ··· 202
  - 9.5.5 管网水压和服务连续性数据 ··· 203
  - 9.5.6 计量数据 ··· 205
  - 9.5.7 水质检测数据 ··· 206
- 9.6 E 部分——人口及客户数据 ··· 211
- 9.7 F 部分——质量服务数据 ··· 213
  - 9.7.1 服务数据 ··· 213

9.7.2	客户投诉	217
9.8	G部分——经济及财务数据	219
9.9	H部分——时间数据	235
9.10	变量索引	235
9.10.1	水量数据	235
9.10.2	人力资源数据	236
9.10.3	实物资产数据	237
9.10.4	运行数据	238
9.10.5	人口及客户数据	240
9.10.6	质量服务数据	240
9.10.7	经济及财务数据	241
9.10.8	时间数据	243

第10章 背景信息 244

10.1	背景信息列表	244
10.2	企业信息	248
10.3	服务信息	250
10.4	系统资产	251
10.4.1	水源	251
10.4.2	储水池储存	252
10.4.3	净水厂	252
10.4.4	输水及配水储存池/服务储水池	253
10.4.5	泵站	253
10.4.6	输水及配水管网	254
10.4.7	主管材料	254
10.4.8	主管直径	255
10.4.9	主管管龄	256
10.4.10	服务连接管	256
10.4.11	服务连接管道材料	257
10.4.12	私人泵站和储水池	258
10.5	用水及高峰因素	258
10.5.1	系统平均进水	258
10.5.2	各类用水所占比例	258
10.5.3	供水峰值信息及出口水	259
10.6	人口及经济	260

- 10.6.1 人口增长率 ······ 260
- 10.6.2 欧元兑换率 ······ 261
- 10.7 环境 ······ 261

第 11 章 不确定度及其传递 264
- 11.1 准确度、可信度及不确定度 ······ 264
- 11.2 不确定度传递规律 ······ 265

图表目录

第Ⅰ篇　IWA绩效指标手册 1

第1章　综　述 3
图1-1　水务企业与所处环境关系 5
第2章　绩效指标体系 8
图2-1　绩效指标体系的元素组成 8
表2-1　推荐的准确性级别 12
表2-2　推荐的可靠性级别 12
第3章　IWA绩效指标体系 13
表3-1　水资源指标（Ⅱ-128） 18
表3-2　全部职工人事指标（Ⅱ-129） 19
表3-3　主要部门人事指标（Ⅱ-130） 19
表3-4　技术服务人事指标（Ⅱ-131） 20
表3-5　人员资历指标（Ⅱ-133） 21
表3-6　人员培训指标（Ⅱ-133） 21
表3-7　健康及安全人事指标（Ⅱ-134） 21
表3-8　加班时间指标（Ⅱ-135） 22
表3-9　净水厂指标（Ⅱ-135） 22
表3-10　储水池指标（Ⅱ-136） 22
表3-11　水泵指标（Ⅱ-146） 23
表3-12　输配水管网指标（Ⅱ-147） 23
表3-13　自动化及控制指标（Ⅱ-139） 24
表3-14　实物资产检查与维护指标（Ⅱ-139） 24
表3-15　仪器仪表校准指标（Ⅱ-141） 25
表3-16　电力及信号传输设备检查指标（Ⅱ-142） 25
表3-17　交通工具使用指标（Ⅱ-143） 25
表3-18　干管、阀门及服务连接点的修复、更新指标（Ⅱ-143） 26

图表目录

表 3-19	水量漏损指标（Ⅱ－145）	26
表 3-20	故障指标（Ⅱ－148）	28
表 3-21	水表计量指标（Ⅱ－150）	28
表 3-22	水质监测指标（Ⅱ－151）	29
表 3-23	服务覆盖面积指标（Ⅱ－153）	30
表 3-24	公共水龙头用户指标（Ⅱ－154）	31
表 3-25	供水压力与供水连续性指标（Ⅱ－155）	31
表 3-26	供水水质指标（Ⅱ－158）	32
表 3-27	服务连接点和水表安装、修复指标（Ⅱ－159）	33
表 3-28	客户投诉指标（Ⅱ－160）	33
表 3-29	收入指标（Ⅱ－162）	34
表 3-30	成本指标（Ⅱ－163）	35
表 3-31	运营成本构成指标（Ⅱ－164）	35
表 3-32	运营成本构成中主要业务成本指标（Ⅱ－165）	36
表 3-33	运营成本中技术成本指标（Ⅱ－166）	36
表 3-34	资产成本构成指标（Ⅱ－167）	37
表 3-35	投资成本指标（Ⅱ－169）	37
表 3-36	平均水费指标（Ⅱ－169）	37
表 3-37	效率指标（Ⅱ－169）	38
表 3-38	财务杠杆指标（Ⅱ－171）	38
表 3-39	财务流动性指标（Ⅱ－172）	39
表 3-40	盈利能力指标（Ⅱ－172）	39
表 3-41	水量漏损的经济成本指标（Ⅱ－173）	39
表 3-42	指标变量输入样表	40
表 3-43	背景信息分类	43
表 3-44	解释性因素的指标变量举例	44
表 3-45	其他解释性因素：外部人力资源的依赖程度	45
表 3-46	其他解释性因素：客户服务	45
表 3-47	其他解释性因素：技术资源	46

第 4 章　实施绩效指标系统 48

图 4-1	绩效指标是绩效评估体系的一部分	49
图 4-2	指标体系实施过程	54
图 4-3	绩效指标与背景信息挑选步骤	55
图 4-4	绩效指标与背景信息相关的信息流动及小组责任举例	58

表 4-1　针对不同目标绩效指标体系的各类参与者和所需数据的介绍 …… 57
第 5 章　IWA 绩效指标应用实例 …… 60
图 5-1　CARE-W 原型 …… 61
图 5-2　选择绩效指标与企业信息 …… 65
图 5-3　EI 和 UI 输入对话框 …… 65
图 5-4　绩效指标计算值 …… 66
图 5-5　运行指标盒状显示示例 …… 67
图 5-6　一个绩效指标构成示例 …… 68
图 5-7　一个水务企业的示例 …… 77
图 5-8　"水资源无效利用率"指标举例 …… 77
图 5-9　不同外部人事依赖程度 …… 80
图 5-10　多元框架评估供水的可靠性、质量、客服、可持续性及
　　　　经济效率 …… 80
图 5-11　4 个分组的平均总成本资本成本及运行成本的情况 …… 82
图 5-12　4 个分组的平均流动成本，按"技术服务"和"行政管理"
　　　　两类区分的情况 …… 83
图 5-13　水资源使用效率主要考察因素 …… 85
图 5-14　收入与水消耗量关系 …… 86
图 5-15　马德里供水效率变化 …… 88
图 5-16　供水可靠性与年总用水量的关系 …… 91
图 5-17　环境状态保持情况与年总用水量关系 …… 91
图 5-18　马德里地区人均用水量 …… 95
图 5-19　马德里地区单位住房和单位家庭平均用水量 …… 95
图 5-20　漏失评估指标在马德里的一个 DMA 区域 …… 98
表 5-1　CARE-W 项目管网更新改造绩效指标清单 …… 62
表 5-2　供水服务绩效指标 …… 73
表 5-3　城市污水处理绩效指标 …… 74
表 5-4　城市固体废弃物处理绩效指标 …… 75
表 5-5　参与企业的结构及 4 个分组的信息 …… 79
表 5-6　环保及社会规范无法达标的风险：绩效指标、数据元素
　　　　和评估标准 …… 92
表 5-7　控制及优化方案以保证供水：绩效指标、数据元素
　　　　和评估标准 …… 93
表 5-8　水源使用及最终处置的控制及优化：绩效指标、数据元素

图表目录

　　　　和评估标准 …………………………………………………… 96
第 6 章　参考文献 ……………………………………………… 100

第 Ⅱ 篇　IWA 绩效指标体系应用说明 …………………………… 103

第 7 章　水平衡定义 …………………………………………… 105
　图 7-1　供水系统输入及输出的定义 …………………………… 105
　图 7-2　供水企业功能 …………………………………………… 110
　表 7-1　水平衡组成（单位：m^3/a） …………………………… 107
　表 7-2　用于评估漏失水量及无收入水量绩效指标的
　　　　　编码、推荐单位和评价 …………………………………… 109
　表 7-3　组织职能——总体管理 ………………………………… 111
　表 7-4　组织职能——人力资源管理 …………………………… 112
　表 7-5　组织职能——财务及商务 ……………………………… 112
　表 7-6　组织职能——客户服务 ………………………………… 112
　表 7-7　组织职能——规划及建设 ……………………………… 113
　表 7-8　组织职能——运行及维护 ……………………………… 113
　表 7-9　年损益结构表 …………………………………………… 114
　表 7-10　表 7-9 中相关名词的详细定义 ………………………… 115
　表 7-11　投资概念 ………………………………………………… 116
　表 7-12　财务状况的年变化 ……………………………………… 116
　表 7-13　年末损益表结构 ………………………………………… 117
第 8 章　绩效指标 ……………………………………………… 121
第 9 章　指标变量 ……………………………………………… 175
　表 9-1　水量平衡数据关系说明 ………………………………… 176
第 10 章　背景信息 …………………………………………… 244
第 11 章　不确定度及其传递 ………………………………… 264

译者序

进入 20 世纪 90 年代，伴随着公用事业管理体制的沿革，国际上对于"绩效管理"方法体系的研究日渐深入，并在成功实践的基础上逐步形成了公用事业管理的有效手段和工具。随着绩效管理在电力行业监管中的应用与发展，许多国际机构、行业协会、政府监管部门以及企业都开始了对绩效管理应用于水务行业特别是供水行业的研究，并取得了一定的成绩。我国在这方面也做过初步的探索，如 2005 年清华大学和北京首创股份有限公司共同承担建设部科学技术课题"城市供水行业绩效关键指标研究"。但是，到目前为止，在我国仍然缺少适应国情的城市供水服务绩效评价的有效方法，绩效评价体系亟待建设。国家"十一五"水体污染控制与治理科技重大专项中课题"城市供水绩效评估体系研究与示范"正是基于以上背景而立项的。

目前，所能接触和检索到的相关文献大多为外文资料，关于中国供水行业的绩效指标体系研究的文献寥寥无几。作为"城市供水绩效评估体系研究与示范"课题的负责人，我和课题组同事们共同研究分析过一些国外相关文献，对国际水协编写的《供水行业绩效指标手册》（第二版）印象颇为深刻。自从 2000 年手册第一版问世，该体系已经在许多企业内部的绩效评估和绩效标杆管理中得到了广泛地引用、试用或应用。手册第二版是第一版的升级版，其指标在原体系得到广泛试用的基础上得到了全面的修订，手册系统介绍了国际水协推荐的供水服务绩效指标体系的组成，详细介绍了绩效评价指标，特别对使用指标进行绩效评价的方法进行了阐述，并介绍了简明的阶梯实施步骤和典型的应用案例。阅读此书的最初目的是为课题研究前期文献调研服务，随着调研的深入我们发现这本书承载的内容非常丰厚，对建立供水行业绩效指标体系有着很强的指导意义，于是课题组决定将其译成中文，以便业内外人士共享此书。

在此，特别感谢参加翻译本书的李爽、曾为、薛遥、张现国等课题组成员和担任审译工作的李士曾先生，是大家的辛勤工作和友好合作得以将此书呈现给读者。考虑到我国读者的阅读习惯，在翻译中对部分章节和索引的编排顺序作了调

译者序

整,为此,特别感谢本书的主要作者 Helena Alegre 女士的大力支持。

翻译本书的过程中,译者尽最大努力确保术语统一、准确,也尽最大努力以简洁的中文为读者重现原书的意境和风貌。但是,囿于个人的水平,译文中难免出现疏漏之处,敬请读者朋友给予批评指正。

韩 伟

2010 年 2 月 5 日于北京

第二版前言

在您手上的这本手册其编写过程就是一个故事。它是上百个人在过去 9 年中的辛勤工作以及不计其数建设性沟通的一个成果。这个故事本可以早些结束,也就是在 2000 年本手册第一版出版的时候。然而,我们认为前方的道路依然漫长且布满荆棘,需要进一步的工作,为水务行业真正提供一个有用的工具。在此过程中,我们实施了很多项目并对其进行评估。我们根据第一版,出版了另一个关于污水处理的手册,作为其覆盖面的延伸。此手册也以多种文字(法文,葡萄牙文及德文)出版,其中一部分被译为捷克文、日文和西班牙文。原来的国际水协(International Water Association,IWA)绩效指标体系在很大范围内被使用者参考,并成为供水行业绩效指标体系的基础。那么,为什么还需要第二版呢?

IWA 绩效指标体系和这本手册的第二版诞生于 5 年前,目的是改进我们原来认为有用且功能强大的工具。从早期反馈的信息来看,读者要么认为该系统表现得过于复杂或庞大(读者不可能用完所有 133 个指标),要么认为使用受限(读者在这一系列指标中找不到其需要的指标)。作者十分清楚这些问题的答案:不是每一个场合都需要使用全部指标,且在需要的情况下使用者可以构建额外的指标。但很明显,第一版中使用者并不十分清楚这一点。

为更好地了解希望使用 IWA 绩效指标体系的专业人士的需求,我们选择了世界范围 70 多个企业作应用试验。我们成立了若干个工作小组,并根据他们的提议对绩效指标进行了调整。在此过程中,我们对原始的绩效指标体系作出了不计其数的微调,以便能清晰定义,扩大其运用范围,更好地满足企业管理者需要。

此外,本书论述的焦点也转移到如何使用 IWA 绩效指标体系。现在,本手册已经被分成了两部分,一部分是用于叙述,作为手册第一版的升级版本,包括所有的绩效指标、指标变量及背景信息(有其详细的定义和叙述);另一部分是 IWA 绩效指标的使用说明,包括具体的应用实例,目的是说明 IWA 绩效指标怎样在不同情况下运用,而不是提供典型的解决方案。

因此,第二版涵盖的内容远远超越了第一版的升级版本这个概念,并就如何在实际中使用 IWA 绩效指标系统上花费了很大的篇幅,这包括从 IWA 系统中选择足够的绩效指标,建立新兼容指标的可能性,以及在绩效评估系统中运用绩

第二版前言

指标体系，为企业在经营、管理和决策上提供支持与参考。

与上一版不同，第二版在绩效指标体系上增加了数据的置信级别。此版本虽然保留了上一版中准确度和可靠度的概念，但也增加了置信级别以适应使用者的需要。此外，还考虑了其他使用者（即社会大众）可能会对数据质量有不同的理解，因此建立了一个可选择、通俗易懂的置信级别体系。

此版本另外一个不同点（也可能会使有些读者感到不习惯的地方）就是删除了第一版中对绩效指标的重要性（级别1、级别2、级别3）预先分类的内容。这是第一版的特点，且已被许多企业和水务行业协会采用。作者感觉此部分内容有些时候会产生误导，因为在某种情况下重要的指标，可能在另一种情形下是毫无用处的，我们应当避免在没有对具体情况进行分析前就推荐某个指标。在不使用此分类方法的前提下，此版本推荐了实施绩效指标的分步程序，并陈述了一些应用实例，这些都可能会成为使用者的灵感来源，并为他们提供一些使用诀窍。

欢迎使用第二版手册！如果您已熟悉了第一版，我们确定您会找到很多第一版没有回答的问题。如果您从来没有读过第一版，我们希望您会找到简便易行的供水服务绩效评价方法。不管怎样，我们知道前方的道路依然漫长且布满荆棘，但我们相信，有了全新的第二版，我们可以离目标更近一些。

作者

致　谢

作为国际水协供水服务绩效指标研究组组长，在此感谢所有对本手册作出贡献的同仁。

为本手册作出贡献的全部人员名单可能要比手册本身还要长，这是值得我们骄傲的。这也是我们为什么不在此——表示感谢的原因。实际上，我们得到了世界各地广泛的支持与帮助，东至日本，西至巴西，南至南非、阿根廷，北至挪威。国际水协也给予了我们极大的支持和帮助。本人代表此手册所有作者向为本手册成功出版作出贡献的个人或组织表示深深的感谢。

感谢参与手册第一版编写的200多名人士，因为他们在编写国际水协绩效指标体系框架和内容方面作出了卓越贡献。

国际水协供水服务绩效指标研究组第二阶段的工作是在70多个自愿参与的水务企业实施绩效指标体系的试验工作，这些水务企业的积极参与保障了这一阶段试验工作的顺利完成。这些水务企业在协助绩效指标体系试验过程中给予了我们热心的支持，针对绩效指标体系指出不足并提出解决方法，帮助我们建立了绩效指标体系应用实施方法学，同时在手册第二版的当前内容编制方面也提出了宝贵的意见。大量的信息主要来源于世界范围内不同类型的水务企业（批量供水公司、直接供水公司，仅提供供水服务的公司、提供供水和排水服务的公司，还有私有公司），不同发展水平的水务企业（发展较成熟的企业，发展中的企业），不同服务规模的企业（服务人口从1万人到2000万人不等），不同组织机制的企业，不同地区的企业（欧洲、亚太地区、非洲以及南美洲）。葡萄牙（国家土木工程实验室牵头，17个水务企业参与实施）和德国（IWW莱茵斯特法伦水研究所领导，14个德国企业和1个瑞士企业参与）设立的国家项目起到了重要作用，因为他们可以直接沟通研究小组与试验企业。在巴伦西亚（西班牙，2001）和卡塔尼亚（意大利，2002）成立的工作组同样提供了大量相关数据信息，进一步巩固了我们的试验工作。IWA供水服务绩效指标研究组在马普托（莫桑比克，2002）和墨尔本（2002年IWA会议，澳大利亚）成立的工作组可以作为此项工作的一个里程碑，在此一并表示感谢。

本手册第一版全部或部分地被翻译成葡萄牙文、法文、德文、西班牙文、捷克文、意大利文、阿拉伯文、日文。这有助于本绩效指标体系在世界范围内推广

致 谢

和得到国际上应用者的接受和认可。相反的,翻译过程可能会发现原版中某些定义不清晰,都有助于进一步明确其定义。作者十分关注本手册的葡萄牙文、西班牙文和德文译本,基于此手册的第二次修订 2005 年出版的德文升级版问世,它保持了国际上通用的体系框架以适应特殊的德国国情和扩展方法。法文版本是在与研究组核心小组互动交流的基础上完成的,极大提升了手册第一版的质量。

在进行国际水协绩效指标体系应用试验的同时,国际水协研究组姊妹工作组也在准备污水方面的国际水协绩效最佳实践手册第一版的准备工作(2003 年国际水协出版社出版),这两项工作有着密切的联系,并在相互促进和影响作用下取得了发展,因此非常感谢我们的"污水"工作组成员。

作者还十分感谢所有项目赞助机构或组织,特别是国际水协,德尔阿瓜研究所(ITA,巴伦西亚,西班牙)和国家土木工程实验室(LNEC,葡萄牙)。

国际水协为此项目的应用试验提供了人力,特别是资金支持,在此特别表示感谢!

ITA 也为项目的研究提供了人力支持,特别是在筹备编制 SIGMA－Lite 应用软件方面,在此表示感谢!

最后还要感谢的是本人的研究工作小组,即葡萄牙里斯本的国家土木工程实验室(LNEC)。项目工作计划记录了 Jaime,Patrícia 和我工作的无数个日日夜夜,在这期间他们给予了我极大的鼓励和巨大的资金支持!

Helena Alegre
国际水协供水服务绩效指标研究组组长

作者简介

Helena Alegre

（埃伦娜·阿莱格雷）
葡萄牙，里斯本，do Brasil 路，101 号
邮编：PT－1700－066
国家土木工程实验室（LNEC）－DH－NES
电话（直拨）：＋351218443625；传真：＋351218443032；电子邮件：halegre@lnec.pt

埃伦娜·阿莱格雷，博士生导师，女，1957 年出生于葡萄牙 Castro Verde。1980 年她毕业于里斯本大学土木工程专业，1992 年获得博士学位，论文题目"Decision support tools for technical management of water distribution systems"。自 1994 年以来，她担任国家土木工程实验室高级研究员职务。自 2002 年以来，她担任城市水资源部部长。迄今她以第一作者或次作者发表科技论文 140 余篇，承担数项水行业科研项目，组织召开科学和技术会议 20 余次。专业领域方面，她主要从事需求数据分析，水力模拟，生态修复，供水服务的服务质量和绩效评估。她在国际水协担任重要角色，一直是执行委员会和科学技术委员会核心小组成员，还是国际水协绩效指标工作组组长。她还是饮用水供应和污水处理服务 ISO/TC224 标准技术委员会成员，作为葡萄牙的代表。她领导成本行动 C18－城市基础设施服务的绩效评估：供水，污水和固体废弃物［ISO/TC224（2006）］。

Wolfram Hirner

（沃夫兰·赫尔纳）
德国，Nürnberg 90491 Erlenstegenstra 118B
电话：＋49911593161；传真：＋49911593161；电子邮件：dr.hirner@web.de

沃夫兰·赫尔纳，男，1938 年出生于德国罗伊特林根州。1965 年毕业于德国斯图加特大学机械与化学工程专业，并获得硕士学位。1972 年他获得斯

作者简介

图加特大学博士学位,论文题目"Mass transfer in two-phase gas/liquid reactors",直到1973年为止,他一直在斯图加特大学化工学院担任科研助理。从1973年到1977年期间,他在德国南部巴伐利亚的一个工业废弃物单位担任运营部经理。1978年,他加入EWAG公司(德国纽伦堡能源和供水公司),直到1999年退休,他一直是天然气和供水部门的运营主管,负责地区或区域的供水任务。1991年他开始担任德国DVGW国家委员会主席,负责"水输送和分配"和"工程师继续教育"工作。1993年,他掌管国际水协"运作和维护"委员会。

迄今他已在国内外刊物发表论文100余篇,主要方向为面向实践的供水服务和管理,还包括水的分配。他多次在供水科学与技术会议上发言。本指标体系在德国的实地试验阶段,他为指标体系调整和扩展作出了巨大贡献。

Jaime Melo Baptista

(海梅·梅洛·巴普蒂斯塔)
葡萄牙,里斯本,Fonseca, Torre G, 8.°andar
Centro Empresarial Torres de Lisboa, Rua Tomás da
西元阿瓜研究所(IRAR)邮编:1600-209
电话:+351210052200;传真:+351210052259;电子邮件:Jaime. baptista@irar. pt

海梅·梅洛·巴普蒂斯塔,男,1953年出生于安哥拉罗安达,1975年他毕业于葡萄牙波尔图大学土木工程专业,1976年毕业于里斯本新星大学卫生工程专业。1983年他作为国家土木工程实验室(LNEC)"Economical design of water distribution systems"课题研究员,从1992年以来他一直担任首席研究员。1984年至1990年期间,他担任国家土木工程实验室供水排水处主任,而1990年至2000年,他带领120人科研团队进行水务应用研究。他以第一作者或次作者发表科技论文250余篇,并组织过20多次国家的技术和科学会议和6次国际会议。他主要从事水力模拟,生态修复,供水服务的服务质量和绩效评估,并参与20多个供水服务研究项目。在1990年和1994年间他担任葡萄牙水供水和排水标准化委员会主席,1994年至1998年间担任国际供水协(IWSA)会配水科主任。目前他是葡萄牙水和固体废弃物监管协会主席,监管约60个企业的公共供水、城市污水和固体废弃物服务,该协会是葡萄牙国家饮用水水质评价权威机构。

作者简介

Renato Parena

（雷纳托·帕雷纳）

职务：财务总监

意大利，都灵，Corso XI Febbraio 14 邮编：10152

Società Metropolitana Acque Torino S. p. A

电话：＋390114645259；传真：＋390114645963；电子邮件：renato. parena @ smatorino. it

雷纳托·帕雷纳，男，1945 年出生于意大利都灵，1969 毕业于都灵大学经济学专业。自从 1969 年以来，他担任意大利都灵自来水厂 Società Metropolitana Acque Torino S. p. A 首席财务总监。同时他还是资深审计专家和意大利金融分析师协会会员。他以第一作者或次作者出版或发表过许多技术出版物和论文，并多次在国内国际会议上发言。特别是参与绩效标杆研究时，他积极配合编辑国际水协"水行业标杆"最佳实践手册。他拥有三十多年供水服务工作经验，主要负责管理公司财务部门。在 1997 年，他作为项目负责人参与都灵 Azienda Acque Metropolitane 公司由一个地方政府企业转化成为公有制控股上市公司，并于 2001 年整合一系列污水处理厂。在行业内部，他担任意大利供水协会技术顾问职务，同时还是美国供水协会会员和国际水协指定代表。目前他在国际水协担任主要角色，是"统计和经济学专家小组"主席，还是国际水协战略理事会成员。

Francisco Cubillo

（弗朗西斯科·库维洛）

西班牙，马德里，圣恩格拉西亚街道 125 号

Canal de Isabel Ⅱ 公司 邮编：28003

电话：＋34915451102；传真：＋34915451808；电子邮件：fcubillo@cyii. es

弗朗西斯科·库维洛，男，出生于马德里（西班牙）尚雄。1972 年他毕业于马德里理工大学土木工程学院。他是 Canal de Isabel Ⅱ 公司研发与创新部副主任，该公司通过制水、输水和供水服务于马德里地区 170 多个城市约 600 万人。在国际水协，他担任 EO&M（高效运营管理专家组）专家小组行政主任，主持多次国际会议。他也是公用事业计划和指导小组和战略理事会成员。1995 年至 1999 年期间，他担任信息技术委员会（国际供水协会）主席。他是西班牙供水和排水协会（AEAS）常任理事。他是西班牙环境和水资源部专业委员会委员，最近获选环境规划署水坝与发展计划（DDP）政府咨询顾问组（GCAG）环境和

作者简介

水管理部代表。他拥有 30 多年在水力供应管理、水资源、环境与需求管理方面的经验和在马德里地区政府机构、环境保护组织和以前的水资源局的工作经历。在此之前，他曾在一些私人工程咨询公司任职。库维洛出版了 13 本书，发表了 100 多篇技术论文，教授供水管理系统，水文学课程，技术发展和环境等多门课程。

Enrique Cabrera Jr.

（恩里克·卡布雷拉）

西班牙，瓦伦西亚，Apdo. 22012 邮编：46071

瓦伦西亚大学，Instituto Tecnológico del Agua

电话：+34963879898；传真：+34963879899；电子邮件：qcabrera@ita.upv.es

恩里克·卡布雷拉，男，1972 年出生在西班牙 Vila—Real。1997 年他毕业于瓦伦西亚理工大学工业工程专业，获得水的有效使用和管理学硕士，又于 2001 年获得城市水力学博士学位，其学位论文"Design of a performance assessment system for urban water utilities"。他以瓦伦西亚理工大学流体力学副教授的身份，在水技术研究所进行研究和开发工作。他担任国际水协城镇供水服务高效运营管理专家组专家小组秘书职务，还是绩效标杆特别工作组的领导者。恩里克积极参加国际标准化组织 224 技术委员会，积极参与"与饮用水供应和污水处理服务"相关的活动。作为第 2 工作组召集人，他阐述了"用户服务评估与改革指导方针"标准。他参与开发了 SIGMA 绩效指标软件，目前正在协调有关输水的几个软件开发。

Wolf Merkel

（沃尔夫·默克尔）

德国，鲁尔河畔米尔海姆，Moritzstr. 26

IWW 莱茵—威斯特法伦水研究所（IWW 研究所），邮编：D—45476

电话（直接）：+49（0）208 40303—100；传真：+49（0）20840303—82

电子邮件：w.merkel@iww-online.de

沃尔夫·默克尔，男，1966 年出生于德国威斯巴登。1985 年毕业于德国卡尔斯鲁厄大学数据处理工程专业—德国水处理技术重点大学。一年后作为美国卡内基梅隆大学访问学者，致力研究受污染地区修复，他曾在德国斯图加特大学研究厌氧废水处理技术，并在 1997 年获得博士学位。自从 1998 年起，他在威斯特法伦学院水研究中心（米尔海姆，德国）担任顾问，同时作为饮用水供水与技术系统的研究人员。自 2002 年以来，他一直担任 IWW 总经理。沃尔夫·默克尔负责实施了 IWA 绩效指标在德国的现场应用试验，将 14 家参与者的观点融入了该项目。2001 年，他在柏林世界水务大会上就绩效评估主体作了报告。他以第一作者或次作发表了 30 多篇技术和科学论文，并撰写了 3 本专著。他还是德国水协会 DVGW 和 BGW 绩效评估工作组成员。目前，他在担任德国相关绩效评估项目顾问的同时，还负责涵盖生产技术核心的过程绩效研究项目。

Patrícia Duarte

（帕特里夏·杜阿尔特）
葡萄牙，里斯本，do Brasil 路，101 号
邮编：PT-1700-066
国家土木工程实验室（LNEC）-DH-NES
电话（直接）：+351218443842；传真：+351218443032；
电子邮件：*pduarte@lnec.pt*

帕特里夏·杜阿尔特，女，1973 年出生于里斯本。1996 年她毕业于里斯本新星大学环境工程专业，作为水力学与土木工程专业博士生导师，自 2002 年起她一直在致力于关于供配水网络的设计及技术性能优化工作的研究。在过去的 3 年中，她一直作为国家土木工程实验室研究员，研究有关给水排水系统优化的项目。

她是国际水协"污水行业绩效指标"工作组成员，在 2003 年合作撰写了国际水协出版社出版的污水行业绩效指标手册。她作为国际水协供水服务绩效指标实地试验协调小组成员将国际水协供水最佳实践手册翻译成葡萄牙文（Alegre et al.，2000）。在进入国家土木工程实验室之前，她作为废水管理者为私有供水企业工作了两年。

单位符号

EUR：欧元　　　　　　kWh：千瓦时
％：百分比　　　　　　L：升
km：千米　　　　　　　m：米
km^2：平方公里　　　 m^2：平方米
kPa：千帕斯卡　　　　 m^3：立方米
kW：千瓦特　　　　　　℃：摄氏度
d：天　　　　　　　　　a：年

缩略语

IWA：国际水协
CI：背景信息
UARL：不可避免物理漏失量
EUR：欧元
CTI：贡献投资
EBT：税前盈利
DSC：偿债能力
IT：计算机信息系统
R&D：研究与发展机构
NGOs：非政府组织
UI：企业信息
TSM：技术安全管理
SCADA：数据采集与监控系统

PI 绩效指标
ILI：基础设施漏失指数
DMA：分区计量区域技术
EBIT：息税前利润
No.：数目、编号
OI：经营收入
GSS：服务保障标准机制
GUI：计算机用户界面
GIS：地理信息系统
APM：附加绩效测定标准
EI：外部信息
DVGW：德国水务与天然气协会
UFW：未计量水量

第Ⅰ篇　IWA绩效指标手册

第1章 综　述

1.1 供水行业简介

公共供水是为整个社会提供的最基本服务之一，在有些地方也被称之为"公共服务"，它对公众福利、健康、社会安全以及经济活动和环境保护都起着十分重要的作用。

这种行业，在一定程度上具有规模经济效应，即随着需求的增加，单位建设及生产成本会有所下降；再者，如能将类似的业务整合，其单位生产成本也会有所下降（例如将供水、污水处理以及废弃物处置整合），这是由于人力资源、设备和设施的整合所带来的规模经济效应。

高价值资产代表着密集的资本投资，这也是这种行业的特点。此外，为满足高峰用水而设计、建造了几十年的长期性供水设施，其部分设备、设施时常处于闲置状态，并没有达到长期使用的目的。基础设施在很大程度上具有不可移动性，且一般是用于一个特定的目的，因此难以进行市场交易。供水行业的特点是资产价值与收益的关系紧密，价格与需求的关系淡薄，这是因为供水行业是一项基础性社会服务行业。

水务行业中可划分出相互关系不同的几个交易市场。最重要的市场是供水企业和最终用户之间的交易市场，这是一个自然垄断性市场。其他市场包括：供水批发商和零售商之间的交易市场，这是个法律意义上的垄断性市场；供水设施供应商及供水供应商之间的交易市场，这是个竞争性市场；水资源所有者参与的交易市场，这是个半垄断性市场。

这些市场特征决定了在此行业内，企业对客户服务缺乏竞争性意识。从现实角度，在某个特定的地理区域内只有一个运营商对该区域内的客户提供服务，这被认为是恰当的。这就造成了当地区域性垄断，因为这个地域内的用水客户无法选择其他供水企业以获得最合适的性价比。无论何时，由于规模经济的效应，企业成本结构的特点是随着生产规模的扩大，平均生产边际成本随之下降，而且只有当服务商不止一家时，生产成本才会反映真正的供求关系。

在如此现实的情况下，供水企业当然不会自愿地提高效率。因此我们必须将水务行业的这个弱点削减到尽可能小的程度。

1.2　供水行业面临的挑战

未来供水行业主要面临以下几方面的挑战：投资需求与人口净增长的步调应保持一致；填补服务空白地区；确保现有服务以及新服务的可持续性；改进服务质量。

保持一个供水系统的可持续性与最初投资建设基础供水设施一样困难和重要。提供安全的饮用水是一种公用事业，供水企业需要牢固树立以服务为导向的经营理念。供水服务的价格通常应建立在用户可支付的水平上，供水企业应遵照良好的行业运行惯例、规程实施经营管理，这有利于保护消费者和环境。

可根据当地情况选择不同的运营模式，可以是公有，私人，也可以是两者的结合。不管怎样，不断改善服务质量始终是供水企业必须要实现的目标。

1.3　供水行业绩效评估的必要性

使用一个国际上认可且合理的绩效指标体系，可以在连续激励企业不断提高生产效率和不断改进服务质量的过程中起到关键性的作用。

采用绩效指标评估企业的绩效，可以评价企业服务质量和生产效率，使企业间的比较透明化，在类似的企业间建立标杆并促使它们改进服务。

供水行业中的绩效评估或许可以作为一种有效的工具，用于解决行业中存在的一些主要问题。

1.4　供水行业绩效评估的潜在使用者

1.4.1　重要的相关实体或利益方

供水行业中最重要的相关实体或利益方：

- 供水企业。负责管理供水系统的可以是公共机构，私人机构或两者合作的机构。
- 用户或直接使用者。他们与供水企业的关系是供应商与客户的关系。
- 非直接相关利益方。他们与供水系统无直接联系，但可能会受到供水系统或其作用的周围环境的影响（例如供水主管爆裂的影响，取水水量及水质的影响等）。

- 起带头作用的相关利益方。如环境保护组织，消费者保护组织以及其他组织。
- 政策制定机构。包括地方、区域和国家层面的机构。
- 监管机构。负责经济及服务质量标准的制定，并负责监管法律法规以及其他制度的执行情况。
- 财务机构。对于资本密集型的水务企业尤为重要。

1.4.2 其他相关利益方

其他相关利益方可能包括一些国际机构，从人道主义组织到政治性组织和跨国公司。

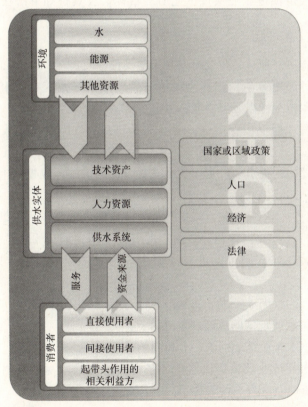

图 1-1 水务企业与所处环境关系

不考虑其所有权类型（公共、私人或二者的结合）或地理区域，可以假设所有的供水企业都有一个共同目的和管理目标，即：用户满意度最大化，服务质量与现行的管理框架一致，同时使有限资源发挥最大的效力（Faria & Alegre, 1996）。

考虑到相关利益方以及资源与价值（图 1-1）之间的关系，可能需要达到如下 5 个管理目标：

（1）向用户提供适当水平的服务，同时与国家和区域的政策、法规相一致。

（2）促使现有人力资源发挥最大的效力，根据员工的兴趣和技能水平为其提供最好的职位和职业发展机会。

（3）保护水源及其他自然资源以保证其可持续利用。

（4）最有效地利用财务资源。

（5）使企业资产尽可能地高效运转。

1.4.3 潜在的利益和使用价值

绩效指标可以促进企业实现上述所有目标，且具备如下潜在的利益和使用价值。

（1）对于供水企业：
- 使得设施更好地运转，及时向管理层反馈信息。
- 使得管理层更容易判定其决策执行后的效果，尤其在供水水质、客户服务、资源持续性以及经济效益方面。
- 为主动管理提供信息支持，而不是等到系统故障时再采取措施（被动管理）。
- 突出各部门的优点和缺点，找出需要改进的措施，以提高生产率，改进作业程序和路线。
- 协助执行总体质量控制，以提升全面业务质量与效率。
- 促进执行日常标杆管理，在内部可促进不同地域或系统的企业绩效的纵向比较，在外部则可促进与类似企业绩效的横向比较，以推动绩效的改善。
- 提供合理的组织业务审计的基础，针对审计中提出的建议，预测效果。

（2）对于国家或地区的政策制定机构：
- 为比较供水企业绩效提供一个相同的基础，找出可能的改进措施。
- 为制定水务行业政策提供支持，并将其融合到水源管理中，包括水源分配、投资以及开发新的管理手段。

（3）对于政策监管机构：
- 为其提供一个对垄断性行业进行监管的工具，以保障消费者的利益，评估企业绩效并建立标准，以及监管合同条款的履行情况。

（4）对于财务机构：
- 协助评估优先投资项目、项目选择以及后续事宜。

(5) 对于消费者和起带头作用的相关利益方：
- 提供将复杂过程转换成简单易懂的信息及评估服务质量的方法。

(6) 对于跨国组织：
- 提供一个比较世界不同区域和级别差异的工具，分析差别产生的起源和原因，以便协助制定策略。

1.5 本手册的作用

1.5.1 主要作用

本手册的主要作用是为供水企业提供一个以绩效指标为基础的管理工具。

1.5.2 辅助作用

- 一系列绩效指标的框架，以便将来在相同的标准下比较企业间的绩效。
- 一系列绩效指标的框架，可以被政府监管机构采用。
- 一系列绩效指标的框架，以便逐步扩充和完善 IWA 的统计数据。

IWA 的绩效指标体系包括可能与供水企业高层管理相关的绩效指标，旨在将管理层设定的所有目标进行合理的表述，并以绩效指标的形式进行评估。补充性绩效指标仅在部门级别使用，但这些指标更倾向于更大程度上的独立性。因此，它们不包括在绩效指标体系中，但可以用相同的结构和原理将它们融合进来。

1.6 关于本手册

请读者继续阅读本手册的第Ⅰ篇中余下的内容。从基本概念起，论述了 IWA 绩效指标中哪些是关键指标及其基本概念，推荐使用的一般实施方法。一些不同应用实例具体说明了如何使用此指标体系以适应当地的需求，同时又不失去其国际通用的特点。第Ⅱ篇包含了 IWA 绩效指标本身，包括所有系统元素的定义及其关系。总体来说，第Ⅰ篇介绍如何使用和落实绩效指标体系，而第Ⅱ篇介绍应用绩效指标时必要的参考工具。

第 2 章 绩效指标体系

2.1 绩效指标体系构成

任何绩效指标体系的最终目的都是提供信息。区分信息和数据两个概念是十分重要的。信息的正确定义应该理解为"可以用于作决策的数据"。因此,一个绩效指标体系的作用不仅仅是提供几个数量值,而是提供所有的补充信息(数据质量,数据解释,背景信息),以便于作出恰当的决定。

绩效指标体系考虑了各方的利益,包括各利益相关方和在特定环境下的影响因素。对于水务企业,此系统将包括整个公司、相关利益方、用户、环境和出于管理目的应当予以监控的相关领域。

因此,绩效指标体系应该包括反映企业业务真实情况的一系列绩效指标和数据元素(图 2-1)。这些数据元素的分类取决于它们在评估中所起的作用。

2.1.1 数据元素

基础的数据资料,可以在现场测定或以很容易的方式获得。根据其本身的属性和在系统中的作用,数据元素可被分为指标变量、背景信息或解释性因素。

2.1.2 指标变量

指标变量是系统中的一种数据元素,与运算规则紧密联系,以便定义绩效指标。完整的变量包括一个以特定单位表达的数值(由测量或记录得出)和一个置信级别,以说明此变量的数据质量。

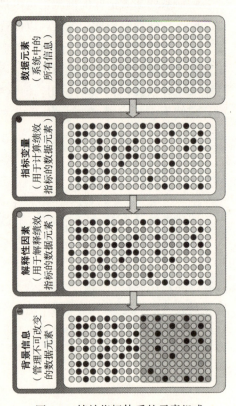

图 2-1 绩效指标体系的元素组成

2.1.3 绩效指标

供水企业根据若干个指标变量的结果，评估所提供服务的有效性和效率。由绩效指标反映的信息是一个可比较的信息（同这一指标的目标值和历史值进行比较，以及同其他企业的相同指标进行比较）。

每个绩效指标必须是独一无二的，应能真实且无偏差地反映与其相关的所有企业绩效情况及管理水平。每个指标都应反映出在特定的区域及给定的时间段内的绩效水平的高低，并能与目标值进行清晰地比较和简化其他复杂性分析。

绩效指标包括一个以特定单位表达的数值（由对运行规则的评估获得）和一个置信级别，置信级别用以说明此变量的数据质量。

绩效指标一般由指标变量作除法运算获得，它们可能是同一类指标变量的比值（例如：%），或者是不同类的指标变量的比值（例如：$\$/m^3$）。在第二种情况下，分母代表该系统的一个维度（例如：服务连接点的数量，主管长度，年成本）以便于比较。应该尽量避免使用那些可能年度波动很大（尤其是供水企业无法控制的波动）的变量作为分母（例如，可能跟天气及其他外部因素相关的年消耗水量），除非分子变量也以相同的比例变化。

每个绩效指标都要清楚地定义运算规则，说明其需要的变量及它们之间的数学关系。

2.1.4 背景信息

背景信息是用于反映供水企业内部固有特征的数据元素，考虑了企业间系统不同的情况。有两种形式的背景信息：

- 为管理层提供纯粹的背景信息和外部因素。这些信息基本不随时间的变化而变化（如人口信息和地理信息等），且在任何情况下不受管理层决议影响。
- 有些数据元素在近期及中期内不受管理层决议影响，但在长期情况下可能受其影响（例如企业基础设施的状况）。

背景信息在比较不同企业系统间的绩效指标时是十分有用的。

2.1.5 解释性因素

解释性因素是在一个绩效指标体系中用于解释绩效指标值的信息，即分析阶段的绩效水平。这包括在分析阶段前不起主要作用的绩效指标、指标变量、背景信息和其他数据元素。

一个适当的绩效指标评估系统的建立与绩效指标的应用之间有着紧密的关系，这就需要将上述提到的元素给予准确定义，以便在特定的领域和事件中达到一个清晰的目标或得到信息。此手册中叙述了一个完整的绩效指标体系，可以用其作为"模板"，再根据特定情况选择其中的一些数据元素进行完善。

2.2 绩效指标体系定义阶段要求

因使用绩效指标体系而产生的很多问题，可以在绩效指标体系定义之前解决。为评估系统设立目标和约束条件有助于选择和定义绩效指标。虽然定义和选择绩效指标应当是实施阶段处理的问题，但是关于绩效指标体系中各元素的几个基本原则应在定义阶段给予充分考虑。

2.2.1 绩效指标定义原则

（1）从单个指标角度来讲，一个绩效指标应当符合如下要求：
- 定义清晰，简明扼要；
- 获取方法合理（主要取决于相关的指标变量）；
- 易于审计；
- 尽可能通用，测评方法应独立于企业的特定条件；
- 简单易懂；
- 应予以量化，以便于对行业作出客观的评价，尽量避免任何人为或主观的影响。

（2）从绩效指标体系角度来讲，一个绩效指标应当符合如下要求：
- 在同一系统中，任何一个绩效指标提供的信息和其他指标相比，要有显著区别；
- 绩效指标的定义应当清晰明确（此要求对其指标变量同样适用）；
- 对于绩效评估必不可少且非常重要。

2.2.2 指标变量定义原则

（1）每个指标变量应遵守如下原则：
- 定义应当清晰明确；
- 符合与其相关的绩效指标的定义；
- 获取方法合理；
- 和与其相关的绩效指标的地理区域、评估期限和参考日期保持一致；
- 可靠且准确，因为公司需要在此基础上进行决策。

(2) 绩效指标体系中的某些指标变量需从外部数据中获取,它们的可获得性、准确性、参考日期以及地理区域的限制通常不受企业控制。在这种情况下,这些指标变量也应遵守如下原则:
- 尽可能从官方途径获取;
- 对于绩效指标的评估和解释起着基础性作用;
- 总体来说,越少越好。

2.2.3 背景信息及其他数据元素

背景信息和指标体系中的其他数据元素(用作解释性因素)应遵守与指标变量和绩效指标相同的基本原则。然而,置信度和详略程度通常无需像绩效指标和变量那样高。因此,背景信息和其他的数据元素应遵守:
- 定义清晰明确;
- 获取方法合理;
- 如是外部数据,则尽量从官方渠道获取;
- 对于解释绩效指标起基础性作用;
- 总体来说,越少越好。

2.3 数据的准确性和可靠性

输入数据的质量应从数据源可靠性和数据准确性两方面进行评价。如果数据置信度不高,则指标及数据元素可能会误导企业决策者。一个绩效指标的真实值会因精确性不同而相差甚远,例如 $20\%\pm1\%$ 与 $20\%\pm100\%$。

获取数据的不确定程度可能决定了此数据源数据的可靠程度,例如在相同条件下进行多次观察及测量以获取高一致性、稳定性和相似性的数据。

影响数据准确性的因素是输入数据的测量误差,即观察值、计算值及估计值与真实值之间的差异。准确性与数据测量结果的精确度相关,它与精密度有所区别,后者与数据获取过程中操作的准确程度相关。

实践表明,数据提供者通常无法提供关于可靠性和准确性的详细信息,然而,却可以提供一个划分级别,定义出级别等级。从 IWA 绩效指标体系的实际运用情况来看,数据准确性划分为 4 个级别,数据可靠性划分为 3 个级别较为可行,用于评价数据是否可被利用。

2.3.1 推荐的准确性级别

推荐的准确性级别如表 2-1 所示。

推荐的准确性级别 表 2-1

准确性级别	不确定度
0~5%	≤±5%
5%~20%	>±5%，≤±20%
20%~50%	>±20%，≤±50%
>50%	>50%

2.3.2 推荐的可靠性级别

推荐的可靠性级别如表 2-2 所示。

推荐的可靠性级别 表 2-2

可靠性级别	定义
★★★	高度可靠的数据源：数据来源于合理的记录、获取程序、调查或分析，并以最可靠的评估方法正确的认可且存档
★★	一般可靠的数据源，比★★★差，比★好
★	不可靠的数据源：不可靠的外源数据及非正规性的猜测数据

应对每个要输入的数据元素数据的可靠性和准确性进行评价。计算的准确性也应予以评估，最好是依据 ISO 标准测量中不确定度的表示方法以定量的方式进行[①]。详见第Ⅱ篇第 11 章，通过代数运算评价数值的准确性。

---

① GUM（1995）—测量中不确定度表示方法指导，ISO，ISBN 92-67-10188-9。

第3章 IWA绩效指标体系

3.1 绩效指标体系目标

为了能正确理解 IWA 绩效指标体系的含义，有必要将建立它的初衷加以说明。

编写此手册的初衷是我们深信绩效指标可以在水行业中加以运用，因此有必要编写一个清楚的提纲以便于定义和使用这些绩效指标。

只要对绩效指标体系略有所知的人都知道，有不计其数的方式来建立绩效指标体系。因此，此项工作必须对所选用的方式加以限制，并清晰的定义目标，以确保多年参与此项工作的人员达成一致。这些目标如下：

- 为给使用者提供一个有效的工具，手册不应该仅仅包括使用绩效指标的提纲和应用理论。本手册的首要任务是提供一系列功能齐全、相互关联和匹配的绩效指标，主要目的是从初始阶段就能作为水务行业的有效管理工具。
- 本体系涵盖内容应尽可能广泛。世界各地的供水条件多变且差异显著。在某些情况下，这种差异如此之大，以至于某些绩效指标的兼容几乎不可能。这些在体系中都作了相应的体现，以至于会使某些概念的定义显得冗长，因为它对不同情况都作了解释。（例如，间断供水的概念在连续性供水的国家是有意义的；而对于间歇性供水的情况，供水频率才是真正与之相关的指标）
- 正如上文所提到的，本体系对于所有供水企业和相关利益方都应该是有用处的。显然，不同使用者的目的不一样，这些都必须在体系中予以考虑。我们的目标是提供一个通用性的方案，当然最终的使用者可以根据需要对系统的某些方面再进行定义。
- 尽管此体系的建立过程考虑了不同使用者的因素，但其主要还是为水务行业本身服务。作为一个管理工具，最主要的使用者始终是供水行业本身，目标是改进服务。第二版出版前的实地试验，目的是检验此体系在不同处理规模、类型和背景的供水企业的使用情况，以便更好地适应主要使用者的要求。
- 很明显，本体系不包括一些企业特殊性方面的内容。包括企业地理环境、组织架构或内部组织等，以及水处理工艺等部分企业自身特点。
- 还有最后关键的一点，绩效指标的数量必须予以限制。这些年以来，现有的指标或其变型可能有一千个之多。从这些指标建立之初，几乎所有第一次使用它的人都会觉得数量太大了。然而，当这些使用者被要求对此体系提出改进建议时，结果往往是加入更多的指标或对其中的一些进行替代，绩效指标的总数几乎没有减少。

3.2 绩效指标体系结构

3.2.1 绩效指标

对绩效指标按类分组以满足不同水务企业和各种各样的使用要求。具体的分类如下：
- 水资源类（WR，Water Resource）
- 人事类（Pe，Personnel）
- 实物资产类（Ph，Physical）
- 运行类（Op，Operational）
- 服务质量类（QS，Quality of Service）
- 经济与财务类（Fi，Economic and Financial）

将绩效指标按类分组，有助于确定某个指标的用途及其最终使用者。绩效指标的编码是独一无二的，它包括两个如上所示的字母和一个表示此指标在组内次序的数字。

每个类组又被分成了几个次组，目的也是为了确定某个或多个指标的用途和最终使用者（在某些特殊的情况，次组又会被分为更小的组别）。例如，运行组中包括如下的次组：
- 运行指标
  —— 实物资产检查和维修
  —— 仪器仪表校准
  —— 电力及信号传输设备检查
  —— 交通工具使用
  —— 干管、阀门及服务连接点修复、更新
  —— 水泵修复
  —— 水量漏损
  —— 故障

—— 水表计量

—— 水质监测

最终，某些指标会被分割为次级指标。一般来说次级指标是其上级指标的一部分，可以对其单独进行评估，也可以不这样做。例如"供水水质"这一绩效指标，依赖于多个质量检测指标的结果，可分类如下：

- QS18——供水水质
- QS19——感官性状检测合格率
- QS20——微生物检测合格率
- QS21——物理化学检测合格率
- QS22——放射性检测合格率

3.2.2 指标变量

在 IWA 系统中变量的组织结构与指标相似。需要重点提醒的是，指标变量作为绩效指标体系的输入口，需要进行测量或从企业实地获取。指标变量的分组是根据其数据可能的来源，不考虑究竟哪些绩效指标使用过它。事实上，一个指标变量可以用于多个不同分组的多个绩效指标的计算。IWA 绩效指标的变量分组如下：

- A——水量数据
- B——人事数据
- C——实物资产数据
- D——运行数据
- E——人口及客户数据
- F——服务质量数据
- G——财务数据

有时指标变量也可以被分成若干个部分，因此它可能由其他的指标变量计算得出。例如，有些指标只需要管道总长度（将所有不同管材的长度相加即可），但是按照管材分类（钢管、球墨铸铁管、聚乙烯管等）考虑更便于计算。

鉴于此种原因，可将指标变量分为主要变量和次要变量。主要变量是直接用于计算绩效指标，次要变量是用于计算主要变量。当然，此种分类并不是一成不变的，取决于所选择的绩效指标。然而，这样分类对于确定计算某个绩效指标所需的变量数量是十分关键的。此外，主要变量同其他变量一样，也是可以测量的，尽管它们也可以由次级变量计算而得。

3.2.3 背景信息及其他数据

背景信息也是 IWA 绩效体系中的一个关键部分，它同供水企业当地的情况有很大的关联性，与某个供水企业关联紧密的数据指标可能在另一个供水企业中微不足道。

因此，在 IWA 绩效指标体系中，背景信息应该仅作为参考因素和评估与系统环境相关的解释性因素的起点。

背景信息在 IWA 指标系统中的分类如下：
- 服务类
- 实物资产类
    —— 水资源
    —— 储水池
    —— 处理工艺
    —— 输配水储存池/服务
    —— 泵站
    —— 输配水管网
    —— 服务连接段
- 用水量及峰值因素
- 人口及经济类
- 环境类

3.3　使用 IWA 绩效指标体系

与大多数人的观点相反，IWA 绩效指标体系是一个灵活性强且适应性强的工具。在本手册的第一版出版后，很多使用者反映指标的数量过多，有些指标的定义和他们的目标不一致，不适于他们的业务需求。然而，作者的意图不是把这些指标强加给世界各地的使用者，而是在于把冗长的过程变得容易和简单。

尽管 IWA 绩效指标体系在选择指标、变量和背景信息时，是尽可能从广义的角度出发的，并希望它们在任何地方都适用，但是作者仍然认为对于某些特殊的情况，它们可能还是不够完整和准确。设计绩效指标体系使其能满足所有环境下的需要是不可能的。然而可以设计一个尽可能涵盖范围较广的体系，以便于使用者能够建立符合实际的情况体系。

有些对 IWA 绩效指标体系的误解需要予以澄清：

（1）IWA 绩效指标体系中绩效指标的数量太多。正像后面章节会解释的一样，使用绩效指标的第一步是选择相关的绩效指标。IWA 绩效指标体系应被认为像一个大型的超市，在这里使用者可挑选"质量优良"的指标（有严格的定义，性质不变，以及可供多个使用者使用的特点）。不论何种情况，从过去十年绩效指标的实际使用效果来看，单独使用 IWA 绩效指标体系的方案、混合使用 IWA 绩效指标和自己定义指标的方案；以及仅使用 IWA 绩效指标体系的结构但不使用其指标的方案都收到了不错的效果。

（2）IWA 绩效指标体系过于复杂，难以使用。就其本身而言，IWA 绩效指标体系不比其他任何指标体系简单或者复杂。IWA 绩效指标体系的特点是其结构的关联性、其中元素定义的全面性以及一系列完整的支持性工具和文字描述。如果去除这些额外的元素，IWA 绩效指标体系只是一个结构和一系列元素（绩效指标、指标变量和背景信息）的样品，对于任意城市供水系统来说，都可以把它们作为参考。

（3）IWA 绩效指标体系过于通用，我的供水企业有特殊的需要。正如前文提到的，IWA 绩效指标体系不能覆盖世界上所有特殊的情况，以及每一个企业的特殊条件。然而，也很难想象会有企业无法从 IWA 绩效指标体系中找到任何适合自己的绩效指标。任何企业都应根据当地的条件和自身需求来制定适应自己的系统。IWA 建议的体系是建立自身体系的良好的起始点。对于相关的政府机构，此条同样适用。

（4）IWA 绩效指标体系仅以年为评估周期，我需要更加频繁的信息回馈。系统中的评估周期仅仅是用于参考。根据企业不同的管理需求，评估周期是可以变化的。对于某些指标来说，有可能需要对其从每年评估一次调整为每日评估一次。体系具备适应评估周期变化的灵活性。

（5）既然 IWA 绩效指标体系的指标如此的通用，使用它并没有真正的优势。IWA 绩效指标体系的优势是其前后的一致性和连贯性。此外，体系元素的性质和定义将会和其他体系兼容（便于融入已使用的软件平台，与企业的标杆体系进行结合等）。

（6）我已经有我自己的信息系统，不想再使用其他的软件系统。使用计算软件后极大地改善了 IWA 绩效指标体系的数据管理。SIGAM Lite 只是作为一个软件实例，并不是为了提供绩效指标的专业评估。此外 SIGAM Lite 也并非必须与 IWA 绩效指标体系相关联，对于某个具体的项目，可单独考虑数据管理的方式。

3.4 绩效体系指标

3.4.1 基本假设

IWA 绩效体系中的绩效指标（Performance Indicators，PI）选择是非常慎重的，按照第Ⅰ篇 2.2 节中的定义阶段要求，以尽可能地保证其通用。在第Ⅰ篇

2.2 节中对这些指标进行了列表和描述,并论述选择其目的。在适当情况下,不仅论述了在何种情况下应该选用某个绩效指标,而且还阐述了哪些情况下定义满足某种标准的绩效指标是不可行的。

所有的指标都与供水的核心业务相关。对于多业务的企业,应评估和供水相关的收入和资源的部分。这同样适用于有配套业务的企业,例如和售水服务配套的水质采样和监测或私人管道的维修等。

每个绩效指标的定义详见第Ⅱ篇第 8 章,包括运算规则和指标变量说明。为便于索引,第Ⅰ篇表目录中的表名括号中注明了每个指标定义的起始页码。

新版本的绩效指标体系基本上与前一版相同。结构、编组以及指标本身并没有显著的变化。针对上一版本最主要的批评是对集中供水系统描述不足,这个问题在新版已经解决。另外,在指标的精确定义方面也做了许多微调和提炼。同时,系统还去除了一小部分不可行或不实用的指标,增加了一些新的指标。因此,极力建议已采用了第一个版本的指标还没有进行实地试验的使用者,花一些时间了解一下新版本和第一版的不同之处。下面让我们了解一下每一个绩效指标组。

3.4.2 水资源指标

不同类别的水资源特性差异很大,包括水量及水质的不同。IWA 绩效指标体系中的水资源指标主要是人们普遍关心的,如水资源的使用效率如何,水资源的使用量和可用量之间有没有富裕。应该注意的是,对于特殊的情况,很可能需要补充其他的绩效指标。

IWA 系统中水资源 PI 如表 3-1 所示:

水资源指标(Ⅱ-128)[①]　　　　　　　表 3-1

WR1——水资源无效利用率(%)
到用户水表前由于漏失和溢流造成的水量损失占系统总进水量的百分比
WR2——水资源可用率(%)
系统总进水量占可用水资源量的百分比
WR3——自有水资源可用率(%)
系统总进水量占自有可用水资源量的百分比
WR4——回用水利用率(%)
回用水占进入系统总水量的百分比

---

① (Ⅱ-128)=(详细论述见第Ⅱ篇第 128 页)。

WR1 是衡量系统水量物理漏失的背景信息。它用于评估环境水资源的无效利用率，实地试验也证明了它的确与此相关。然而，要注意的是它不适于评估物理设施状况及账面水量漏失，这些要用运营或账面漏失指标来评估。实地试验的结果表明，企业往往认为 WR2 很重要但很难经常进行评估。WR3 与第一版相比是一个新的指标，由实地试验方推荐。当一部分水需要从外进口时，它为使用者提供了一个依赖于第三方水资源供水的程度。然而，当外部水资源依赖性接近于 100% 时，它的值会接近于无穷而没有意义。WR4 也是实地试验方提供的一个参考指标，用于衡量回用水的利用情况。

3.4.3 人事指标

人事指标用于评估人力资源的有效性、学历及培训、健康及安全还有加班情况（员工总数、主要部门和技术服务岗位上的员工数）。

人事指标应用于评价全职或等同于全职员工的状况，包括那些外协人员。

运营系统所需的人数很大程度上取决于系统本身特点。然而，它也同管理水平显著相关，因此 IWA 绩效指标体系包括同员工总数相关的绩效指标，这作为一个比较综合的指标，同时包括更详细的指标用于分析员工在系统内部是如何分配的。对特征相似企业的此类指标进行比较，有助于找出改进的空间。总的人事绩效指标如表 3-2 所示：

全部职工人事指标（Ⅱ－129）　　　　　　　　　　表 3-2

Pe1——单位连接点员工人数（人/1000 连接点）
平均每 1000 个连接需要的员工数
Pe2——单位供水量员工人数 [人/(10^6 m³·a)]
平均供 10^6 m³ 水量需要的员工数

Pe1 和 Pe2 在使用时可互换。Pe1 在分散供水系统中使用，而 Pe2 适用于集中供水的情况。

下列表 3-3、表 3-4 的 PI 指标组用于评估各类人力资源的比例（以员工人数计算）：

主要部门人事指标（Ⅱ－130）　　　　　　　　　　表 3-3

Pe3——综合管理层人员比率（%）
董事会、核心管理、战略规划、公共关系、其他利益相关方关系、法律事务、内部审计、环境管理、新业务拓展以及计算机系统支持员工的人数占员工总数的百分比

Pe4——人力资源管理人员比率（%）	
	负责人事管理、教育及培训，职业安全、健康服务和社会活动的员工人数占员工总数的百分比
Pe5——财务与商务人员比率（%）	
	负责经济及财务计划，财务管理，财务控制，采购及原材料管理工作的员工人数占员工总数的百分比
Pe6——客户服务人员比率（%）	
	负责会计、控制和客户关系管理工作的员工人数占员工总数的百分比
Pe7——技术服务人员比率（%）	
	负责规划、建设、运营及维护工作的员工人数占员工总数的百分比
	Pe8——规划与建设人员比率（%）
	负责规划、建设工作的员工人数占员工总数的百分比
	Pe9——运行与维护人员比率（%）
	负责运行及维护工作的员工人数占员工总数的百分比

考虑到技术员工从事的是核心业务，总体来看在员工中所占比例也相对较大，接下来的绩效指标将有助于使用者对其作进一步分析，明确每项技术活动所分配的员工数。在此情况下，绩效指标将直接用从事该项活动的员工数表示。

技术服务人事指标（Ⅱ-131）　　　　　表3-4

Pe10——水资源及水库管理人员比率 [人/ ($10^6 m^3 \cdot a$)]
每1000000m^3产水量需要的负责管理水资源和储水池的员工数
Pe11——取水和制水人员比率 [人/ ($10^6 m^3 \cdot a$)]
每1000000m^3产水量需要的负责取水和水处理工艺的规划、设计、建设、运行和维护的员工数
Pe12——储水池及输配水管网人员比率（人/100km）
每100km管网干管长度需要的负责输水、储存及配水系统的规划、设计、建设、运行和维护的员工数
Pe13——水质监测人员比率 [人/ (10000 次检测·a)]
每年每进行 10000 次水质检测需要的水质采样和检测的员工数
Pe14——水表管理人员比率（人/1000 块水表）
每1000 块水表需要的从事水表管理的员工数
Pe15——后勤人员比率（%）
负责支持性技术服务的员工占总员工人数的百分比

在管理上一个重要的目标是保证有学历的员工占一定的比例，由如表 3-5 所示的指标进行评估。

人员资历指标（Ⅱ—133）　　　　　　　　　　　表 3-5

Pe16——大学学历程度人员比率（%）
有大学学位的员工占员工总数的百分比
Pe17——基础教育程度人员比率（%）
受过基础教育的员工占员工总数的百分比
Pe18——其他程度人员比率（%）
受过其他教育的员工占员工总数的百分比

和学历同样重要的是职业资格。然而通过分析职业资格种类发现各国之间的状况大不相同，这使得定义国际统一的标准受阻。这一版中排除了可能引起误导的此类因素。此问题可在公司或国家层面上克服。只要相关且测量可行，就可以补充职业资格指标或直接代替上面的指标。

管理的另外一个目标是使员工接受良好的培训。IWA 绩效指标体系包含了评估此方面的指标，如表 3-6 所示。

人员培训指标（Ⅱ—133）　　　　　　　　　　　表 3-6

Pe19——培训时间 [h/（人·a）]
每位员工每年接受的培训时间
Pe20——内部培训时间 [h/（人·a）]
每位员工每年接受的内部培训时间
Pe21——外部培训时间 [h/（人·a）]
每位员工每年接受的外部培训时间

IWA 绩效指标体系中的下列指标用于评估健康及安全，如表 3-7 所示。

健康及安全人事指标（Ⅱ—134）　　　　　　　　表 3-7

Pe22——工伤事故 [次/（100 人·a）]
每年每 100 名员工需要医疗救助的工伤事故的次数
Pe23——缺勤 [d/（人·a）]
每年每位员工缺勤的天数

续表

Pe24——因病或工伤缺勤 [d/（人·a）]
每年每位员工由于生病或工伤导致的缺勤天数
Pe25——其他原因缺勤 [d/（人·a）]
每年每位员工由于其他原因导致的缺勤天数

由于计划外或非员工因素需要加班，因此需要考虑加班时间指标，如表3-8所示。

加班时间指标（Ⅱ－135）　　　　　　　　　　　表3-8

Pe26——加班时间率（%）
加班时间占正常工作时间的百分比

3.4.4 实物资产指标

实物资产指标目的是评估设施和设备的使用效果及生产能力。主要包括如下几个方面：处理、储存、提升及输配水系统。尽管其性质不尽相同，自动化设备包括在评估范围之内。

处理能力相关指标旨在评价现有资产设施的生产能力，如表3-9所示。评估时需要考虑由于供水需求的不确定性，及需求过高时选择备用水源的难易程度。显然，实际中必须考虑处理能力的冗余问题，例如在供水区域内有几个水厂联合向每个用水点配水。

净水厂指标（Ⅱ－135）　　　　　　　　　　　表3-9

Ph1——水厂能力利用率（%）
现有水厂日最高供水量占设计供水量的百分比

有两个指标与储存能力相关。一个是原水储存（储水池），另一个是处理后水的储存（输水及配水储水池），如表3-10所示。

储水池指标（Ⅱ－136）　　　　　　　　　　　表3-10

Ph2——原水水池容量（d）
进入系统每单位体积的原水可储存的天数
Ph3——清水池容量（d）
输配水储水池对进入系统的每单位体积的处理后水可储存的天数

与处理设施和储存设施相似，对于泵站来说，也有一个指标是与泵站能力相关的，其他的指标同能量的利用效率相关。在此版本中没有包括传统的"吨水能耗"指标在内，因为它无法进行系统间的比较，尽管它对于指定系统的持续评估相当有用。指标"能量恢复"，在重力自流有明显的能力节余时是有用处的，如表 3-11 所示。

水泵指标（Ⅱ－146）   表 3-11

Ph4——水泵利用率（%）
实际的最大泵使用（可同时开启）功率占泵总功率的百分比
Ph5——标准化能耗 [kWh/（m^3·100m）]
提升 100m 高度的吨水电耗
Ph6——能量效率（%）
泵有用功率占总功率的百分比
Ph7——能量回收率（%）
由涡轮系统回收的能量占泵总消耗能量的百分比

对于输配水管网，没有设计相应的评价指标，因为没有方法可以满足绩效指标评估的标准（清晰定义、含义准确、计算方法合理、可以审计、简明易懂，避免任何人为或主观的意愿）。系统设计的指标主要评估阀门、消火栓和计量表的可用性，以及对系统运行起重要作用的关键组件，如表 3-12 所示。

输配水管网指标（Ⅱ－147）   表 3-12

输配水管网
Ph8——阀门密度（个/km）
单位输、配水干管长度上独立阀门的数量
Ph9——消火栓密度（个/km）
单位输、配水干管长度上消火栓的数量
水表
Ph10——区域流量计密度（块/1000 连接点）
平均每 1000 个服务连接点上安装的区域水表的数量
Ph11——用户水表密度（块/用户服务连接点）
平均每个服务点连接上安装的水表数量
Ph12——用户水表数（块/户）
每个用户中包括的直接或集中供水的客户水表数
Ph13——居民用户水表数（块/居民户）
每个居民用户中包括的水表数量

管理目标之一可能是提高自动化及远程控制的水平，有两个指标用于评估此类业务（表3-13）。

自动化及控制指标（Ⅱ－139）　　　　　　　　　　表3-13

Ph14——自动化程度（%）
自动化控制单元占全部控制单元的百分比
Ph15——远程控制程度（%）
远程控制单元占全部控制单元的百分比

3.4.5 运行指标

运行和维护决定了供水企业供水效率的高低。管理者需要监控计划的执行情况，以便于了解检查、预防性维护和设施更新的情况，以及系统故障引起的事件。

以下指标用于评价实物资产的检查和维护情况（表3-14）。

实物资产检查与维护指标（Ⅱ－139）　　　　　　　表3-14

Op1——水泵检查（一/a）
每年水泵检查的频率，以泵的额定功率计算
Op2——储水池清洗（一/a）
每年清水池清洗的频率，以清洗的容积计算
Op3——管网检查（%/a）
每年检查过的管网长度占管网总长度的百分比
Op4——漏损控制（%/a）
进行主动漏损控制的干管长度占总长度的百分比
Op5——主动漏点修复[次/(100km·a)]
每年每100km干管长度由于主动漏损控制而发现并修复漏损的次数
Op6——消火栓检查（一/a）
每年消火栓检查的频率

可靠的监控信息源自准确的数据，因此设备校验是一个关键方面，如表3-15所示。

仪器仪表校准指标（Ⅱ－141） 表3-15

Op7——流量计校准（一/a）	
每年系统流量计校验的频率	
Op8——流量计更换（一/a）	
每年流量计更换的频率	
Op9——压力表校准（一/a）	
每年压力表校验的频率	
Op10——水位计校准（一/a）	
每年水位计校验的频率	
Op11——在线水质监测仪表校准（一/a）	
每年在线水质检测仪器、设备校验频率	

检查和维护应包括电力及信号传输设备，如表3-16所示。

电力及信号传输设备检查指标（Ⅱ－142） 表3-16

Op12——应急电力系统检查（一/a）	
每年供电系统检查的频率，以额定功率计算	
Op13——信号传输设备检查（一/a）	
每年信号传输单元检查的频率	
Op14——电力开关设备检查（一/a）	
每年电力开关单元检查的频率	

车辆状况是评价水务服务运行和维护能力的重要方面，它可用表3-17的指标进行分析。

交通工具使用指标（Ⅱ－143） 表3-17

Op15——交通工具使用率（辆/100km）	
平均每100km干管可用于运营和维护的公司自有车辆	

长期绩效和可持续性的评估同设备更新紧密相关。表3-18的指标同干管、阀门、服务连接点和泵站修复相关。参见修复、更新、替换及重置的相关定义。

表 3-18 干管、阀门及服务连接点的修复、更新指标（Ⅱ－143）

干管、阀门、服务连接点修复、更新
Op16——干管修复率（%/a）
每年修复干管长度占干管总长度的百分比
Op17——干管更换率（%/a）
每年更换干管长度占干管总长度的百分比
Op18——干管更新率（%/a）
每年更新干管长度占干管总长度的百分比
Op19——阀门更换率（%/a）
更换阀门占阀门总量的百分比
Op20——连接点更新率（%/a）
每年被替换或修复的服务连接点所占的百分比
水泵修复
Op21——水泵修复率（%/a）
每年接受大修的泵所占的百分比，以泵的额定功率核算
Op22——水泵更换率（%/a）
替换的泵所占的百分比，以泵的额定功率计算

漏失控制是管理中需要重点关注的方面。从运营的角度来说，使用合适的绩效指标来监测其状况是十分必要的。IWA 推荐如表 3-19 所示的指标监测漏失状况：

表 3-19 水量漏损指标（Ⅱ－145）

Op23——单位连接点漏失量 [m^3/（连接点·a）]
以单个连接点平均漏失量表示的总漏失量（包括管理漏失和物理漏失）。此指标适用于城市配水管网系统
Op24——单位干管漏失量 [m^3/（km·a）]
以单位干管长度的年平均漏失量表示的总漏失量（包括管理漏失和物理漏失）。此指标适用于集中供水和服务连接点密度较低的配水管网系统
Op25——管理漏失率（%）
由于管理漏失的水量占产销差总水量（系统进水量－系统出水量）的百分比。此指标适用于城市配水管网系统
Op26——管理漏失量占系统进水量比率（%）
由于管理漏失导致的管理漏失量占系统总进水量的百分比。此指标适用于集中供水和服务连接密度较低的配水管网系统

	续表
Op27——单位连接点物理漏失量［L/（连接点·d）］	
以平均每日每个系统连接点计算的物理漏失量。此指标适用于城市配水管网系统	
Op28——单位主管物理漏失量［L/（km·d）］	
以单位长度主管平均每日计算的物理漏失量。此指标适用于集中供水和服务连接密度较低的配水管网系统	
Op29——基础设施漏失指数（一）	
实际的物理漏失与估计最小物理漏失的比值，后者可通过系统运行压力、平均服务连接点间长度和服务连接点密度等参数，从技术上估算得出	

正确评估这些指标需要正确理解术语的含义以及执行推荐的水平衡程序，详见第Ⅱ篇 7.1 节。

Op23 与管理漏失和物理漏失的直接相关性不是非常强；然而，有时它却是企业唯一能够用于评价漏失的指标。实际上，减少两种漏失所需要的措施差异很大，因此尽最大努力估计每种漏失占总漏失的部分是值得的。

在此手册的第一版中，管理漏失是以单位连接点的漏失量（对于配水管网系统），或单位长度干管的漏失量（对于集中供水系统）来计算的。实地试验和 IWA 水漏失专家组的经验均表明，这并不是一个好的选择，目前推荐使用的是百分比。

评估物理漏失的指标 Op27，相对习惯上以百分比计算的指标要准确得多。实践表明，服务连接点的密度是影响漏失量的一个重要因素。将其影响排除在外，有利于建立一个更好的指标以比较和分析结果。Op28 适用于服务连接点密度较低的地区，因此干管长度成为了一个主导的解释因素。

基础设施漏失指数（Infrastructure leakage index，ILI-Op29）与以上的指标类似，旨在于消除管网物理状况以外的其他因素对漏失量的影响。这些因素包括运行压力、平均服务管道长度（系统边界—输送点—计量点）。IWA 的水漏失专家组通过比较连接点密度、管网长度及平均运行压力均相同相等的两个系统中实际物理漏失和估计物理漏失的比率后得出的经验评估方式。这个指标在实地实验中引发了很多讨论。有很多人支持，也有很多人提出了批评。总体来看，似乎水漏失咨询顾问比较支持这个指标，也有一些企业表示，它对比较不同的分区计量区域（district metering area，DMA）比较有用，因为它允许优先采取外加措施。批评的意见则五花八门：第一点，本书作者也同意其观点，该指标是整个 IWA 绩效指标体系中唯一根据经验而建立且用于评价自身的绩效指标。鉴于此原因，它不大符合绩效指标的标准（见第Ⅰ篇 2.2 节）；另外一个缺点和其本身的意义及置信级别相关，当运行压力和服务连接长度变化较大时（例如在山区，水压日波动较大的系统，以及公寓本身安装有阀门和计量表的系统），数据可能不准确。重要的一点是，使用者选择使用此指标时，应了解其潜能和缺点。

下一组指标用于评估故障（表 3-20）。它们同资产管理密切相关。

故障指标（Ⅱ－148） 表 3-20

Op30——水泵故障 [d/（台·a）]
系统中每年每台水泵平均故障天数
Op31——干管故障 [次/（100km·a）]
每年平均每 100km 主管网出现故障次数
Op32——连接点故障 [次/（1000 连接点·a）]
每年每 1000 个服务连接点平均故障次数
Op33——消火栓故障 [次/（1000 个·a）]
每年每 1000 个消火栓的平均故障次数
Op34——电力故障 [h/（泵站·a）]
每年每个泵站由于电力故障而导致无法运转的平均时间
Op35——供水点故障 [次/（供水点·a）]
每年每个供水点平均故障次数

设施、设备的故障频率直接影响了服务质量和维护费用。反过来，这些同运营是相关的，因为它间接评价了实物资产状况。

Op34 和 Op35 是由发展中区域建议的指标，因为这些地区通常会出现频繁的电力问题（电力中断或缺少燃料）以及无法运转的供水点。因此，这些指标在这些地区十分重要。

表 3-21 的指标体现了水表计量的状况。

水表计量指标（Ⅱ－150） 表 3-21

Op36——用户水表读表率（%）
有效读表次数与依据预先确定的频率进行读表的应读表总次数的比值
Op37——居民用户水表读表率（%）
居民用户水表有效读表次数与依据预先确定的频率进行读表的应读表总次数的比值
Op38——运行水表比率（%）
正常运行水表占总安装水表的百分比
Op39——未计量水量比率（%）
未计量水量占总系统进水量的百分比

第 3 章 IWA 绩效指标体系

有很多因素会限制读表率。例如在某些国家，水表安装在客户家中，供水企业读取该水表很困难。Op36 和 Op37 即是用于评价这种情况的指标。Op38 解决了发展中区域一个十分重要的问题，在这些区域中经常会出现安装后的水表没有正常运行的情况。它没有考虑水表的不准确性，但它易于获得且有效，在实地测试中获得了成功，推荐使用。

Op39 也是通过实际测试推荐使用的指标。虽然它不是一个评估水漏失的绩效指标，但它提供了同水量漏失相关的信息。

表 3-22 的指标用于监测供水水质。

表 3-22　水质监测指标（Ⅱ－151）

指标
Op40——检测率（%）
处理后水实际水质检测次数占行业标准或法律规定检测次数的百分比
Op41——感官性状检测率（%）
感官指标检测次数占行业标准或法律规定检测次数的百分比
Op42——微生物指标检测率（%）
微生物指标检测次数占行业标准或法律规定检测次数的百分比
Op43——物理化学指标检测率（%）
物理化学指标检测次数占行业标准或法律规定检测次数的百分比
Op44——放射性指标检测率（%）
放射性指标检测次数占行业标准或法律规定检测次数的百分比

这些指标是依据水质参数的性质来分组的。这种分组不见得能与相关法律规定的分类相一致。然而，本手册必须采用一种可以被任何国家使用的分组方式，而这种方式对于某个特定的实例不一定是最简洁的。

这些指标与水质检测的数量直接相关。测试的结果，即各指标测试合格率，在服务质量相关指标中考察。

初步来看，这些指标似乎与第一版中的指标区别不大，但事实并非如此。鉴于一小部分的指标是和水质相关的，则需要使用集成信息。第一版中的指标计算方法是某个种类实际测试的数量与这个种类要求测试数量的比值。这样造成的结果是，对于某个特定的参数，如果其实际测试的数量超过了要求的数量，这就会对其他没有达到要求数量的参数起了一定的"补偿"作用。即使有很多参数没有达到要求测试的数量，达到或超过 100% 的结果是相对容易的。这样定义指标会引起误导且没有意义。现在，每个参数需要测试的上限都限制为各自需要测试的数量。如果使用者对某个参数实际测试的数量是否超过了规定测试的数量感兴趣，那么则需要增加新的同参数相关的指标。

3.4.6 服务质量指标

很显然，当企业的核心业务是提供供水服务时，评价其服务质量是管理层所需要的。推荐的服务质量指标旨在于了解服务所覆盖的范围以及水量和水质。

服务覆盖类指标提供了一些评估的候选指标，取决于当地的特点。所有指标都提供了服务覆盖的百分比（表3-23）。

服务覆盖面积指标（Ⅱ—153） 表3-23

QS1——居民与商业用户覆盖率（%）
现有居民家庭及商业机构与公共供水管网的连接百分比
QS2——建筑物服务覆盖率（%）
现有建筑与公共供水管网的连接百分比
QS3——服务人口覆盖率（%）
企业服务人口所占企业服务区域内总人口的百分比
QS4——直供人口覆盖率（%）
通过服务连接接受服务的居民人口占企业服务区域内总人口的百分比
QS5——公共水龙头或水塔取水人口覆盖率（%）
通过公共水龙头及管体式水塔接受供水服务的人口占企业服务区域内总人口的百分比

最常用的指标为QS3。然而，公布的该指标统计数据对数据统计方式并没有详细的说明。与之相应，企业也并没有其服务人口的准确信息。他们可能有每种客户具体数量的准确记录，但他们可能习惯于将其转换为户均人口。这种方式的准确性较差，尤其是对于季节性人口变化较大的区域。因此建议采用一种更加客观且可靠的代用指标。在平均每个家庭只有一个服务连接（或只有一个商务连接）的区域，建议使用QS1。此指标表示了服务覆盖的家庭和商业区域，不管此服务是长期的还是暂时的。在某个建筑中只有一个客户连接端的国家或区域，建议使用QS2。它的缺点是对于公寓和分离的房屋，其考察的权重是一样的。但它要比QS3可靠得多。QS3建议在不与公共管网连接供水的情况下使用，即公共水龙头和管体式水塔供水方式。此变量应根据居住人口进行计算。因为实践表明，统计季节性的人口数量，不管总人口还是服务人口，都是相当不准确的。

一个国家或区域总的服务覆盖比例可能无法直接从其各自单独的供水企业的覆盖比例中推算而得，因为有些家庭是不在任何企业的服务范围之内的，尤其是在发展中国家或地区。

在发展中地区，人口中的很大一部分都是通过公共水龙头和管式水塔进行供水的。表 3-24 的指标用于考察此种服务方式的效果。

公共水龙头用户指标（Ⅱ－154） 表 3-24

QS6——正常运行的供水点（%）	
	正常运行的供水点占全部供水点的百分比
QS7——供水点到住户的平均距离（m）	
	供水点到其供水区域内居民房屋的平均距离
QS8——公共水龙头或水塔供水人均用水量[L/（人·d）]	
	日均通过公共水龙头和管体式水塔供水的水量与供水区域内人口的比值
QS9——每个公共水龙头或水塔供水平均服务人口（人/个）	
	平均每个公共水龙头或管式水塔供水的人口数

从定量的角度来看，良好的供水服务应具有足够的水压，并且能提供 24 小时的服务，不应有中断或限制。这些将在下一组绩效指标中予以考察（表 3-25）。

供水压力与供水连续性指标（Ⅱ－155） 表 3-25

QS10——水压保证率（%）	
	供水点（一种服务连接的方式）能够达到或可能达到足够供水水压的百分比
QS11——批量供水保证率（%）	
	在任意时刻，能够按照既定流量、流速和水压供水的供水点所占的百分比
QS12——供水连续性（%）	
	间歇供水情况下，平均系统加压时间所占的百分比，以小时计算
QS13——供水中断率（%）	
	人均供水服务中断的时间所占供水时间的百分比，以小时计算
QS14——单位连接点供水中断次数[次/（1000 连接点·a）]	
	每 1000 个服务连接点每年受到供水中断影响的次数
QS15——批量供水中断率[次/（供水点·a）]	
	平均每个供水点每年受到供水中断干扰的次数
QS16——受供水限制的人口比率（%）	
	服务人口遭受供水受限影响的平均时间所占的百分比，以小时计算
QS17——供水受限制比率（%）	
	供水服务受限日所占的百分比

QS12 指在间歇供水系统中,既定的每日或每周向服务人口提供的服务所占总时间的百分比,而供水中断指标评估由于系统故障导致的非常规性的供水服务停止。这些指标似乎可以考察供水的可靠性。然而,在有些区域,我们往往无法区分连续性供水中非常规中断和间歇供水这两个概念。例如,在连续供水的系统中,在某些特殊的年份,由于水源的缺乏或系统某些部分的供水能力不足,会导致供水中断。在这些情况下,这些指标的定义需要进一步完善,以避免误导性的结果①。QS13 和 QS16 提供的信息量要大于 QS14 和 QS17,后者是前者的候选方案。然而,这两个指标对数据的要求是相当高的,并不是每个企业的管理人员都有这些数据。从实际测试结果来看,QS14 和 QS17 可以被大多数使用者所评估。

另一个和供水服务质量相关的重要方面是水质。这将在下一组的绩效指标中考虑,作为运行指标 Op40~Op44 的补充,用于监测水质状况(表 3-26)。

供水水质指标(Ⅱ-158)   表 3-26

QS18——供水水质合格率(%)
处理后水达到相关行业或法律规定标准的检测次数占总检测次数的百分比
QS19——感官性状检测合格率(%)
处理后水感官指标达到相关行业或法律规定标准的检测次数占总检测次数的百分比
QS20——微生物检测合格率(%)
处理后水微生物指标达到相关行业或法律规定标准的检测次数占总检测次数的百分比
QS21——物理化学检测合格率(%)
处理后水物化指标达到相关行业或法律规定标准的检测次数占总检测次数的百分比
QS22——放射性检测合格率(%)
处理后水放射性指标达到相关行业或法律规定标准的检测次数占总检测次数的百分比

同 Op40~Op44 不同的是,在上述指标中,检测次数不受相关标准和法规的限制。

服务连接点及水表安装和检修也是服务质量相关的方面(表 3-27)。

---

① 以葡萄牙为例,在那里没有间歇供水系统,行业管理者决定将供水连续性和供水中断指标合成一个指标(详见 5.3 节中描述的案例)。

服务连接点和水表安装、修复指标（Ⅱ－159）　　　　　表3-27

QS23——新装连接点时间（d）
对于现有管网已覆盖区域，从客户提出安装需求到客户连接点安装完成通水所需的平均时间
QS24——用户装表时间（d）
从用户提出安装需求到水表成功安装且通水所需的平均时间
QS25——连接点修复时间（d）
修复服务连接点的平均时间

QS24 通过实际测试推荐使用，在有水表安装要求的情况下适用。总体来说，安装新的合适的水表需要一些土建工作。

以前所有此类绩效指标都是检测服务质量，但没有反映客户的观点。分析客户的投诉也是一项十分重要的内容（表3-28）。

客户投诉指标（Ⅱ－160）　　　　　表3-28

QS26——单位连接点平均投诉次数 [次/（1000连接点·a）]
平均每年每1000个服务连接点受到投诉的次数。此指标适用于输配水管网系统
QS27——单位客户的投诉次数 [次/（用户·a）]
平均每年每个客户的投诉次数。此指标适用于集中供水和服务连接点密度较低的系统
QS28——水压投诉率（%）
关于水压方面的投诉所占总投诉次数的百分比
QS29——供水连续性投诉率（%）
关于供水连续性方面的投诉所占总投诉次数的百分比
QS30——水质投诉率（%）
关于水质方面的投诉所占总投诉次数的百分比
QS31——供水中断投诉率（%）
关于供水中断方面的投诉所占总投诉次数的百分比
QS32——账单投诉与咨询 [次/（户·a）]
平均每个客户每年对账单进行投诉或咨询的次数
QS33——其他投诉与咨询 [次/（户·a）]
平均每个客户每年对除上述方面以外的问题进行投诉或咨询的次数
QS34——对书面投诉的回复率（%）
在既定时间内对书面投诉的回复所占的百分比

投诉指标是有效的,它与供水服务相关,但需要慎重解释。事实上,它们也不是直接考察绩效的指标。尽管大多数情况下一个绩效指标随时间的演变往往与其绩效表现的上升或下降直接相关,但如果服务质量同时也在发生变化,这种理解不适用于投诉指标。如果客户无法与企业有效沟通,或他们认为投诉的事项没有回应,他们是不会投诉的。因此,伴随着服务质量提升的投诉数量的增加,是因为客户们知道其意见可以被接受,接下来当问题逐步解决后,投诉会下降进入到一个稳定期。

如果在分析一个指标时,没有考虑当地的特点及情况,是很危险的且会导致潜在的误导作用,对于以上一组指标来说尤其如此。一方面,需要明确影响投诉次数的解释因素,另一方面,这些指标需要和其他相关的指标一同考察,例如水压、连续性、供水中断或故障率等。

3.4.7 经济与财务指标

最后一组指标是关于经济及财务方面的。它首先包括收入、成本、投资、水费以及更多的描述性经济和财务指标;其次还包括效率、财务杠杆、利润率和水漏失指标等。

评估此类指标需要遵守第Ⅱ篇7.3节中财务定义的相关说明,此说明是根据国际会计准则建立的。在某个特定国家的具体执行过程中可能会需要一定程度的变化,但从实际测试来看,真正尝试使用此系统的企业都取得了成功,且执行难度并不大。

一个使用中的主要难点是将这些术语翻译成合适的当地语言,这是清晰地理解其概念的基础。IWA绩效指标体系有英文、法文、德文、阿拉伯文和葡萄牙文的版本,这会对很多国家使用此系统有所帮助。实际测试和翻译过程为找出第一版中定义不够清晰的术语提供了机会,这些已在此版中解决。

表3-29中的指标是IWA推荐使用的,以经典的收入指标开始。

收入指标(Ⅱ-162)　　　　　表3-29

Fi1——单位水量收入(欧元/m³)
每立方米授权许可用水的收入
Fi2——销售收入(%)
售水收入所占的百分比
Fi3——其他收入(%)
非售水收入所占的百分比

需要重点强调的是，计算这些指标时，输入变量要有详细说明。总收入中不应包括自建项目的资本性支出。授权许可用水不仅包括计费授权许可用水量还包括其他未计费的授权许可用水量（例如消防等）。

考察基本成本的指标也是传统指标（表3-30）：

成本指标（Ⅱ－163）　　　　　　　　　　　表3-30

Fi4——单位水量成本（欧元/m³）
生产每立方米授权许可用水的成本（包括固定和运营成本）
Fi5——单位水量运营成本（欧元/m³）
生产每立方米授权许可用水的运营成本
Fi6——单位水量资本成本（欧元/m³）
生产每立方米授权许可用水的固定资产成本

然而，正确地理解吨水成本，有时可能需要对运营成本的组成进行深入分析（表3-31）：

运营成本构成指标（Ⅱ－164）　　　　　　表3-31

Fi7——内部人工成本（%）
内部人力成本占总运营成本的百分比
Fi8——外部服务成本（%）
外部服务成本占总运营成本的百分比
Fi9——购买源水或处理水成本（%）
进水成本占总运营成本的百分比
Fi10——电力成本（%）
电耗成本占总运营成本的百分比
Fi11——其他成本（%）
Fi7至Fi10没有包括的运营成本所占的百分比

在绩效指标体系的早期版本中，一种运营成本叫做"能耗"，似乎是最符合逻辑的解决方案。然而，这只是绩效指标建立系统中的一个折中——时间表明，计算此指标会花费太多的时间以至于难以评估。这就是会计准则中将电耗和燃料消耗分开的原因，而将后者包括在"采购"部分。因此，对此指标进行了调整以便和会计准则兼容。

以上指标可以帮助企业找出支出中的"大数"且可以与相似的组织进行比较（需要考虑企业所处的环境），由此尽力找出潜在的可节约支出的方面。

另一项对同类成本分析的补充性指标是考察每种业务所占运营成本的百分比，其分类和人员绩效指标相对应，其内容如下表 3-32～表 3-36 所示：

运营成本构成中主要业务成本指标（Ⅱ－165）　　　　表 3-32

Fi12——综合管理成本（%）	
综合管理成本占运营成本的百分比	
Fi13——人力资源管理成本（%）	
人力资源管理成本占运营成本的百分比	
Fi14——财务与商务成本（%）	
财务及商务业务成本占运营成本的百分比	
Fi15——客户服务成本（%）	
客户服务业务成本占运营成本的百分比	
Fi16——技术服务成本（%）	
技术服务成本所占运营成本的百分比	

很多企业反映执行 Fi12 至 Fi16 指标比执行前面那些指标难度更大，因为几乎没有企业有相应的会计系统来统计这些输入变量。然而，参与实际测试的企业都认为这些指标和企业业务是相关的，需要将其包括在系统内。如下面的指标对技术相关业务的成本进行了更加详细的分析。

运营成本中技术成本指标（Ⅱ－166）　　　　表 3-33

Fi17——水源及水库管理成本（%）	
水库及水源管理成本占运营成本的百分比	
Fi18——取水及制水成本（%）	
取水及水处理成本占运营成本的百分比	
Fi19——储存及输配水成本（%）	
输水、储存及配水成本占运营成本的百分比	
Fi20——水质检测成本（%）	
水质检测成本占运营成本的百分比	
Fi21——水表管理成本（%）	
水表管理成本占运营成本的百分比	
Fi22——支持性服务成本（%）	
后勤支持性服务成本占运营成本的百分比	

考察固定成本组成的指标有所不同——结构相对简单：

资产成本构成指标（Ⅱ-167） 表 3-34

Fi23——折旧费用（%）
折旧成本占固定资产成本的百分比
Fi24——净利息支出（%）
净利息支出（即利息支出-利息收入）占固定成本的百分比

另一个重要的方面是区分新建设施和现有设施升级改造的投资。这些指标的分析是同资产管理最密切相关的。

投资成本指标（Ⅱ-169） 表 3-35

Fi25——单位水量投资（欧元/m³）
每立方米授权许可用水的投资总额，包括水厂和设备费用
Fi26——新增资产及现有资产升级改造投资率（%）
新设施及现有设施更新改造投资占总投资额的百分比
Fi27——现有资产更新投资率（%）
现有资产更新替代投资占总投资额的百分比

描述经济及财务指标的最后一个系列是关于水费的，分为集中供水收费以及对直接客户的收费。由于各种情况下水费结构是不同的，为适应各种情况，此体系采用了集成性指标，即分子是所有收费之和，而分母为所有供水量之和（包括计费和未计费的）。

平均水费指标（Ⅱ-169） 表 3-36

Fi28——直接供水平均水费（欧元/m³）
平均每立方米授权许可供水的居民、工业和其他客户的供水销售收入（不包括集中供水和公共水资源税收入）
Fi29——转供水的平均水费（欧元/m³）
供水平均每立方米水的收入，不包括公共水资源税

下一系列指标用于分析企业的资金使用效率（表 3-37）：

效率指标（Ⅱ-169） 表3-37

Fi30——收入成本比率	
	总收入与总成本之间的比率
Fi31——收入营业成本比率	
	总收入与运营成本之间的比率
Fi32——应收账款周转率（d）	
	饮用水应收账款和销售收入的比值
Fi33——投资比率	
	由折旧引起的投资与折旧成本的比率
Fi34——内源性资金投资贡献率（CTI）（%）	
	现金流占总投资中的比率
Fi35——累计折旧率（%）	
	实物资产折旧后的原值占实物资产原值的百分比
Fi36——平均折旧率	
	折旧成本与实物资产原值的比率
Fi37——延迟支付账款比率	
	客户年负债额/与计费额的比率
Fi38——存货周转率	
	一个财务年度结束时，存货总价值与运营收入的比值

　　以上某些指标是经典的经济学效率指标，另一些不是。此版本是对第一版中指标进行深入研究的结果；虽没有根本性的改变，但这些微小的变化却改进了清晰度及可接受的程度。

　　下列指标评估财务杠杆（表3-38）：

财务杠杆指标（Ⅱ-171） 表3-38

Fi39——偿债保障比率（DSC）（%）	
	财务负债占现金流的比率
Fi40——债务权益比率	
	总负债额与所有者权益的比率

　　请注意在有些国家负债比率的计算方式与Fi40相反，即所有者权益/总负债额。当对不同国家的此项指标进行比较时，应予以注意。

对这些指标的评估和分析中,当有外部资金支持投资时(例如,发展中国家的国际性捐助,欧盟的内部基金等),有时会出现一些问题。需要对这些情况进行详细的分析,并需要调整一些计算这些指标的规则。

资金的流动性可用流动比率评估(表3-39):

财务流动性指标(Ⅱ－172) 表3-39

Fi41——流动比率
流动资本与流动负债的比率

如下 4 个指标(表3-40)用于评估资产收益率:

盈利能力指标(Ⅱ－172) 表3-40

Fi42——净固定资产收益率(%)
运行收入减去实物资产折旧原值所占实物资产原值的百分比
Fi43——权益收益率(%)
净利润(付息完税后)占净资产额的百分比
Fi44——资本收益率(%)
付息完税前收入占总资产的百分比
Fi45——资产周转率
销售收入与总资产的比值

最后一组指标(表3-41)重新回到水漏失的问题上,这次是从经济角度考虑:

水量漏损的经济成本指标(Ⅱ－173) 表3-41

Fi46——无收入水量比率(%)
无收入水量占系统总供水量的百分比
Fi47——无收入水量成本率(%)
无收入水的价值占系统总供水量价值的百分比

Fi46 是评价水漏失最常用和最简单的绩效指标。Fi47 是 IWA 水漏失课题专家组推荐的一个更新的绩效指标,在实际测试中参与者对其也很有兴趣。然而,它并不容易测算,尤其是当分析区域没有覆盖水务企业影响的所有区域时。对于次级系统和 DMA 区域数据的准确统计是很困难的。

3.5 绩效体系指标变量

正如在第Ⅰ篇2.1中的解释，指标变量是计算绩效指标所必要的数据元素，其标准要与第Ⅰ篇2.2中的标准一致。

正如在第Ⅰ篇3.2中提到的，指标变量被分为若干个主要变量组和次要变量组。变量将在第Ⅱ篇第9章中作详细的定义和描述。

需要着重注意的一点是，对于任何绩效指标体系的具体实施，都需要进行指标变量的选择。只有当使用者预先选择了相关的绩效指标后，才需要确定变量子集。在实际测试中，很多参与者采取了相反的程序，即首先选择尽可能多的变量，然后确定可使用的绩效指标。这在测试中是可以接受的，但在正规使用中是不推荐的。建议的执行程序参见第Ⅰ篇第4章。

有些指标变量是专门供一个绩效指标使用的，而另外一些可以供多个指标使用。第Ⅱ篇第9章中的变量表列出了与之相关的指标。

对于主要变量来说，至少和一个绩效指标是直接相关的。有些变量是用于计算其他指标变量的，它们叫做次要变量。

用于绩效指标的所有指标变量都和供水服务的核心业务相关。多种业务企业应该评估同供水相关的收入及资源。这同样适用于有补充业务的企业，例如，与售水服务相关的水质采样和检测，或私人房屋管道修复等。

不管使用者采用什么样的软件进行数据输入和绩效指标评估，它都应能够处理IWA绩效指标体系要求的以下三方面关于变量的信息：变量值，精确度以及数据源的可靠度（见第Ⅰ篇2.3和第Ⅱ篇第11章）。

指标变量输入样表　　　　　　　　表3-42

指标变量	变量值	精确度	数据可靠度
C8——干管长度（km）	1398	0～5%	***
C21——干管阀门（个）	10027	0～5%	***
C24——服务连接点数量（个）	93000	5%～20%	**

表3-42中所列是IWA绩效指标体系具有的特点，是其他现有绩效指标系统所不具备的。IWA绩效指标体系在不同企业使用的经验已经表明，此特点对于了解信息可靠性和控制数据质量方面十分重要。参与实际测试的企业认为，只要数据的种类不多到难以作出选择，以这种方式统计变量就是值得的。相对于第一版来说，这也是此版本中数据种类明显下降的原因。

在 IWA 绩效指标体系建立过程遇到一个大的挑战是如何在指标变量的定义上达成一致。人们对此经常会有不同的理解。

对于有些变量，达到此目标会很容易，但对另外一些则不然。为了应对这些复杂的情况，建立如下变量定义原则：

- 建议建立一个计算水平衡组成的方法，此方法要和 IWA 水漏失专家组的研究结果相一致（见第Ⅱ篇 7.1 节）。
- 供水服务主要功能和次要功能的定位，应在企业采用了标准化评估其人事、经济及财务的变量和指标之后。通常，企业的组织架构不一定与其业务相一致。从实际的测试中可以看出，这既不是目标也不是问题。根据经验（见第Ⅱ篇 7.2 节），此版中已对第一版的内容做了相应的调整。
- 根据国际会计准则建立的详细的经济学和财务学的概念的定义。实际测试证明，这是改进这些定义（见第Ⅱ篇 7.3 节）的最有效的方法。
- 目前定义的术语列表，可供变量和指标参考（见第Ⅱ篇 7.4 节）。
- 具体指标变量的定义及评价说明，包含于变量列表中（见第Ⅱ篇第 9 章）。

3.6　绩效体系解释性因素

3.6.1　解释性因素的种类

在第Ⅰ篇 2.1 节中，我们知道，解释性因素是绩效指标体系中任何可以用于解释指标值的数据元素。它包括绩效指标、指标变量、背景信息及其他在分析阶段前不发挥作用的数据元素。

对于短期及中期管理目标，都有相应的解释性因素可供选择。对它们进行选择和分析，对于找出及优先选择改进措施是十分关键的。这类解释性因素也被广泛的称作"推动因素"。还有一些解释性因素是背景性的，至少在短期及中期内是无法被企业改变的。在某些情况下，企业间的背景差异如此之大，以至于无法进行有效的绩效指标比较。

需要注意的是，解释性因素和绩效指标相互独立，即某个与一个或多个绩效指标相关的解释性因素，可能与其他的指标不相关。由此带来的结果是，两个不同的企业可以就一些指标进行比较但其他的却不行。

在 IWA 绩效指标体系的建立过程中，一个潜在的目标是尽可能减少每个指标对企业背景的依赖程度。例如，在某个企业内可能会有用但和企业背景联系过于紧密的指标（例如，人均水耗及吨水能耗）都没有包括在体系内。然而，背景信息的完全独立对于任何绩效指标系统来说都是一个不可能实现的目标。

以下章节叙述解释性因素的种类：
- 背景信息
- 绩效指标及变量
- 其他解释性因素

3.6.2 解释性背景信息

背景信息在进行主动绩效标杆比较时是十分有用的。在初始阶段，它对建立一组可相互比较的企业群起着支持的作用。在分析阶段，它也应当被考虑在内，以确定绩效指标值的不同是和管理过程相关还是和背景信息相关。

从内在意义上说，背景信息对于理解绩效指标值随时间的波动起着重要的作用。

背景信息也可以被用于检验对某种绩效解释的假设。有些问题，例如："所有权种类或运营方式怎样影响绩效？""系统及企业的规模如何影响绩效？"或"多业务企业比单一业务企业效率高吗？"需要在开始检验之前就要足够重视背景信息。除某个检测的方面外，没用任何两个企业的背景信息会完全相同。因此独立性和合理方法是基础性的。

通常情况下背景信息是较为稳定的。人口、气候、经济、系统特点等不会很快变化。这是背景信息的一个主要特点。然而也有某些背景信息会具有更多动态的特点。一些特殊的事件可能会暂时影响企业的绩效。比较典型的例子是天气（意外的洪水或者干旱）、危机的情况或者意外的人口集中（例如罗马教皇保罗二世的葬礼）。

由于 IWA 绩效指标体系的实际测试不是主动标杆比较，这对全面且系统性的测试推荐的背景信息来说造成了实际操作上的障碍。然而，改进的建议已经考虑在内。重要的一点是，背景信息的数量和详略的程度应予以说明。IWA 绩效指标体系中包含了详细的且定量的说明。第Ⅰ篇 5.4 节中提到的德国案例研究，是一个成功使用定量解释性因素的例子。具体的情况应采用不同的措施。例如葡萄牙立法机构 IRAR 在它的绩效指标体系里对"背景因素"进行定性的分类。这仍然是需要进一步讨论和完善的方面，这也是欧洲 COST Action C18（市政公用服务的绩效评估：供水、排水和固体废物的案例，www.costc18.org）中的目标。

IWA 绩效指标体系中背景信息的定义和描述详见第Ⅱ篇第 10 章。它分为六个主要的组（表 3-43）。

第 3 章　IWA 绩效指标体系

背景信息分类　　　　　　　　　　　　　　　　　表 3-43

企业信息（Ⅱ—248 页）	
服务信息（Ⅱ—250 页）	
系统资产（Ⅱ—251 页）	
	水资源
	原水水库
	净水厂
	清水池
	泵站
	输水及配水管网
	服务连接点
	私人泵站和储水池
用水及高峰因素（Ⅱ—258 页）	
	系统平均进水
	每种客户用水量
	馈水及用水高峰因素
人口及经济（Ⅱ—260 页）	
环境（Ⅱ—261 页）	
	平均年降雨量
	气温
	地形
	原水水质——水源种类

　　上表所列的有些背景信息属于外在因素，完全独立于企业管理层的决策，例如环境信息。其他因素，例如人口及经济也几乎是独立的；尽管供水服务对于一个区域内的经济是十分重要的，但广泛认同的一点是企业本身对区域人口和经济情况的改变作用是有限的。

　　有些背景信息是外部因素和管理因素的结合，例如用水及高峰因素。考虑到企业对用水需求的管理上有很大的潜力。这对于服务的背景信息也是一样的。

　　系统资产方面的背景信息取决于企业的长期政策。目前的资产状况是企业过去的政策决定的；改变政策也不能起到立竿见影的效果。然而，衡量企业的进步应考虑此数据的长期变化。

　　企业信息取决于政治决策。企业资产的拥有者不一定有能力去改变它，这要具体问题具体分析。

3.6.3 解释性绩效指标和变量

对企业绩效进行整体或局部分析，需要基于一系列相互关联的绩效指标，其中一些可能是另外一些的解释性因素。例如在预防性维护、检查及更新改造方面进行投资的企业，可能故障率会相对较低，供水中断和水漏失都会较少。某个绩效指标同其母指标和子指标之间都有内部关联关系（如果雇员总数的绩效指标较高，那么很容易的就会联系到是否和某种业务相关）。

有些用于解释某种评估结果的数据元素本身也是指标变量。例如，可以对规模大小不同的企业进行比较，但对结果进行解释时应考虑这种区别，这也许会解释双方绩效结果的差异。表3-44列出了反映企业规模的变量，有时可用作解释性因素。

解释性因素的指标变量举例　　　　　　　表3-44

企业规模
G4——总支出（欧元/a）
G1——总收入（欧元/a）
G32——有形资产额（欧元/a）（过去3～5年的动态平均值）
B1——职工总数（人）
系统规模
C8——干管长度（km）
E6——客户水表数（块）
C10——系统流量计数（个）
C22——阀门数（个）
C23——消火栓数（个）
F8——公共水龙头和水塔数（座）

3.6.4 其他解释性因素

可能会有其他在很大程度上能够影响绩效指标值的因素，它们既不是背景信息（因为它们可以在短期内被管理层改变），也不是变量或绩效指标。有些因素可以解释绩效表现的好坏，其他可能只是简单解释指标值差异的原因，而不是真正的绩效间的差异。

IWA绩效指标体系未就其他解释性因素做详细说明，因为这会造成依赖性然而，本章节提供了一些例子。

同人力资源指标比较最相关和最基础的其中一点是，企业对外部人力资源的支出。一个对外部人力资源依赖较强的企业，在相同的供水效率下，人力成本的使用效率相对较低。表3-45提供了如何测算外部人力资源的建议。

其他解释性因素：外部人力资源的依赖程度　　　　　表3-45

总体管理（%）
同供水相关的企业总体管理的外部人力成本所占的百分比
人力资源管理（%）
同供水相关的企业人力资源管理的外部人力成本所占的百分比
财务与商务（%）
同供水相关的企业财务及商务业务的外部人力成本所占的百分比
客服（%）
同供水相关的企业客服业务的外部人力成本所占的百分比
规划与设计（%）
同供水相关的企业规划及设计业务的外部人力成本所占的百分比，例如咨询顾问的聘用
建设（%）
同供水相关的企业工程建设业务的外部人力成本所占的百分比（由外部承包商承担的新工程和更新改造资产占总新建资产的比例，包括新服务连接和管网延伸）
运行与维护（%）
企业资产运行及维护业务的外部人力成本所占的百分比
水质检测（%）
企业水质检测业务的外部人力成本所占的百分比

管理系统的集成水平也是另一种类型的解释性因素，它可能会同评估结果的理解或绩效完成情况相关。客户服务的特点（对于解释投诉指标很重要的因素），以及现有技术资源状况，是两个最典型的例子，见表3-46和表3-47。

其他解释性因素：客户服务　　　　　表3-46

记录所有客户投诉的系统
是否存在能够记录所有客户口头及书面投诉次数的系统，以便通过检查确定投诉的性质
出于服务质量监测和资产管理目标记录客户投诉的标准系统
是否存在能够记录客户投诉，并对客户投诉进行数据处理的系统，以便解决投诉，监控服务质量和进行资产维护

续表

服务保障标准系统	
	是否存在一个服务保障标准系统（guaranteed standards scheme，GSS）以保障客户的基本权益，至少包括：供水点的最小供水压力；安装新连接和修复旧连接的最长工作时间；回复书面投诉的最长工作时间；达到客户要求的次数 （GSS中设定的时间段应该有详细说明）
新连接的目标时间	
	安装新连接所需的最长工作时间，从客户需求开始到安装结束为止（在服务连接存在的情况下）
D39	居民用户读表频率 [次/（表·a）]
	居民用户读表频率，由供水企业在评估阶段预先设定
D40	工业用户读表频率 [次/（表·a）]
	工业用户读表频率，由供水企业在评估阶段预先设定
D41	批量用户读表频率 [次/（表·a）]
	批量供水用户读表频率，由供水企业在评估阶段预先设定
居民用户水表使用年限（a）	
	居民水表的平均使用年限
D34	平均运行压力（kPa）
	管网供水点的平均供水压力 （供水压力取决于时间、地点和高程，是很多企业无法精确把握的变量。然而，它是个很重要的信息）

其他解释性因素：技术资源　　　　　　　　　　　　　　　表3-47

计算机信息系统（IT）	
规划及决策	
	日常是否用IT系统支持规划与决策（是/否）
计费及统计	
	日常是否使用IT系统支持计费及统计（是/否）
维护	
	日常是否使用IT系统支持维护工作（是/否）
客户投诉	
	日常是否使用IT系统支持客服质量和管网状况评估（是/否）
其他	
	日常是否使用IT系统支持企业的其他业务（是/否）

续表

自动化及控制	
	泵站(%)
	有自动化控制单元的泵站所占的百分比
	处理单元
	日常是否使用自动控制程序控制处理单元(是/否)
	中心控制设施
	是否拥有中心控制设施及日常是否使用(是/否)
	中心监控及控制
	是否有中控系统(SCADA)及日常是否使用(是/否)
	综合控制(%)
	具备综合控制的站点/站点总数
地图	
	地图更新(%)
	在最大比例尺为1:2500情况下,已上图的干管长度所占的百分比
	数字地图(%)
	在最大比例尺为1:2500情况下,已编辑为数字地图的干管长度所占的百分比

第 4 章 实施绩效指标系统

4.1 简介

绩效指标是一个功能强大的管理工具,几十年来,其在不同行业中的系统化应用已证明了这一点。它们可以衡量可用资源中有多少资源正在被使用,他们可以评估管理目标所达到的程度,甚至可以估计管理策略的总体效果。

然而,绩效指标本身不可能成为目标。绩效指标系统的实施,必须是水务企业内部更广泛的管理方法的体现。否则,绩效评估的结果可能不足以反应企业的情况,甚至没有任何用处。典型的绩效指标系统实施的最终结果是,绩效指标不再是某种方法而变成了尼利(Neely,2002)描述的"评估危机",具体表现为:

- 评估与企业战略没有关系
- 评估了错误的方面
- 只评估容易评估的方面
- 只有财务指标评估是和企业相关的
- 鼓励了次级优化
- 评估但没有分析,导致对于评估结果没有任何行动
- 忽视了运行水平
- 评估系统过于复杂而无法确定优先性
- 对过去的绩效评估很好而对于将来的预测很差
- 评估众人皆知的方面,但都不是重要方面

以上所叙述的问题在许多水务企业里是相当普遍的,包括已经实施了绩效指标系统的一些企业。本手册的第一版也起了一定的误导性作用,有些读者认为手册中的所有指标都应该使用。

然而,作者的初衷并不是要提供一套独立唯一的绩效指标,而是提供广泛而综合的一套指标以满足世界大部分地区典型企业的需要。由 IWA 发起的一个详细的绩效指标研究工作已经清楚地表明,其中一些被创造出来的指标只适用于某些地区及某种情况。因此系统的正确使用,要求选择合适的指标子集以及系统的

正确实施。本章将根据国际水协的建议,为如何正确使用绩效指标提供一些基本的指导方针。

4.2 使用 IWA 绩效指标

绩效评价体系用于评价企业,包括任何水务企业在内,都是非常必要的工具。一个好的绩效评价体系能够提供有关企业目前经营管理状况方面有用的信息,甚至在此基础上对企业的未来做出合理的预测。任何绩效评价系统的最终目的都是为决策提供信息而不是数据(这里我们定义"信息"为任何对制定决策有帮助的数据)。因此,在一个绩效评价系统中数据的收集与处理都必须紧紧围绕企业及其管理者的经营目标与利润来展开。

对于一个企业来说,一个好的绩效指标体系必须与它的经营目标、管理策略、关键性成功因素紧密联系起来,见图 4-1。将绩效评估与企业其他的经营管理活动紧密结合是绩效评估体系的基础之一,正如《平衡记分卡》书中所阐述的那样:一个公司的主要目标如财务、客户、生产、学习、成长等是相互联系的,因此,我们必须把它们视为一个整体。

当我们采用如平衡记分卡等绩效评价系统时,国际水协绩效指标体系也是非常有用的一个工具,两者完全可以相容。两者成功结合取决于正确的指导思想、

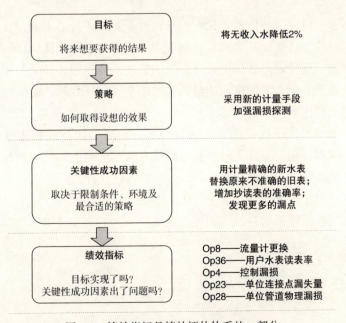

图 4-1 绩效指标是绩效评估体系的一部分

合适的方式方法、细心而有条不紊地实施。

此章对于实施过程仅做一般性的描述而非针对某一特殊的绩效评价系统。然而，正确掌握国际水协绩效指标体系与其他绩效评价系统有助于两者的有机结合。

4.3 确定目标

任何绩效指标的实施都必须是目标导向性的。绩效指标是一个企业经营策略中最后的一步。企业经营策略与它的经营目标、关键性成功因素紧密联系，它把绩效指标作为经营成果的评价手段和预先发现问题的控制机制。

目标必须准确和清晰。目标需要既是高标准的，又是切实可行的，最重要的是目标必须反映公司的使命与远期规划，目标必须是长期规划中一部分。对于拥有大量实物资产的企业如供水企业，长期规划非常重要。水务企业的目标不仅要考虑公司经营层面各个方面，而且也要考虑不同利益相关方的需求和目标。

对于好的绩效评价体系来说，确定目标永远是第一步。一个定义清晰的目标将有助于在制定计划时回答一些较难回答的问题：绩效评价体系需要花费多少钱？谁或者哪个部门将参加计划小组？制定这样一个计划好处是什么？等等。

如果不能正确定义我们的目标，将导致整个测评评价的不确定性和执行的失败。这些目标的定义囊括从公司层面优先考虑的目标到部门层面的周期性目标。取决于目标的重要性，对目标负最终责任的管理层将筹划、鼓励及明确支持绩效测评系统。对于一个企业的全面质量管理策略来说，绩效测评系统也必须考虑在内，而且应把它作为一个额外的工具。

供水企业是为公众提供供水服务的行业，它与其他行业相比有很多不同之处。除了内部利益相关方外，外部利益相关方的态度也能影响对目标的定义及绩效指标最终的选择。在任何情况下，绩效评价方法应保持一致性，只有当目标的性质发生变化时才随之变化。

采用绩效指标体系的目的（和可能出现的结果）在第Ⅰ章1.3节及图1-1有明确说明。

4.4 定义策略

策略的选择是一个关键性的经营决策，策略必须为经营目标服务。选择何种策略取决于多种因素，尤其是供水企业，它的可变因素并不与行业标准直接相关（行业标准通常是为了满足外部利益相关方的目标与需求）。

本书并不打算为水务企业提供经营策略。尽管如此，不管选择什么样的策略，它都必须与预定的经营目标直接相关。所有的目标都应该至少在一个具体经营策略得以体现，所有的经营策略都应该至少达到一个经营目标。

4.5　确立关键性成功因素

为达到目标并不是非要用到所有策略。管理层经常会受到各种限制，比较简单的如经济因素，还有政治因素等。此外，在某种特殊情况下，环境也会成为一种成功的策略。因此，如何选择合适的策略来达到经营目标取决于环境与不同情况各种限制条件。

关键性成功因素也可以作为有活力企业的一个结果。当先前阶段主要是为达到经营目标而鉴别各式各样可能的策略，而确认实际的关键性成功因素取决于时间、地点及当时的具体情况。如果限制条件变了，环境也变了，关键性成功因素也要随之改变。因此，研究各种限制条件的发展变化过程及做出决策时所处的环境就显得极其重要了。

4.6　建立绩效指标体系

绩效指标是本书的主要内容。同时应把这些指标作为大系统的一部分进行考虑。指标可用于内部控制、绩效评价、鉴别关键性成功因素以及为预测将来和制定计划提供有价值的信息。

无论是水务企业还是非水务企业，绩效指标体系多种多样。这么多的绩效指标体系为绩效测评系统选择指标时提供足够的来源。但是并非所有指标体系对于指标定义详细程度一样，目标也一致。

国际水协供水行业绩效指标体系充分考虑到了以下三个关键性因素：
- 行业内部管理目标。
- 世界不同地方的供水企业实际情况不同，国际水协有针对性地提供有效的绩效指标。
- 为保证测评基准的有效性，尽可能允许真实的对比。

因此，国际水协供水企业绩效指标是一整套指标体系，它需要置于具体环境中去理解掌握。与其他指标体系相比，它具有很多优点，当然也存在不足之处。当我们使用这套指标体系时要充分掌握它的优点及不足之处。

优点：
- 体系架构——正如第 3 章所阐述的那样，IWA 绩效指标体系须系统地建立在一个前后一致、清晰的架构之上，此架构可以根据情况修改、完善和扩大范围。
- 定义精确——体系中不同元素（指标、变量、背景信息）定义精确全面，这对使用者初次使用时非常有用。此套体系经过各种条件和世界各地的检验，充分考虑到了在使用过程中可能出现的绝大多数问题。
- 平衡体系——IWA 绩效指标体系是把企业作为一个整体来对待的。因此，针对企业不同方面的指标之间保持了平衡协调。把指标体系作为一个整体来使用可以为企业的每个方面提供等量的信息材料。
- 标准定义——IWA 绩效指标体系已作为一个标准在世界范围内使用。无论何地何人使用本书的指标时，那么意味着他们使用的指标定义是相同的。

缺点：
- 比较简单——IWA 绩效指标体系并不是针对某一具体需求来设计的，而是很大程度上把企业作为一个整体来对待的。这必然导致针对某一具体需求所必需的指标数量不足。
- 范围太广——挑选绩效指标时，我们的指导思想是指标要能评价世界各地供水企业服务水平。然而，因为世界各地供水企业实际情况千差万别，这就意味着针对某些企业来说部分指标其实是没用的。
- 指标太多——以上两点的直接结果就是 IWA 绩效指标数量太多，它针对的是一般企业的通常应用。然而，指标数量多也为每个具体情况具体案例选择最合适指标时提供了更多的可供选择性。

如上所述，IWA 绩效指标体系对于初次使用者并非完美无缺。然而前面所提及的问题较容易通过正确建立评价系统来克服。使用者可以通过剔除一些无用的指标、修改指标、增加指标等方式，满足各自的特定需求。不管评价系统发生何种改变，此过程相比到处收集指标建立评价系统要容易得多，而且也要牢靠得多。

因此，有条理、系统地运用绩效指标评价系统显得非常重要，具体步骤在前面已经描述过。

4.6.1 定义战略绩效评价指导方针

对于任何绩效评价系统来说，运用先前所述的概念进行绩效评价时，自然而然要确定绩效评价指导方针。在任何情况下，各个层面都应对指导方针给予充分地重视，这也是进行绩效评价首要的一步。一个包括既定目标、策略、具体的关键性成功因素的清晰指导方针相比仅有主题和提纲的方针更易理解接受。这也是高层管理者的责任。战略小组应该负责制订企业未来的战略方向。

在此阶段，企业应确保制定的目标 能够反映所有内外利益相关方的利益与需求。这样，过程操纵者、执行者、提供关键数据的人、对结果感兴趣的人都能有效地调动起来。

最初就确定好绩效小组的成员构成及特点被证明是一个好的开端。此小组对实施绩效计划及保持先前做出的战略决策前后一致性负责。所以，要在一个组织内成功实施绩效指标考评计划，需要由一名组织内高级管理者担任绩效小组组长，如有必要还可以同时让经验丰富的同事做助手。高级管理层（通常是需要用到绩效考评信息的决策者）的积极参与配合对于成功实施绩效考评计划是至关重要的。强烈建议组织内需要为考评提供绩效指标数据的部门负责人也作为绩效小组的核心成员，这样做也是为了让部门负责人对考评的全过程负责。

国际水协绩效指标考评的实践证明：企业职员参与绩效考评，对于绩效指标系统的实施有很大好处。参与者能够感受到其他不同背景不同职责职员的观点与愿望。在此阶段正确地向绩效小组介绍企业内部建立绩效考评系统的目的、目标及期望的结果等是至关重要的。

接下来的阶段是审查绩效指标系统并挑选最合适的具体的关键性成功因素。虽然本书可以协助使用者运用多种绩效指标系统，但是我们仍假定使用者通常会使用国际水协提供的《供水企业绩效指标手册》，接下来本书的介绍可能对于其他绩效指标系统并不适用。

绩效指标实施过程如图 4-2 所示。

4.6.2 挑选合适的绩效评价指标

构建一个合适的绩效指标评价系统接下来的步骤是挑选和定义绩效指标，如有必要还可以包括一些必需的背景信息挑选过程是非常重要的，原因如下：

- 绩效指标的数量可能是决定绩效考证计划能否取得成功的一个关键性因素。指标数量太多可能导致成本与困难也显著增加；数量太少又不能对一个企业的绩效做出全面有效的评价。
- 针对企业不同经营管理活动各方面的指标之间应保持平衡。如果所挑选的指标都是针对企业经营管理活动的一个方面，显然不能满足使用要求（我们预定的目标及战略所针对的范围要广得多）。
- 所挑选绩效指标的性质也可能影响对结果的正确解释。虽然一个定义适当的指标对结果的解释很少或者没有偏见性，但是大量现实生活的例子告诉我们这仍然存在一定的危险性。例如，众所周知的漏损量，它是以百分比

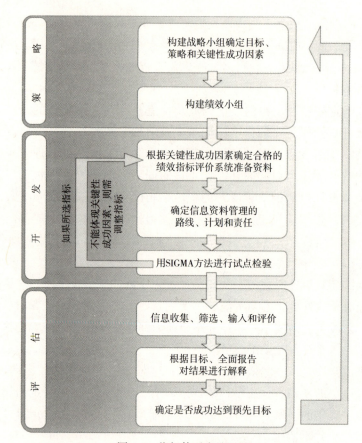

图 4-2　指标体系实施过程

的形式来表达，这在一定的条件下会成为一个误导性指标。
- 绩效指标应该与指标体系架构保持一致。一个好的绩效指标评价系统，其指标具有相同的体系架构，指标定义的详细程度、评估期限和单位都相同。此外，评价体系中的变量以指标形式来表达，而且变量的定义、评估期限、单位都是唯一的。

将上述因素都考虑在内，我们就不难理解为什么说国际水协推荐的绩效指标为建立一个绩效指标评价系统提供了很好的工具。使用国际水协的指标体系所遇到的唯一障碍是我们需要根据实际要求从中挑选合适的指标。绩效评估中其他限制条件如时间耗费、评估经验要求等都已经得到满足。

这并不意味着没有必要再增加新指标。事实上，大量实例证明非常有必要为建立指标子集创造或增加新的指标。这些新指标应充分考虑地区差异、业务不同、利益相关者不同、承担的社会职能不同等。当然，这些新建指标应与国际水协指标保持高度的一致性和相容性。

为了从国际水协指标体系中挑选合适的绩效指标和背景信息，建议按如下5个步骤实施：

（1）很有必要为评估预挑选绩效指标（与之关联的是选择目标、策略和关键性成功因素）。

（2）在评估初期确定实际的绩效与背景信息。

（3）如有必要开发新的绩效与背景信息，并检查它们的一致性。

（4）对初定的绩效指标进行试点检验。

（5）最终确定用于绩效评估重要的绩效指标。

图 4-3 也明确阐述了以上 5 大步骤。

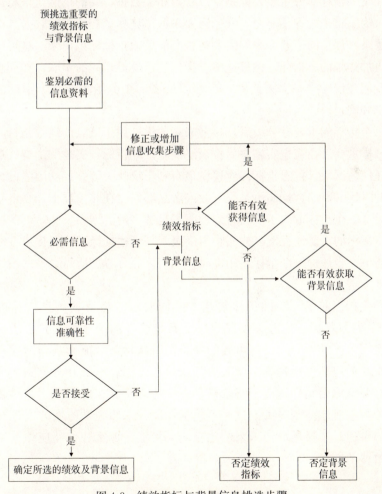

图 4-3　绩效指标与背景信息挑选步骤

第一步是根据指标在评估中的重要性对指标进行分级。在分级时充分考虑不同股东的不同意见与需求。建议分成高、中、低三级。在分级时不考虑指标需要的信息质量和有效性如何。一旦重要的绩效指标确定了，就有必要对数据的收集、处理过程重新校正。此校正必须充分考虑到从数据中提取的指标的重要程度。

最初挑选绩效指标应在高层次上进行：战略小组需与绩效小组充分协商，绩效小组也需要与数据提供者（如部门负责人）相互配合。此外，如果绩效评估是用于常规或外部需要，与外部有关方面的协商很有必要。图4-4详细举例说明了参与者如何挑选指标和根据指标的重要性来分级。如果评估是用于内部管理目的，就没有必要再与外部协商了。

假如某一指标非常重要，但是难以获得相关数据，我们仍然应该将此指标挑选在内。为了将来的评估需要，我们还要采取措施尽量获取相关数据。

为了某些评估的需要，我们需要将核心的绩效指标标识出来。这可能需要补充一些更加详细的子指标。挑选这些子指标应该遵循相同的步骤。如同指标的预挑选，我们建议安排一个人或者一个部门或者一个分组负责每个指标的数据收集、鉴别和确定。

将每个指标的重要性分级后，接下来是预挑选用于试点的绩效指标。此挑选与分级一样重要。在完全实施之后再最终确定绩效指标其实是一个迭代过程的结果。在任何情况下，挑选指标都应遵循最有利于反映关键性成功因素的原则。然而，有的时候必需的数据并不是很有效或者足够好。在此情况下，是继续收集数据还是另选一个指标取决于能否有效地收集足够多的数据。

基于指标的重要性程度，战略小组高级管理者根据经验可以提供一个绩效指标初选清单。当评价每个指标适用性时，我们应充分考虑所需数据的清晰程度和可靠程度。

有必要指出的是，在准备评估基准的同时也应将背景信息指标挑选出来（表4-1）。背景指标的挑选不仅仅取决于参与企业的地域性差异，还取决于企业之间实际情况的不同。任何可疑的背景信息指标都可能影响到绩效指标的价值，所以我们应高度重视确定合适的背景信息指标。本章开头提到的国际水协绩效指标确定原则同样适用于背景信息指标的确定。在此情况下，对新背景信息指标的需求可能范围更大，这并不包括在国际水协绩效方案之内。在任何情况下，如果通过选择标准使未来的比较成为可能，那么我们就应该采用国际水协的绩效评估方案。

针对不同目标绩效指标体系的各类参与者和所需数据的介绍　　表 4-1

采用绩效指标系统的目的	与绩效指标有关的利益相关者	所需资料
企业本身内部评价	高级管理者及参与评估的企业内部不同层次的人员。在最高级别上选择合适的绩效指标用于内部评估	企业可能有也可能没有一整套收集、处理、记录信息资料的体系
环境保护	同上，但是还包括官方及可能的使用者，如环保组织（非政府组织）。同样有可能在最高级别上就绩效指标的选择进行协商	有可能官方仅仅需要与他们管辖范围内有关的一些绩效指标如经济的、环保的。有可能企业已经记录了这方面的信息资料
与广大消费者合作	范围最广泛的利益相关者。企业首先应让消费者相信他们所关心的指标被优先考虑和报告，而且有必要逐渐增加报告中的绩效指标数量	不太可能企业拥有所有不同有关方、所有绩效指标所必需的信息资料。一整套数量有限的绩效指标可能已经存在于如消费者协会或类似机构之中

通过有效的初步挑选，每个人都能依据预先设定的标准仔细挑选最重要的绩效指标。初步试验将为这些指标追踪关键性成功因素提供额外的信息，不管这些指标是否能追踪这些因素。因此，那些重要性分级为中级和低级的绩效指标有可能在一定条件下提升它们的重要性级别。

绩效指标实施小组需要对所有必需的信息资料进行鉴别，并与信息提供者一道对信息的有效性、可靠性及准确性进行评定。无论何时，一个指标所需的信息如果有效性或者准确性差，绩效战略小组、实施小组、信息提供者就需要协商决定是提高信息的质量还是另选一个合适的指标。决定此项决策最重要的一个因素是将目前信息系统与绩效评估系统有效结合起来的可能性有多大。最好的情况是企业内信息系统中所有信息始终如一地被定义、收集和管理，这也是为了管理效益最大化。

图 4-4 说明了在绩效指标实施过程中不同的参与者和信息流如何相互作用、相互配合。

4.7　评价绩效指标

我们应该根据预先设定的目标、战略及关键性成功因素对绩效体系指标值进行评价。除非一个绩效指标具备参考可比性，否则这个指标值是难以评估的。这些参考值可能是预先设定的目标、同一指标过去的值、外部横向参考值等。对结果的解释通常需要对照参考值，同时充分考虑背景信息因素，分析一系列相关绩效指标而非某个孤立指标。

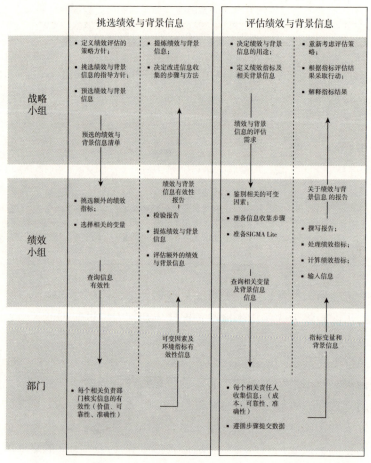

图 4-4 绩效指标与背景信息相关的信息流动及小组责任举例

为了使评估取得最好的效果，我们需要采用系统化的方法。战略及绩效小组应该确定评估的步骤与方法。为提高积极性，所有的参与者（从信息收集者到最高层管理者）都应得到某些有关绩效评估的反馈。

我们可以使用本书提到的 SIGMA Lite 软件及其他电子数据表软件包来进行评估绩效指标。使用者可以利用个人资料库。最终的报告应有意使用绩效指标相关的信息。报告中还应包括背景信息，这是很重要的。本书第Ⅰ篇第 5 章中也提到了评价绩效的最终评估结果。

评价绩效指标的最终评估结果可能带来的直接后果是提出整改意见。首先，绩效指标的结果可能提供与如何针对关键性成功因素采取合适策略来达到目标相关的信息。因此，绩效指标评估结果可作为确定短期整改决策或者长期经营战略的参考。

最后，建议在完成绩效指标评估之后，战略小组及绩效指标小组应回顾评估全过程，包括总体步骤与具体阶段，目的也是为了改进我们今后的评估工作。在有的情况下，企业可能期望绩效评估过程与外部审计尽量一致。当外部比较是为了建立一个基准，此时可能也需要重新审查绩效指标评估过程。

当绩效指标准备在检测基准中使用时，很有必要将绩效指标与其他机构、预定的财务或环保目标、其他评价基准进行对照比较。在很多情况下，使用绩效指标的目的远不止一个。

当采用协会绩效基准时，某些企业可能希望对他们的某些绩效指标情况保密。在此情况下，我们可能得小心地采用化名方式进行绩效指标的横向比较，或者是委托一个独立的外部机构来收集绩效指标信息资料，并在为企业保密的前提下处理和报告这些信息材料。

4.8 持续改进绩效指标

本章中所提及的步骤其实是一个企业持续改进过程中的一部分。显而易见，确定目标并选择实现目标的策略是所有企业所有层次管理上的一个周期性任务。

虽然绩效指标在提高管理效率及达到经营目标方面可以发挥重要作用，但是指标本身并不是目标。然而，因为评估系统得到改进和企业的消化吸收，采用绩效指标评估系统的好处随着时间的增加而增加。在相当多的情况下，企业最初因为没有正确运用绩效指标而遭受挫折，接着由于没有取得明显的效果而不得不放弃了评估计划。

基于以上原因，一个企业的绩效指标评估计划往往被当做一个中期项目。如果分配到绩效评估项目的资源很有限，我们应该缩小评估系统的规模，延长评估时间，我们不能使评估系统大而全但却只用一次。经验会带来差别，绩效指标就是最明显的例子。

第 5 章　IWA 绩效指标应用实例

5.1　前言

本章主要目的是举例说明在不同情况下供水企业运用 IWA 绩效指标的实际效果，同时也论证了该体系的适应性及所采用的方法。每个实例都可能带来一点启发与灵感，对与相似的企业也不应该简单地照抄指南，因为环境条件不同，假设和决策也会变得不再适用了。本章内容反映相关作者的观点，而非反映国际水协成员的一致意见。

第一个案例介绍了在 CARE-W 项目（覆盖全欧洲，旨在对供水管网进行更新改造）运用 IWA 绩效指标体系的情况。第二个案例描述了葡萄牙官方机构 IRAR 在葡萄牙运用 IWA 绩效指标体系建立比较基准的情况。第三个案例和读者分享德国项目（类似对 IWA 指标体系进行国际实地测试）的一些成功经验。与国际上其他试验不同的是，该项目也包括绩效标杆部分。最后，即第四个案例是通过发生在西班牙马德里的一个实例研究来说明如何运用绩效指标提高水资源的管理效率。

这些案例是依据本书第Ⅰ篇第 4 章介绍的实施办法来组织安排的。

5.2　IWA 指标体系在更新改造供水管网方面的应用
　　（作者：Helena Alegre）

5.2.1　背景、目标和应用范围

对于大多数欧洲供水企业所有者来说，管网的更新改造是时下最热门的话题。许多现存供水干管已经达到它们的使用寿命，需要大量资金去更新，需要制定一个包括优化设计的更新改造计划，确定更新改造什么，对输配水管网何时以及如何更新改造。

CARE-W 项目（供水管网计算机辅助更新改造项目）是欧盟第五个"五年计划（2000—2004 年）"中提出来的。10 个研发机构和 13 个终端用户共同研究

开发相应的软件，目的是使供水企业的工程师能够对供水管网进行持续高效管理，确定在合适的时间内对合适的管道进行更新改造。最终的成果是科学报告、论文和一套包含更新改造程序的应用性软件。此软件包含在图 5-1 中的单元内，并由负责管网更新改造的经理负责管理。

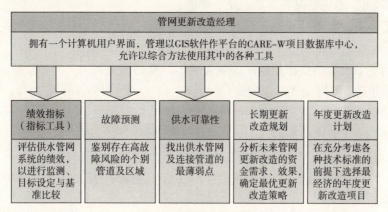

图 5-1　CARE-W 原型

理论上，企业资产状况应该直接可以看到；然而事实上难以做到，这是因为供水管道属于隐蔽性基础设施不能直接观察。通常通过间接衡量，如可以运用合适的绩效指标，来协助我们检测管网状况以及确定需优先更新改造的管道资产。这也是为什么 CARE-W 项目开发绩效指标尤其是直接用于管网更新改造绩效指标的原因。这套管网更新改造绩效指标体系是建立在 IWA 绩效指标体系基础之上的，已被包括所有 CARE-W 项目终端用户在内的 15 家供水企业所使用。

5.2.2　选择和定义绩效指标体系指标

本项目开发的这套管网更新改造绩效指标体系包括了绩效指标、附加的绩效测定标准、企业信息、外部信息，是基于以下理念建立起来的：
- 此套绩效指标（PI）符合 IWA 绩效指标的定义；
- 附加绩效测定标准（additional performance measures，APM）与绩效指标类似，但是本质上更难以定义与评价（例如，它要用到模型或者特殊的运算法则）；
- 企业信息（utility information，UI）是一整套与企业（包括组织架构、硬件设施）活动直接相关的资料，它直接在企业的控制之下。企业信息可以用于评价所选的绩效指标（如同 IWA 绩效指标体系中定义的指标输入变量）或者用于评价决策制定过程。

- 外部信息（external information，EI）是一整套不受企业直接影响的资料（它相对于企业内部组织架构及硬件设施来说属于外部客观因素），但是，在诊断企业内部问题或决策制定过程中它又是关键性因素（如降雨量、温度、地面坡度、土壤类型等）。此外部信息与IWA绩效指标体系中的"外部信息/地区概况"本质上是一样的。

此套体系的突出特点是鼓励使用者根据其具体情况选择和使用相关的绩效指标。

管网更新改造绩效指标体系的当前版本，使用者可以从49个与企业相关的绩效指标中选择用于计算和解释相关的企业信息（最多有154个变量，还有29个外部信息参数，用于提供有用的外部背景信息）。

选择和定义管网更新改造绩效指标的方法如下：

（1）开发小组从IWA绩效指标体系中预选潜在相关的指标子集。

（2）为评估每个预选指标的重要性及找出可能漏掉的指标，咨询本项目所有合作伙伴。

（3）对管网更新改造绩效指标进行第一次筛选，定义新指标，找出与之相关的必需的信息资料。

（4）就指标的实际意义和用于指标评价数据的可获得性，咨询本项目的最终用户。

（5）对指标清单及相关的指标变量进行第二次筛选。

（6）找出其他有关信息资料用于支持解释绩效指标，同时兼容其他版本的软件系统。

表5-1列出了最终的管网更新改造绩效指标清单。新建立的指标，作为对IWA绩效指标的补充，原则上更加具体详细。例如，管网故障被细分为管道故障、管道连接处故障、阀门故障、用水点故障。

CARE-W项目管网更新改造绩效指标清单　　　　　　　　　　表5-1

名称	名称
运行指标	服务质量指标
更新改造	服务
管网更新改造率（%/a）	供水压力合格率（%）
管网改造率（%/a）	供水中断率（%）
管网更换率（%/a）	连接点的供水中断率（次/1000个连接点）
阀门更换率（%/a）	连接点的重大供水中断率（次/1000个连接点）

续表

名称	名称
用水连接点修复率（%/a）	用水受限制的人口比率（%）
故障与修复	用水受限制的比率天数（%）
管网故障［次/（100km·a）］	水质合格率（%）
管道故障［次/（100km·a）］	感观指标合格率（%）
连接点故障［次/（100km·a）］	嗅味合格率（%）
阀门故障［次/（100km·a）］	色度合格率（%）
用水连接点故障［次/（100km·a）］	微生物合格率（%）
重大管网故障［次/（100km·a）］	物理—化学指标检测合格率（%）
用水连接点故障［次/（1000个连接点·a）］	**用户投诉**
消火栓故障［次/（1000个消火栓·a）］	投诉率［次/（1000个连接点·a）］
电力故障［次/（泵站·a）］	关于水压的投诉率（%）
主动漏损发现的漏点修复［次/（100km·a）］	关于供水连续性的投诉率（%）
水漏失	关于水质的投诉率（%）
漏失水量［m^3/（连接点·a）］	关于嗅味的投诉率（%）
物理漏损［L/（连接点·d）］	关于色度的投诉率（%）
基础设施漏损指数	关于停水的投诉率（%）
	关于重大停水的投诉率（%）
经济及财务指标	**水资源指标**
年度成本	水资源无效利用率（%）
单位水量的总成本（欧元/m^3）	年度水资源有效利用率（%）
单位水量的运行成本（欧元/m^3）	**实物指标**
每年用于管网的投资额	水池容积（m^3）
单位水量管网投资（欧元/m^3）	阀门密度（个/km）
每年用于新建及改造管网的投资率（%）	
用于管网更新与重置的投资率（%）	
水费	
直接用户的平均水费（欧元/m^3）	
转供水平均水费（欧元/m^3）	

如上所述，我们将所要用到的信息资料分为两类：企业信息（UI）和外部信息（EI）。企业信息既可以作为绩效指标的输入变量用于评价所选的绩效指标，也可以作为决策时的参考。与 IWA 绩效指标体系一样，我们将企业信息分为六部分：

- 实物资产数据——供水管网（干管与支管、水池、泵站）
- 实物资产数据——服务连接点
- 水量数据
- 运行数据（供水压力、供水连续性、水质监测、检修、预防性维修、故障、修复）
- 服务质量数据（服务、用户投诉）
- 经济与财务数据（年度成本、年度管网投资、年度收入、单位成本、水价）

外部信息用于帮助分析问题和制定决策。使用者可以根据自己的需求挑选具体的外部信息用于解释绩效指标。外部信息可分为三部分：

- 外部环境因素（年度降雨量、空气温度、地势特征）
- 主要应对性因素（土壤及地表水的物化特征、土地构造状况、交通状况、其他基础设施干扰影响、地震情况）
- 外部经济因素

5.2.3 管网修复绩效指标工具

该工具是指包含管网更新改造绩效指标的 CARE-W 项目软件。它是绩效指标及相关信息的计算、存储、更新及检索信息系统。该软件采用了通用的 CARE-W 项目数据库标准。绝大多数软件使用者往往只对管网修复绩效指标的子集感兴趣，而非全部指标。因此，该软件主要针对绩效指标与企业信息的挑选步骤，详见图 5-2。

在选定感兴趣的绩效指标之后，企业信息（UI）和外部信息（EI）对话框提供友好的数据输入方式，见图 5-3。

程序接着显示计算后的绩效指标表格，见图 5-4。

5.2.4 试验性中试

我们已通过 16 个企业（13 个项目终端用户、3 个志愿参与企业）中的 35 个案例研究对管网修复绩效指标进行了测试。试验性检测的目的如下：

- 证明所选绩效指标的适用性；
- 验证绩效评估的现实可行性；

第5章 IWA绩效指标应用实例

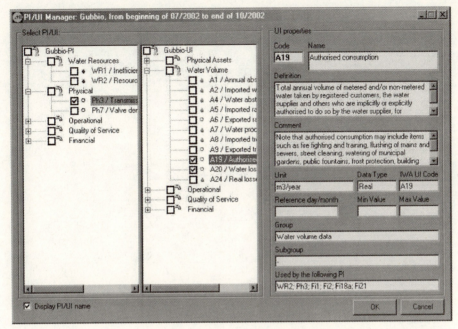

图 5-2 选择绩效指标与企业信息

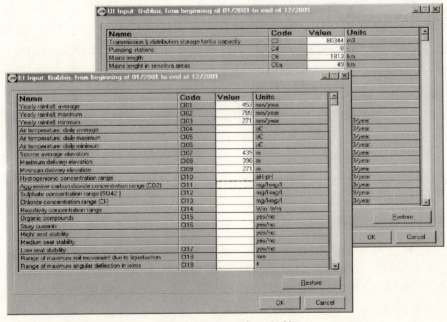

图 5-3 EI 和 UI 输入对话框

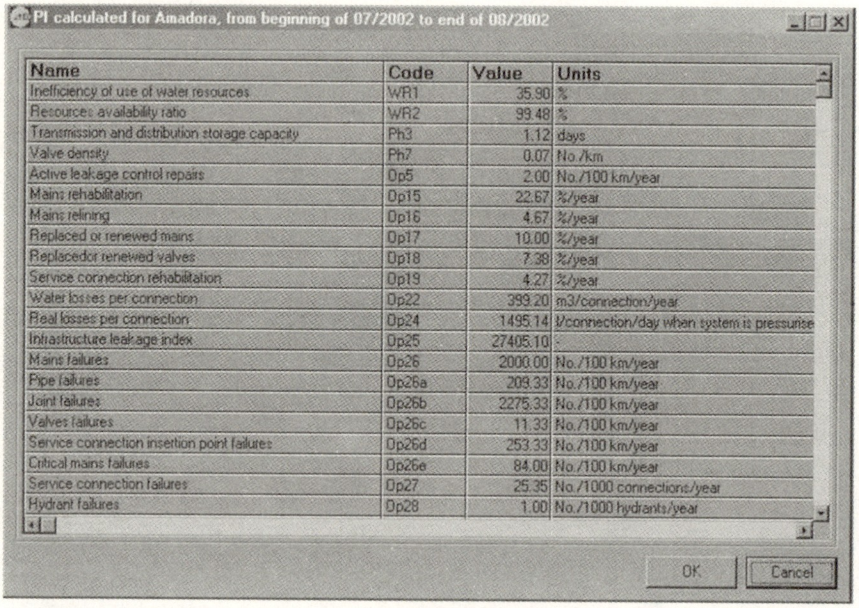

PI calculated for Amadora, from beginning of 07/2002 to end of 08/2002

Name	Code	Value	Units
Inefficiency of use of water resources	WR1	35.90	%
Resources availability ratio	WR2	99.48	%
Transmission and distribution storage capacity	Ph3	1.12	days
Valve density	Ph7	0.07	No./km
Active leakage control repairs	Op5	2.00	No./100 km/year
Mains rehabilitation	Op15	22.67	%/year
Mains relining	Op16	4.67	%/year
Replaced or renewed mains	Op17	10.00	%/year
Replacedor renewed valves	Op18	7.38	%/year
Service connection rehabilitation	Op19	4.27	%/year
Water losses per connection	Op22	393.20	m3/connection/year
Real losses per connection	Op24	1495.14	l/connection/day when system is pressurise
Infrastructure leakage index	Op25	27405.10	-
Mains failures	Op26	2000.00	No./100 km/year
Pipe failures	Op26a	209.33	No./100 km/year
Joint failures	Op26b	2275.33	No./100 km/year
Valves failures	Op26c	11.33	No./100 km/year
Service connection insertion point failures	Op26d	253.33	No./100 km/year
Critical mains failures	Op26e	84.00	No./100 km/year
Service connection failures	Op27	25.35	No./1000 connections/year
Hydrant failures	Op28	1.00	No./1000 hydrants/year

图 5-4　绩效指标计算值

- 建立和测试指导范围；
- 测试软件；
- 初步使用定量绩效管理。

参与者只有一个月时间来提供信息。这就意味着他们只能评估那些相关信息业已存在的绩效指标，即便这些信息不符合要求的标准格式。大约一半的绩效指标在一半以上的案例研究中进行评估，其中 18 个指标在 20 个案例中进行评估。通常，新指标（未包含在 IWA 绩效指标体系里）及经济及财务指标评估成功率最低。对于后者，最主要的原因是许多案例针对的是指标体系的子系统，企业中经济财务方面的信息在公司层面易于获得，在子系统层面不容易获得。

对数据资料的处理步骤如下：(1) 信息确认；(2) 数据表编制；(3) 数据输入和绩效指标再评估；(4) 对结果进行统计分析并以图表显示；(5) 确定评估难点；(6) 找出绩效指标之间的关联性；(7) 初步定义指导范围；(8) 评价总体统计数据和并对单一绩效指标的形式进行详细说明。

因为所有指标至少会有 7 个回复，总体统计数据的描述采用盒状图形式。这些图形表明四分位数（0、25%、50%、75%、100%）和平均值（用黑点“•”标识）。在有的情况下也会发生离散值与极值现象。一个离散值是指数据值大于四分位数范围的 1.5 倍，并用“○”来标识。极值是指数据值大于四分位数范围的 3 倍，并用“*”标识。

这种兼顾指导范围的表达形式以一种合成的方式对达到的结果给予清楚的概述。图 5-5 以管网修复绩效指标中的"运行指标"组为例来说明这点。

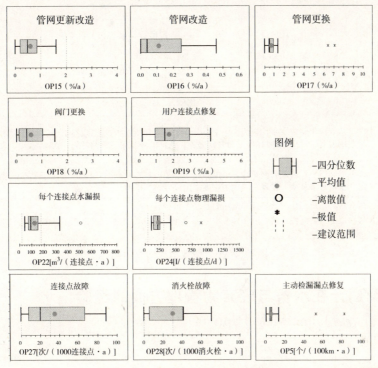

图 5-5 运行指标盒状显示示例

对每个绩效指标来说，它独特的构成也是经过精心考虑的。它包括绩效指标的定义（代码、名称、单位、概念、计算公式、使用的变量）、收集数值的图形表现形式、指导范围（用灰色区域标示）、一个简短的解释——指标是如何建立的、对结果的评论、对评估存在主要困难的描述、从参与者角度描述指标之间的关联等。图形表现形式也包括全部样本的盒状图。图 5-6 举例说明这些构成。

5.2.5 结论

事实证明，IWA 绩效指标体系是建立管网修复指标体系非常好的基础。我们挑选了一个指标子集，增加了一些新的指标，开发了一套适合综合模型的应用性软件。该项目的终端用户反响积极，参与者之间的比较试验引起了每个企业饶有兴趣的讨论并得出相关的结论。

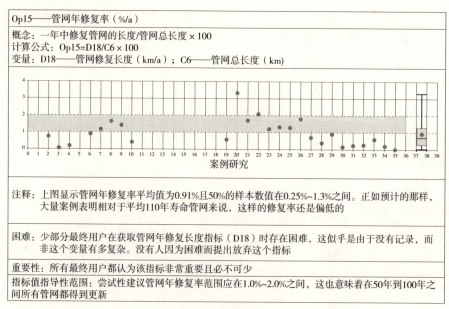

图 5-6　一个绩效指标构成示例

5.3　葡萄牙在水务与废弃物管理方面的经验
（作者：Jaime Melo Baptista）

5.3.1　简介

供水、污水与固体废弃物处理是为社会提供的非常重要的服务，因为其自然垄断的属性，也需要对其进行有效的管理。葡萄牙水务与固体废弃物管理协会（Portuguese Institue for the Regulation of Water and Waste，IRAR）目前最优先考虑的任务就是建立一个清楚而有效的相关方面管理模型。

在实际运用的管理工具中，以 IWA 绩效指标体系为基础的一整套用于评估服务质量的指标体系起到了关键性作用。本文阐述了此套指标体系如何在管理协会战略框架中发挥重要作用的。

5.3.2　服务管理类型

按照强制性法律的相关规定，IRAR 管理范围主要包括三方面的业务活动（供水、污水处理处置、固体废弃物的收集处理处置）。以上业务活动是公共服务的主要内容，它们对于公共利益、公众健康与生命安全来说是极其重要的（还包括经济与环保方面的业务）。

以上业务尤其是供水与污水处理的自然垄断属性，无论是地方性的还是地域性的，均得到高度关注。相比其他公共服务，以上业务的自然垄断性更强。对于一般行业，由于经济的规模效应，企业的结构性成本因生产水平提高产品平均边际成本下降而下降。同时，由于供应商不止一家，满足某种具体需求的产品整体成本水平也会下降。

以上行业的自然垄断属性限制了竞争，换句话说，垄断会阻止新的竞争者进入行业市场，不管这个行业的私有化程度高低。理所当然，这也会导致企业提高效率的积极性下降。

考虑到规模经济效应，一方面，以上业务的设施设备投资与单位产品成本一定程度上会随着需求的增加而下降。另一方面，由于类似业务的整合（如将供水与污水处理业务统一管理），单位产品成本也会下降。这是因为人力、设备和设施的资源共享能带来的管理协同效应。高价值资产作为高密集资本的代表也会强化这点。此外，花费数十年建设的长期资产是为满足最不利条件下使用的，然而最不利条件出现的次数并不多，这就造成了长期资产的能力闲置浪费。这种长期资产同时意味着高度的非流通性，因为它是为满足某种特殊目的而建造的。最后，这个行业证明其资产价值与资产产生的收益有着直接而牢固的关系，因为其产品是生活必需品，它的产品价格需求弹性很小。

以上所述自然就决定了自然垄断行业竞争的有限性。事实上，在一个服务区域只有一个运营商被证明是可行的。在此情形下，消费者既不能选择运营商，也不能选择最好的性价比。

5.3.3 行业监管需求

当某项公众服务属于垄断行业时，国家通过中央政府、地方政府或者国有企业承担对这项服务的管理与开拓（不管企业的所有权归谁），以此保证公众与消费者的满意度，而不是利用其自然垄断的地位来向公众提供质次价高的服务（与竞争性市场相比）。无论如何，政府应该高度重视公众利益，而且有能力做到对行业进行强有力且高效的管理。

如果情况不是如此，是由私人资本来对公众服务承担管理与负责，那么垄断行业需要一种管理模式，这种管理模式能对私人资本进行适当的补偿，这也是竞争性市场的特征。如果管理缺失，公众服务的风险将会大大增加。在此情况下，私人资本往往会强化其垄断地位，而消费者不得不接受其质次价高的服务。

这种管理模式是一个手段，其目的是期望在垄断市场下的服务产品如同竞争性市场下的服务产品。它创造了一个虚拟竞争性市场，引导运营商在不损害自身利益前提下尽量满足公众利益。在经济方面，它也为政府行为充当了良好的工具，目的也是为了良好运营、保护公众利益。以此为目标，IRAR 于 1999 年 9 月行动开始实施。

5.3.4 IRAR 管理目的

管理的主要目的是保护消费者的利益，如提高运营商提供的服务质量，在基于与服务质量有关的服务本质、非独立性、权益、可行性和成本效益原则的基础上保持收支平衡。

然而，我们同时也要充分保护运营商的合法权益与经济利益，如确保投资资本合理回报（创造股东价值），不管资本性质是公众的还是私人，是国家的还是合资的，我们都要高度重视行业整合的经济性与自然资源的保护。

5.3.5 IRAR 工作范围

IRAR 的职责，依据目前法律对供水、污水处理与废物处理行业合资与特许经营权的规定而受到限制。除了饮用水质监测方面外，地方政府直接对行业进行管理而不受 IRAR 行为的影响。

由于根据现行法规评估了 IRAR 的职责，很快地作出了修订，以此来强化 IRAR 的权力——IRAR 被授权进行"建议、发表评论、自我宣传、收集信息、曝光、协助绩效评估、检查、评论、审计"等行为。为了不引起有关合作者对 IRAR 职责的误解与偏见，IRAR 必须尽可能地发挥运用法律所规定的"针对发现的当前异常现象发表评论与建议的权力"条款。它也可以通过收集运营商生产运行方面的信息、曝光运营商服务水平、发布比较报告等方式来强化其权威性。这也使 IRAR 能够把宣传表现不错的真实事例作为奖励的直接工具，把唤起公众对某些不正常现象的关注作为处罚的直接手段。

5.3.6 IRAR 监管模型

IRAR 运用针对上述业务领域的管理相似模型开始第一步行动。IRAR 首先重点考虑的是制定清晰而高效的管理政策，这需要充分利用在此业务领域的现有经验，借鉴葡萄牙在其他业务领域的主要管理经验，此外还包括其他国家的管理经验。政策的清晰对于此业务领域的机构来说是非常重要的，但主要是以便运营商预先掌握管理模型遵守的规则，确实能够作出决定，满足要求。

IRAR 采用的策略主要包括两部分实施计划。第一部分是在此业务领域的管理架构层面上，第二部分是在运营商运营管理的层面上，同时采用标杆基准与公众信息等辅助手段。

(1) 监管架构

此业务领域的管理架构包括一个好的管理机构、对想进入此业务市场的承包商清晰明确地要求条件及有效监控手段。这样我们就能确定哪个承包商允许进入市场。这样的管理也是一个直接监测环境条件与间接监控运营商的管理模式。它可以尽量减少一些无效的行为。

此监管架构要求不同地区不同服务类型的承包商横向联合保持在一个适当的水平上，同时创造一个更好的竞争条件和提高管理的效率，以此达到规模经济效应。它也要求承包商的纵向联合维持在一个适当水平，以使承包商开发多种产品向公众提供更多类型的服务。它还包括维护与更新工业设备的一整套措施。

IRAR 必须追随关于此业务领域管理政策的变化。即使 IRAR 无权修改管理政策，它也要对政策修改施加影响。如确保消费者利益、运营商合法权益、政策的经济可行性等。这也是 IRAR 管理职责的具体化。

(2) 对运营商行为的监管

除此之外，IRAR 的策略还包括对运营商行为与市场的管理。通过有效防止一些无效行为，我们可以提高承包运营商的经济性和服务质量。这也是管理的目标。

因为垄断性价格往往比竞争性价格要高，所以在经济方面的手段往往作为对运营商行为管理最主要的方式，这也得到了运营商的认可。要实现较低的价格同时又兼顾到运营商在经济及财务方面的可行性（这对消费者来说是最公正的情况）就需要管理当局采取强有力的措施。经济方面的手段也包括提高运营商的投资效率，因为这些投资是直接用于社会福利方面的。一个好的投资政策能够保证消费者利益，因为它对于确保长期服务的连续性、长中短期项目的服务水平来说是至关重要的。

对服务质量的监管同样也是对运营商行为管理的一种方式，与经济手段密不可分。它们都在运营商为消费者提供服务质量方面约束运营商的行为。因为 IRAR 已被提升为饮用水水质监测的政府主管机构，服务质量中饮用水水质问题得到了特别的重视。

(3) 标杆基准

这个管理模型是监测运营商绩效的一个辅助工具。管理当局可以在评估工具的帮助下对模型监测结果加以验证，进而比较不同地区相似运营商的模型监测结果。这些工具必须采用系统与逻辑的方法，如在比较所有运营商平均绩效水平基础上，根据运营商的绩效情况给予奖励。为此，管理当局须依据预设的绩效指标来收集运营商的相关信息，并基于运营商历史运营记录来确定实施检测基准，了解解决不同管理上问题所需时间，在比较同类运营商情况基础上以现实的方式设置一系列有效的新目标。

（4）公共信息

比较的结果信息是公开且有效的，此项工作也对运营商一个有力的约束，因为没有一个运营商愿意在比较排名中处于最末的位置，而且这是消费者一项最基本的权利。此外目的是倡导一种信息真实的文化——简明、可靠且易于理解。

对自然垄断行业的管理建议采用架构监管与行为监管相结合的方式。这也是在监控运营商行为时，须考虑以下主要问题的原因：监管架构、运营商经济方面的管理与服务质量的管理、标杆基准及公共信息。在供水、污水处理处置、固废的处理处置业务领域——因为技术与市场条件的变化缓慢，我们可以假定以上业务是静态的——可以预见目前在管理架构基础上行为管理方式是合适的。在此情况下，监管的首要作用是使行为监管更加便利。在技术是动态的其他业务领域，管理架构基础上行为管理方式也仅仅是建议性的。

必须指出的是管理者与运营商之间的合同并不能轻易地替代管理——人们往往倾向于以签署全面而具体的合同方式来管理每件可预知的事情——尤其是长期合同，它是依据过去经济形势发展分析来确定的不能改变、全面的合同，这对于高度依赖许多不确定因素如环境条件、经济发展水平、法律规定的服务业来说，它是不可行的。管理者与运营商之间的合同当然可以作为管理的主要部分，但是不能替代管理架构与行为管理。

5.3.7 服务评价、标杆基准和公共信息

IRAR 非常关注运营商的服务质量评价，而且充分考虑到事情的复杂性。运用合适的绩效指标是至关重要的。绩效指标是检测运营商解决具体问题的效果与效率的有用手段。指标能够解释绩效水平，并使管理目标与实际结果之间的对比差异一目了然，同时相比别的方法处理复杂的情况更容易。

按照既定目标，参照国际水协指标体系，IRAR 联合国家土木工程协会开发以下三组绩效指标。

- 保护消费者利益：此组指标目的是评估消费者利益保护程度，重点关注服务效果与水平。
- 运营商的运营保证性：此组指标目的是评估运营商技术水平与经济效率，同时包括运营商的合法权益，重点关注经济财务、基础设施和人力资源情况。
- 外界环境：此组指标目的是评估环境条件与运营商行为之间的关联程度。

针对每个类型的服务设置了二十个绩效指标（表 5-2～表 5-4），以此方式 IRAR 开发了一个基本工具，从而将服务质量的管理具体化，这也是管理模型中最重要的组成部分。

供水服务绩效指标 表5-2

保护消费者利益
服务效果
AA01——服务面积（%）
AA02——平均水费（欧元/m³）
服务质量水平
AA03——服务中断率[次数/（用水点·a）或次数/（1000个服务连接点·a）]
AA04——水质检测效果（%）
AA05——供水水质合格率（%）
AA06——书面投诉的答复率（%）
运营商的运营保证性
运营商的经济财务指标
AA07——运营成本偿债率
AA08——单位水量运行成本（欧元/m³）
AA09——债务债权率
AA10——无收益水比例（%）
基础设施指标
AA11——许可的进水量比率（%）
AA12——处理厂利用率（%）
AA13——清水池储存能力（d）
AA14——管网修复率（%）
AA15——服务连接点修复率（%/a）
运营商运营持续性
AA16——管网故障率[次/（100km·a）]
运营商人力资源持续性
AA17——员工比率[人/（1000服务连接点·a）]
环境可持续性指标
AA18——水资源无效利用率（%）
AA19——标准电耗效率[kWh/（m³/100m）]
AA20——污泥处置率（%）

城市污水处理绩效指标　　　　　　　　　　　　　　表 5-3

保护消费者利益
服务效果

AR01——服务面积（%）

AR02——平均水费（欧元/m³）

服务质量水平

AR03——管道堵塞溢流面积 [m²/（100km 污水管道·a）或次数/（100km 管道·a）]

AR04——书面投诉的答复率（%）

运营商的运营保证性
运营商的经济财务指标

AR05——运营成本偿债率

AR06——单位水量运行成本（欧元/m³）

AR07——债务债权率

基础设施指标

AR08——处理厂利用率（%）

AR09——收集的污水比例（%）

AR10——用泵输送的污水比例（%）

AR11——污水管网修复率（%/a）

AR12——服务连接点修复率（%/a）

运营商运营持续性

AR13——管道堵塞率 [次/（100km·a）]

AR14——水泵故障率 [h/（泵·a）]

AR15——污水管道破裂 [次/（100km·a）]

运营商人力资源持续性

AR16——员工比率 [人/（1000 服务连接点·a）]

环境可持续性指标

AR17——污水检测效果（%）

AR18——污水排放达标率（%）

AR19——单位电耗（kWh/m³）

AR20——污泥处置率（%）

城市固体废弃物处理绩效指标 表 5-4

保护消费者利益
服务效果
RS01——服务面积（%）
RS02——有选择性收集的服务面积（%）
RS03——平均水费（元/m³）
服务质量水平
RS04——书面投诉的答复率（%）
运营商的运营持续性
运营商的经济财务指标
RS05——运营成本偿债率
RS06——单位水量运行成本（欧元/m³）
RS07——债务债权率
基础设施指标
RS08——循环率（%）
RS09——故障恢复率（%）
RS10——焚化率（%）
RS11——土地填埋率（%/a）
RS12——土地填埋实际利用率（%/a）
运营商运营持续性
RS13——主要设备故障率（次/每 t 废物）
RS14——废物特征
运营商人力资源持续性
RS15——员工比率［人/（100t·a）］
环境可持续性指标
RS16——沥出物检测效果（%）
RS17——处理后的沥出物质量（%）
RS18——单位电耗（kW·h/m³）
RS19——地表水质合格率（%）
RS20——空气质量合格率（%）

此外，使用这样的绩效评估工具可以横向比较类似的运营商绩效，比较结果每年一次公之于众，正如前面所述，这能有效激励运营商改进服务质量。运营商也期望通过将消费者权利具体化的方式使自己处于有利位置。

实施行动须坚持原先精心设置的步骤一步步进行，这在提供给运营商的指南手册有详细的描述。这些步骤包括运营商提供数据、IRAR 确认数据、处理数据和解释结果，运营商对最终结果的评论。

5.3.8 第一年实施成效

IRAR 指标体系是 2004 年开发并检验通过，初次使用是在 2005 年，它适用于那些处于特许经营权期限内的运营商：供水是 30 年，污水是 33 年，固体废弃物是 19 年。针对每个运营商 IRAR 评估的绩效指标有 20 个，评估是通过互联网输入变量方式进行的。此过程非常顺利，几乎所有运营商的所有指标都得到评估。

基于绩效指标值和一整套解释性因素，通过比较结果可以评估服务绩效。同时可以判断出每个运营商的改进需求与机会。

针对每个运营商每步行动，一种"两页"方式被开发出来。图 5-7 举例说明这些方式中的一种，主要内容如下：

- 鉴定和运营商的特征简短描述（包括当地地图）。
- 当地基础设施的简短描述。
- 20 个绩效指标表，相应的参考价值，定性的服务质量评估结果（分级：满意、中等、劣等），如果可能，可以考虑一些可解释的变数对结果进行修正。
- 评估的综合性（描述）和判断运营商的改进需求与机会。

此外，一个用于比较运营商相似特征的标杆基准也被开发出来，这也是为改进竞争规则。最后的成果是以 60 种"两页"方式发表，每个指标，包括指标类别、指标定义、参考价值、个体结果图解、一个简单的统计分析、结果的比较解释。这些方式也包括对输入变量的可靠性分析及把这部分业务作为一个整体的最后评论。图 5-8 举例说明了这些方式中的一种，也列举了其中一个绩效指标的图解。

所有结果已在第 3 卷（葡萄牙水务和固体废弃物年报中的服务评估质量，RASARP 2004）的相关章节中描述，可登录 www.irar.pt 参阅。这是第一个运用 IRAR 评估过程的例子，实践证明它是有效的且被大多数人接受。其常规化使用的条件已经建立。此过程将在 2006 年继续进行，并根据实际经验作了微小的调整。

第 5 章　IWA 绩效指标应用实例

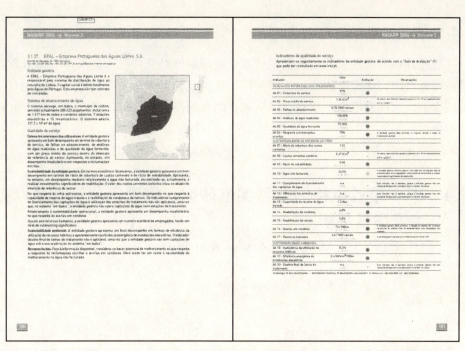

图 5-7　一个水务企业的示例

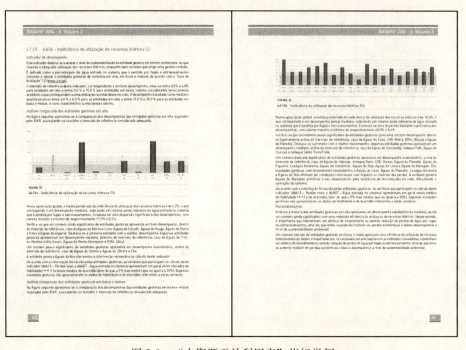

图 5-8　"水资源无效利用率"指标举例

5.3.9 结论

总之,在葡萄牙目前的发展现状下,该项制度对公共供水,城市污水处理及排放以及城市固体废弃物收集、再利用、处理及处置和谐发展的作用急迫的且不可缺少的。这项制度的形成是该国从现在的基础设施投资阶段向高质量服务新阶段过渡的标志。

我们相信,此项制度可以使用户、行业受益,最终使国家受益。

5.4 IWA 绩效指标的典型实例研究:德国巴伐利亚供水效率及质量分析

(作者:Wolf Merkel and Wolfram Hirner)

5.4.1 简介

在讨论有关德国供水服务解放,私有化及现代化的章节中,很多人对绩效指标以及标杆绩效越来越感兴趣。德国供水服务已经接受了绩效指标体系作为管理工具的理念,因其有如下特点:
- 它可以为每个企业服务。
- 采用多元化途径以便均衡的覆盖供水水质、可靠性、客户服务、可持续性以及经济效率。
- 自愿参加示范标杆绩效工程。
- 数据的可信度与实际结果严格一致。

在 2001 年和 2003 年间,德国根据 IWA 绩效指标全球测试工程的要求,开展了 3 个次级示范工程。有 14 个企业(批量供水,仅供水业务,综合业务企业)参与了德国的工程。它们合作完成了对 IWA 绩效指标体系的翻译、改进以及使用。德国的次级工程由 IWW 水中心组织,并获得了德国联邦教育及研发部(BMBF)的许可。

在积极参与 IWA 实际测试并与 IWA 就次级工程进行紧密合作的同时,德国联邦巴伐利亚州开展了"德国巴伐利亚供水效率及质量分析(EffWB)"的示范性工程。巴伐利亚州有 95 个供水企业表达了参与此项目的意愿,巴伐利亚州环保部出资对其赞助,水务行业协会(VBGW,BayGT,BayStT)提供支持,并由咨询机构 Roedl & Partner 负责组织。

5.4.2 EffWB 的目标

此工程的目的是：一、对巴伐利亚供水效率及质量进行总体且具有代表性的分析；二、对参与企业进行：
- 效率和质量分析并同其他企业比较
- 找出自身的缺陷及潜在的优化方法
- 建立并控制改进的方法

5.4.3 参与组织及背景信息

在巴伐利亚，有大约 2500 个供水实体负责分布在乡村、城市以及中心区域 1200 万人口的供水。在 1350 个年供水量超过 10 万 m^3 的企业中，有 95 家被选择作为 2001 到 2003 间示范工程的试验企业。

- 企业的供水能力在 $0.1 \times 10^6 m^3/a$ 到 $116 \times 10^6 m^3/a$ 之间。为便于评价，企业根据其供水能力被分为 4 组。
- 几乎 100% 为公有企业，大约有 18% 的企业以私营企业的方式组织的但所有权仍然公有。
- 仅有供水业务的企业占 38%，有供水和污水业务的企业占 18%，多业务企业（燃气、供电、供水、公共交通）占 44%。
- 水资源主要为保护良好，水质优良的地表水。因此，42% 的供水是不需要任何处理的，17% 是仅需要消毒处理的，38% 是需要经过传统处理工艺处理的，仅有 3% 是需要经过深度处理的。

参与企业的结构及 4 个分组的信息　　　　表 5-5

分组	参与企业数量	平均供水范围	平均管网长度	平均服务连接密度	平均既定指标完成率	平均组织结构质量指数
$10^6 m^3/a$	—	$m^3/(km \cdot a)$	km	个/km	%	%
<0.5	33	7360	44	28	70	42
<1.5	32	10215	112	29	82	54
<2.5	14	11872	211	28	83	67
≥2.5	16	19853	638	39	94	79

- 从表 5-5 中可以看出，随着供水能力的提高，企业既定指标的完成率也在提高（70%~94%），同时，企业的运行成本也随之上升。
- 组织结构质量指数也遵守同样的趋势。对于规模较小的企业（<0.5×

$10^6 \mathrm{m}^3/\mathrm{a}$)平均的指数为 42%,随着供水规模达到($\geqslant 2.5 \times 10^6 \mathrm{m}^3/\mathrm{a}$)指数为 79%。

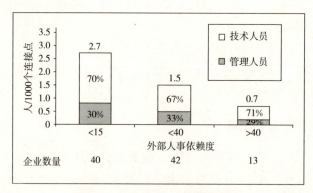

图 5-9 不同外部人事依赖程度

- 外部人力资源的依赖程度是企业人力密度的决定因素(图 5-9)。外部人事依赖程度在 15% 的企业占总数 42%,依赖程度大于 40% 的占 14%。

5.4.4 建立绩效指标体系

根据 IWA 绩效指标的概念以及适当的延伸(图 5-10),建立了一个多元的有五个绩效指标类型"可靠性、质量、客服、可持续性以及经济效率"的系统框架。此框架大概有 80% 的指标是 IWA 绩效指标中原有的,延伸主要在可持续性和客服方面,主要考虑了德国及巴伐利亚的一些特殊性。

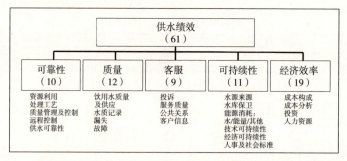

图 5-10 多元框架评估供水的可靠性、质量、客服、可持续性及经济效率
(括号内为每种类指标项目数量)

由于绩效指标的结果需要解释性因素,因此便有了建立背景信息的需求。附加的背景信息主要包括如下三个方面:(1)供水企业既定任务完成指数;(2)外

部人力资源依赖指数；（3）组织结构质量指数。为评估那些方面，必须建立一个标准化的目录，定义监管，行政职责，客服和技术任务（水库，水处理，配水及储存，计量，质量保证及分析，辅助功能）的主要、部分以及次级功能。根据此目录，既定任务完成程度指数限制在 0～100％之间，外部人力资源的依赖程度指数也限制在 0～100％之间。组织结构质量的概念是符合 8 个种类 75 项指标，包括组织架构本身、人力资源质量、质量及环境管理以及在线职责和档案管理。为此目的，此项目参考德国水务及天然气协会（DVGW）"技术安全管理（TSM）"的框架。在 IWA 绩效指标的德国版本中，又采用了 3 个额外的指数。

总成本及流动成本、人员密度、供水水质及安全、任务完成情况、外部人力资源依赖程度以及组织结构质量是推动因素且对绩效比较和评估十分重要。

除去定量标杆管理外，该工程还包括了 6 个详细的过程分析，即配水管网的维护、计量表更换、计量表读取和计费、主管及服务连接点的铺设和设立。

EffWB 工程分为 6 步，从 2001 年 7 月开始到 2003 年 4 月结束。

- 建立工程核心团队以及由 11 个企业参与的试验小组；阐述基本概念和绩效指标体系：背景信息，选择 IWA 绩效指标，定义额外的绩效变量和指标（7 个月）。
- 小组内的实地模拟测试并贯彻理念（6 个月）。
- 建立数据库，问卷和参与手册（2 个月）。
- 对 95 个参与者进行数据搜集，有效性分析和处理（5 个月）。
- 分析结果，解释并为每个参与者准备机密报告以及准备一个公共报告（4 个月）。
- 对每个参与个体的绩效结果进行解释，并找出目标方案（每个参与者的候选方案，大概有 20％已被接受）。

签约顾问负责管理整个工程，并由高级供水专家和工程核心团队提供支持。每个参与企业提名一个项目经理与工程团队合作。在数据搜集阶段，每个参与者需建立一个热线电话并至少有一天的参观时间以澄清定义和数据输入值。企业高管全程参与此项目，以便沟通报告目标、进度和结果，以及最终的公共报告（项目主页 www.effwb.de）。

5.4.5 定性及定量成果

最终的定性及定量的结果已在最终的报告中予以归纳，但保持了各参与企业数据的保密性。为分享这些结果以获得广泛的讨论，可以将结果归纳为以下 10 个方面：

（1）多元化分析供水状况对于充分解释企业绩效水平是十分必要的。以

IWA 绩效指标为基础并延伸了可持续性以及任务完成指标,对巴伐利亚供水企业的分析过程,已被所有参与企业认可。它们认为此过程实际可行,在人力及效率方面易于管理,且对结果满意。

(2) 数据的可获取性和置信度对结果准确性的影响很大。信息越详细,企业可采用的评估方法就越多,这与其规模无关。使用数据模型对其内部数据管理模式改造后,企业普遍认为这很有助于控制。

(3) 组织结构质量随着企业规模的增加而增加(表5-5)。企业可通过各种形式的问卷找出组织结构方面的弱点。这对于小型水厂尤其有帮助。

(4) 供水企业间缺乏合作。例如,在管理事务、计量表读取和计费、公共关系以及技术因素,如:数字化数据地图(GIS),水资源管理,资产运行及维护。

(5) 运营成本是评估企业效率的一个有用的工具。随着企业规模的扩大,平均总支出会下降(图5-11)。原因主要是主要成本"供水"的资本性支出的下降。折旧支出平均占总资本性支出的80%,可以将其作为固定成本。除少数企业外,指标评估的支出可覆盖企业实际支出100%或100%以上。事实上,过于综合性的指标如总成本或水价——直接与所有成本相关——无法评估企业的资金效率。

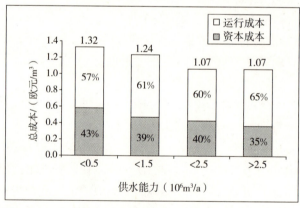

图5-11 4个分组的平均总成本资本成本及运行成本的情况

流动成本不易受供水量的影响,因为其中固定成本所占的比例较低。因此,流动成本—分析其各组分的成本以及主要业务的成本,是足以评价企业效率的方法。从55%~67%,人力成本及外部服务成本占据了流动成本的主要方面。其他成本包括进水、能耗、农业补偿以及特许协议。

从66%~77%,流动成本大部分是由技术服务(图5-12)引起,管理成本(管理和支持、财务及商务服务、客服)所占的比例从23%~34%。主要的技术职能是"水的运输,储存及配送",占流动技术服务成本的61%。因此,对此项业务进行了更深层次的分析。如上所述,水库及水处理对大多数企业不是主要的问题,因为其原水的水质非常好。其他业务所占成本的比例,供水管理(5%),计量(8%),水质控制及实验(4%),以及技术辅助成本(中心储存,车队等)。

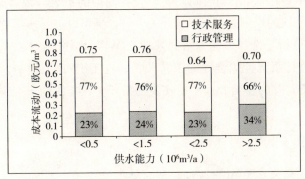

图5-12 4个分组的平均流动成本,按"技术服务"和"行政管理"两类区分的情况

行政管理成本在规模较大的企业中所占比例较大。然而,这却带来了组织结构质量的提高和既定任务完成程度的提高。有少数企业,管理成本大约占流动成本的50%左右,这有优化的潜力。

(6) 人力密度与外部人力资源的依赖程度高度相关。40个企业,在外部人力资源依赖程度为15%的情况下,其平均的人力密度是2.4~3.0人/1000个服务连接点。在大规模企业中人力密度值会有所增加,主要原因是组织结构质量的提高和既定任务完成程度的提高。有少数企业,其人力密度值是低于组织结构和管理标准,以及保证运行可靠性所需的最低值的。因此,同国家和国际上人力密度的参考值相比,此项指标是较低的。

(7) 除少数企业外,其他企业的供水可靠性都相对较高。供水可靠性的评估,包括5个方面10个指标,例如水源的平均及高峰时的利用情况、储存及处理能力、远程控制单元、质量检测密度、供水间断、阀门及消火栓密度。这些需要多年的数据证明其结果,避免单一事件引起误导性的结论。

(8) 从结果看供水水质较好。包括饮用水水质("与饮用水水质标准一致"),供水水质("水压足量"),控制及维护("管网检查","消火栓检查","漏损控制","储水池清洁","计量表更换"),水漏失("物理漏失","产销差水量")以及故障("管道故障","服务连接点故障","阀门故障")。可以改进的方面主要是档案管理、规划以及检查和维护工作的协调。有些小企业缺少检查和维护的技巧。

(9) 供水的可持续性主要考察生态、经济以及人力方面。在分析过程中加入了其他的指标，主要在资源保护，供水企业间的合作以及农业方面。大多数参与者从资金回收上考虑了经济方面的可持续性，但需要考虑更长远的规划。在技术的可持续性上，很明显大多数小型企业的革新率都在平均值以下。人力方面主要考察缺勤，事故发生率和培训时间。随着企业规模的扩大，缺勤率从 5d/人，上升到 10d/人。平均的培训时间是 3d/（人·a），是可以进一步强化的。

(10) 工艺分析是选择最优方案的基础。IWA 绩效指标体系是等级严密的结构系统，可以进行系统且综合性的工艺分析。在 EffWB 工程中，有 6 个工厂的工艺进行了分析，并为参与者提供了初步的指导。在之后的研究中，工艺分析也将继续。

5.4.6 结论

EffWB 工程的参与者和大众对此项目给予了积极的反馈。同时，此理念也成功地运用于奥地利供水示范性研究和联邦德国的其他州。因此，IWA 供水框架正加速成为水务行业的标准。

德国供水服务流水化作业过程正在推进，这或许会成为供水服务一个简明的、并以企业为导向的理念。

5.5 西班牙马德里 Comunidad 在水源管理效率评估方面的应用

（作者：Francisco Cubillo）

5.5.1 简介

准确定义"效率"这个概念是很困难的。由于地理、社会、文化、经济和环境等方面的因素，它将会以不同的方式和形式出现。

在供水系统中，对水源使用效率的评估过程也验证了定义"效率"概念的困难。对于水务管理来说，对不同城市供水系统的管理效率进行比较是必要的。然而，由于供水系统内部的不相同，以及不同时期系统不同的特点，完成这样的比较几乎是不可能的。

只有在引入能保证被比较因素具有相同性质的绩效指标前提下，对效率的分析才是有效的。如果没有使用具有如此特点的绩效指标，进行分析是劳而无功的。

在大多数情况下，只有在很小的范围内可以找到性质相同的因素，从管理的角度说，这是没有意义的。如不采用此方法，则比较的范围会被扩大，应考虑一个更整体的因素，这样效率仅仅可以从一个整体概念上进行评估，也仅仅是参考无法定量的因素，例如可持续性。

效率分析应建立在对系统基本组成的选择和描述的基础上，并采用与地理时间变化相关的参数。从保守的观点来说，它也应当采用最能反映管理策略的绩效指标，这些管理策略将通过特定方法实施。

马德里 Comunidad 供水系统坐落在 Tagus 河盆地，由国有公司 Canal de Isabel II 公司进行管理。它负责 170 个区域 600 万人口的供水。此供水系统拥有 14 个大型水库及 100 多个水井；原水经 14 个水处理厂净化，并通过 14000km 的管网进行配送。使用绩效指标提高效率是该公司常规业务的一部分，因为从历史上看，该公司一直面临着用水量增加且因环境因素导致的水源稀少的挑战。绩效指标在各个方面的事务管理中使用，从决策制定到具体运行。

5.5.2 效率分析的主要组成

任何一个水厂都向一个具有特定人口、地理、环境、水源可用性以及环境特点的区域进行供水服务。它们都会在法律法规允许的框架内运作，且须承担包括无法达到法律法规和经济收益标准在内的风险。将这些因素进行整合，并朝着达到一个最佳的方向进行努力，才可以说是达到了高效利用资源的目的。此最佳值满足了所有规定的要求，且可以被社会广为接纳。图 5-13 描述了水资源使用效率主要的考察因素，以及它们之间最常见的关联。

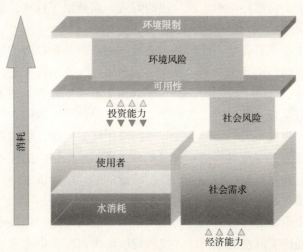

图 5-13　水资源使用效率主要考察因素

环境条件对于任何关于效率的评估都是一个限制因素。在国际文献中，仍然有少量标准化的参考文献建立了这些值。欧洲供水指导纲要就是建立一个强制性标准以达到这些环境条件要求的很好实例。此限制建立在不同淡水生态系统的保护级别基础之上，并能保证它们的可持续利用。

供水需求与地域及社会的类型相关，并体现了当地的一些期望。在很大程度上，这些期望与特定的文化及经济水平有关。一般来说，人均收入越高的地区，单位人口的水消耗量就越大。图 5-14 表示收入与水消耗量之间的关系。

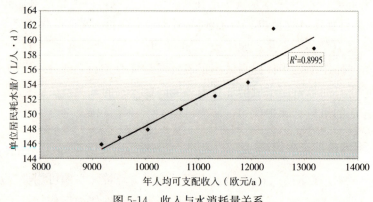

图 5-14 收入与水消耗量关系

在很多供水系统中，营业收入的增加通常会使企业进行基础设施的更新和维护，减少由于基础设施维护较差引起的水量漏失以提高供水效率。

另外一个直接影响用水量的因素是其在区域内的资源可用性以及其所处的环境。可用性取决于自然环境中水源存在的方式，以及用于抽水、储存和运输至用水地区的基础设施状况。

显然，若水源不具备可用性则其不能被利用，但是在很多情况下水源状况不是明显的或长期的。由于不规则以及随时间变化的气象条件，它们的可用性具有一定的周期性。这是由于降雨量长时间过低和干旱导致地表及地下水下降，同时引起供水需求的反弹，而需求是依赖于这些地表及地下水源的。

供水基础设施投资量的增加会导致水源可用性的增加。增加投资可能会解决需求方面的管理问题，或者促使用水量的减少而不改变相应的服务等级。

由于财务上的限制而不能进行大规模的投资时，则对供水造成的影响就是提高了无法满足供水及发生供水受限情况的风险等级。

间歇性水源不足会导致间歇性的用水下降，原因是储水池缺水。当此段危机过后，供水恢复到实际情况。同时，投资规模将决定保证供水系统稳定的方法选择。将来出现的干旱将会再次的检验系统。

社会以及环境因素对用水的影响，组成了其他进行效率分析的必要因素。这些影响必须由具备法律资质的机构进行确认，因为这些影响最终都会危害到用水客户。如果实际影响与预期一致，则可视其履行了承诺。如果实际影响大于预期，则非常有必要对影响进行重新认识以便于改进措施进行处理。至少应采取临时性措施，将供水恢复到确立的可靠性目标。

在供水需求量小于供水可用性的系统中，供水服务将会获得较为满意的评价。因此，决定效率等级的主要因素是系统运行的经济性。

当需求量大于可用性时，效率的等级必须与平衡供求关系的最佳经济学指标相关联。供应和需求都应该有一个最大值。对于用于供水的水源来说，限制因素是环境因素和可持续利用性。对于需求来说，限制因素是先有科技和社会可接受程度。每一个解决的方案都存在一定的风险，且每个单位的选择将最终形成一个总体的选择，而这个将是效率考虑的范畴。

这些需要考虑的因素是效率评估的起点，因此也是选择绩效指标的源动力。在任何时间及环境下，都将会有不同的战略计划目标，并有足够的绩效指标去考核其完成的程度。

因此，选择足够的指标进行分析、考核上文提到的效率组成因素是十分必要的，这些因素是：
- 水源使用。
- 同水源供应和用水需求相关的投资规模。
- 无法达到客户及环境满意程度的情况的发生风险。

5.5.3 地理范围

效率评估及分析可在多种地理条件下的供水系统中进行。在文化及社会因素相似的较小地理区域内，挑选用于效率比较绩效指标的难度就会下降。

当范围限制在同一个供水系统时，确定水源使用的效率等级就成为了一项任务。

将一个供水系统按照地理区域分为若干小区域进行分析，这便于工作的展开。此方法也可能对经济和社会较大差异作为内容信息变量进行分析起到一定的帮助作用。

将管网进行分区，这样我们就可以在一个小范围内对服务区域作一个分类。对不同区域内供水情况和城市基础设施详细掌握，为我们提供改进服务管理的内容和机会。对于水源效率管理来说，分区能更好地提高改进措施的精确性，权衡考虑各个改进措施，只要能找到必要的绩效指标进行分析，就可实现。

大多数解释性因素趋向于以管理领域为基础。然而，分区通常不足以使企业完成效率分析，或对其来说不是最适当的方式。通常，它还应当与水平衡相关联（需要考虑输水及配水管网的水力及地形情况因素）。尽管分区会使融合性降低，但它却能改进认知的程度。它还能保证区域内性质更加相似，是管理特定水源使用效率最好的分析途径和使用绩效指标最好的起点。

5.5.4 时间区间

效率，是一系类动态因素的概括，这些因素随着时间的推移会产生显著的变化，从而引起其主要组成部分的变化。

通过对过去事件的分析，可以看出在每种情况下所达到的效率都往往是负责供水的机构折中考虑了社会、经济环境等当时各方面情况因素而获得的结果。更重要的是，它往往和当时技术条件有关。

评估水源使用效率随时间变化而变化情况的最常用方法是，计算供水系统覆盖区域内单位人口的总供水量。这个指标通常用来比较不同系统的效率。因为它会随着区域内经济活动的不同而有很大的变化，必须谨慎地使用。如果一个区域内的人口随季节变化较大（例如主要旅游区），则很难用其进行评估。另外一种与之相似的情况是工业活动变化较大的区域，单位居民的总用水量一般较大，但这与效率低下无关。

在同一供水系统内，分析供水系统覆盖区域内随时间变化单位人口的总供水量变化情况是最基础的评估指标，它可以反应和概括每一个系统组成因素的变化趋势。

以此绩效指标在西班牙马德里的使用情况作为参考，在图 5-15 中，清楚地描述了单位人口的总供水量在过去 150 年中经历了一个大幅度变化，以及在一个长达 30 年的调整期内，怎样对单位人口的总供水量进行调节。在这些调整期中，

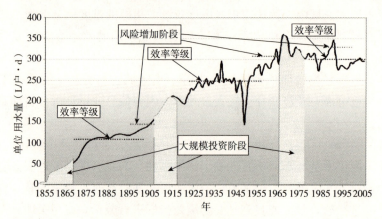

图 5-15　马德里供水效率变化

发生了储水量不足的大危机。在进行了旨在调整水源可用性以适应社会需求变化的大规模投资后，需求开始大规模反弹。

通过此实例，我们可以看出在经济较快发展的时期，供水需求量大幅提高而超过了系统实际的供水能力。在这一阶段，用水客户都经历了无法满足其需求的时期。这些供水危机引起了两个基本的改变：

- 供水企业接受了风险比既定要大的事实。
- 单位供水量的下降，在财务状况允许进行投资以后，水资源可用性可适应社会需求（与总体收入水平协调）。

对某一时间点内各个表征系统因素的分析，与分析整个时段内不同区域不同部分各因素变化及差异的方法类似。

5.5.5 效率战略

制定提高效率的战略，必须以上文论述的相关标准、目标和方法为依据，它们是：

- 评估并监测无法达到环境及社会要求的风险因素。
- 控制并使方案最佳化以保证供水。
- 控制并使资源的使用达到最佳效果。

水源管理效率的评估应参考一个时间点，此时间点为进行系统诊断的起始时间且已有改进的意向。选择评估的绩效指标应重点关注这些方面。

5.5.5.1 评估并监测无法达到环境及社会要求的风险因素

（1）目标

制定提高效率的战略方法必须以供水服务风险等级和执行相应环境方面的要求为起点。

当建立了与风险等级相关的目标时，"游戏规则"及其限制就成形了。在一定的限制条件下，提高效率的方案就与寻找不同的解决办法相关了。

建立客观的风险评估等级，首先考虑当地标准和规定的框架。系统的目标也应自然地满足这些标准和规定。

当评估体系是建立在战略目标层面上时，它事实上成为了提高服务质量总体水平的参考依据。然而，在任何时间及阶段，实际情况将会反映出和运行规则以及目前系统结构相关的风险等级状况。更重要的是，当这些风险不能被立即消除时，应建立一个现实执行的工作计划以便在规定的日期前消除这些风险。

（2）评估标准

法律条款，作为社会要求的参考性框架，往往是用于衡量服务不达标情况的标准，这些情况包括：

- 服务条件不符合要求。
- 有些客户的用水受到干扰。
- 暂时性的水源抽水量限制。

每个供水系统都会对以上情况的影响进行量化，但系统的风险是由某种情况发生的概率和受影响的人群数量共同决定的。监测这种风险会以多少人已经或将要受其影响为基础，并考虑服务受限的时间和程度。

以实际状况为基础计算出的风险等级，以概率计算为基础预测出的风险等级，对这两者进行区分是很重要的。不同系统间的差异可能会很大，且系统中的一些因素可能会有意义重大的波动，这些因素是需要达到某些条件而正在调整的因素，或是易损基础设施改进过程中的因素，或是和需求增加相关的因素。

IWA 系统中不包括反映这些风险的特殊绩效指标，但它为决定这些特殊绩效指标的组成提供了最佳的起始点。使用者应根据既定目标及决定服务成败的因素来制定额外的绩效指标。

(3) 指标的实例

绩效指标将为解决当地服务条件中存在的问题提供方法。具体来说，绩效指标 QS10 到 QS17 将会覆盖这些方面的内容。

本章将更多地论述因水资源可用性受限，从而造成整个供水系统出现问题的情况。由于水资源不足而无法满足用水需求，往往是执行解决方案的催化剂。

评估上述问题相关的风险和监测此问题解决方案的绩效指标，是同预防和减轻这些风险所产生影响的措施相联系的。对于它们，需要比本书中详细得多的定义。一些基本的概念描述可参照绩效指标 WR2，及内容信息 CI20 和 CI21。

减轻风险的措施有些时候是对水源取水进行某些限制，以防止更坏的情况发生。用于评估此风险的社会影响最合适的指标可能是在系统中加入一个单元，并采用一切可能的办法使水源供水量满足整个供水系统需求的概率。

评估无法达到环保要求的风险的依据是，对限定值的履行程度或者所有受影响水体的可持续利用程度。良好的水源综合管理会对实现这一目标（达到相关环保要求）作出贡献，并且能够提供最经济和最可靠的策略以满足城市的用水需求。

用于对此进行评估的绩效指标应考虑抽水量与相应环境限制值以及达不到此限定值概率之间的关系。欧洲水务管理指导框架中要求水体保持良好的状况。这就会设定一个环境限制值以用于原水抽取的影响。这个限制值可使粗放的水源取水转变为用环保角度可接受的方式，是评价水源环境效率的良好绩效指标。

第 5 章　IWA 绩效指标应用实例

在水文情况变化较大的区域内，应对由供水系统抽水引起的水源背景信息变化，超过限制规定值的频率或这种情况发生的概率进行测算。

此方法可参见西班牙马德里区域供水手册（Supply Manual of Madrid Region, in Spain），并应用于评估由于水源稀缺引起的供水超限风险，并与不同的年抽水量对应。此外，无法达到相应环保要求的情况发生的概率也可用于评估每个年抽水量。对这些限制的估算主要依靠现有的关于河流最小流量的记录，除非能够找出更加合适的方式。图 5-16 和图 5-17 描述了供水可靠性与限制性措施发生的概率之间的关系。供水的可靠性是 River Basin 的管理机构规定的水体最小储存量的概率，此规定是为了确保最小的环境流量。

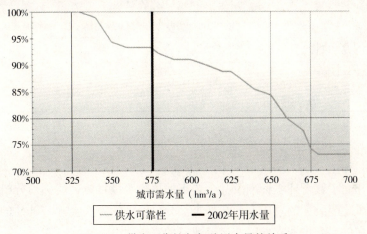

图 5-16　供水可靠性与年总用水量的关系

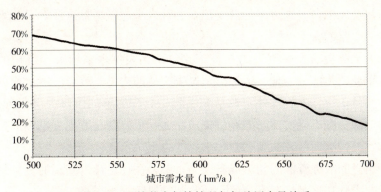

图 5-17　环境状态保持情况与年总用水量关系

5.5.5.2　供水可靠性

建议参考和使用的指标、数据元素和评估标准见表 5-6。

环保及社会规范无法达标的风险：绩效指标、数据元素和评估标准　　表 5-6

IWA 绩效指标及数据元素
绩效指标
WR2——水资源可用性（%）
WR3——自有水资源可用性（%）
内容信息
CI20——年可靠水资源利用量（m^3/a）
CI21——日可靠水资源利用量（m^3/d）
其他评估标准
在系统中加入一个单元，并采用一切可能的办法使水源供水量满足整个供水系统需求的概率
超过规定限制的频率
环境影响程度
环保无法达标的概率

5.5.5.3　控制并优化方案以保证供水

（1）目标

只要建立了履行环境标准及社会要求的风险等级目标，就必须分析候选方案的在各个风险等级下的总成本。在这个部分，经济学方法会起基础性的作用。目标应建立在一系列投资支出以及运营业务的基础之上。

（2）评估标准

分析将会考虑各候选方案的总支出，并综合考虑能增加水资源可用性的方案和能减少用水量的方案。

每个方案都会需要一定量的投资，并包括代表供水系统不同机构的财务职责。尤其重要的是区分当地、区域以及国家机构的支出，或者法律允许的可以分配资源的实体单位，并将这些资源从相关机构分配给不同阶段提供服务的企业。此外，为能够分配不同实体间的经济支出，尤其重要的是考虑支出中同用户相关的部分，这种情况通常在减少客户用水量的方案中出现。

分配足量的财务资源的能力或者说是意愿，往往是难以实现的且会低于经济上的最低要求。在这种情况下，就会使起初的风险等级提高。

最佳的解决方案最终会是将增加水源的可用性和减少用水量两者结合起来。如有通过建设新的基础设施或增加水源开采权以及改善现有水资源状况以达到增加水资源可用性的目的，则现有水资源的运行情况应进行重新评估。

(3) 绩效指标的实例

为确定系统的可用性，需要在开始时考虑从现有水源中可抽取的水量以及相关职能部门设定的限制。精确的可用性评估应依据系统现实的水力抽取能力以及环境限制。

考核由水源的综合利用产生的效率，应该考虑两方面的因素：环保要求的完成程度以及抽水、原水处理和将来水配送到供水系统中的经济效率。评价可着重关注抽水及原水处理的总支出（Fi18），以及和用户配送相关的内容信息（CI95～CI100）。

评估每个水源的平均抽水量以及水源的种类是不足以评价效率的。应区分在正常和水短缺情况下配水状况的差别。

由再生水回用产生的额外水量往往受到格外的关注，因为此项技术较为新颖且很有吸引力，且需要不同的基础设施进行运送、生产和配送。从管理的观点看，它必须像其他的水源一样处理，且仅可用于一些特定的情况。

战略目标的制定应以一些绩效指标为基础，例如：每种水源使用的百分率和最大可持续用水量的关系。此绩效指标也可以表示为：不同方案的组合与达到最经济的生产结果之间的关系。

是建议参考和使用的指标、数据元素和评估标准见表5-7。

表5-7 控制及优化方案以保证供水：绩效指标、数据元素和评估标准

IWA绩效指标和数据元素	
绩效指标	
Fi18——	抽水及处理费用（%）
内容信息	
CI95——	高地表面水（%）
CI96——	低地表面水（%）
CI97——	天然泉水及湿地水源（%）
CI98——	井水水源（%）
CI99——	钻孔水源（%）
CI100——	日可靠水来源（m^3/d）
其他评估标准	
	正常条件下使用某个水源从每个进水点向每个既定供水目的地输水速率
	缺水条件下使用某个水源从每个进水点向每个既定供水目的地输水速率
	正常条件下每种用水业务的用水速率
	缺水条件下每种用水业务的用水速率

5.5.5.4　水源使用的控制及优化以及水源的最终处置

（1）目标

制定目标是为了保证不同类型的用水与企业总体战略的模式和评价方法一致。既定的总用水量应包括每种类型的用水。

（2）评估标准

在战略层面上，用于水源使用控制的评估标准，必须将总抽水量与通过分析证明能够较好地确保各用水单位间平衡的方案相联系。这也可以表示为：年总抽水量和在一定可靠度下的可持续抽水量之间的关系（水量与环境及社会风险等级的关系）。

有保障的总用水量，应对运用了不同的节水措施后各主要用水组成的水量值进行详细分析后得出。

（3）绩效指标的例子

用于监控水源使用的绩效指标应根据其最终的用途再次细分，至少包括两个大类：

- 受控及许可的用水，例如商业，居民，工业以及研究。
- 非受控的用水，重点关注实际及表面漏失。

本手册推荐将系统用水分为许可和非许可用水，为水平衡的建立提供了一个额外的选择。但从效率评估的角度看，它并不能显著提高效率，与之相反的是将用水分为计量和非计量用水的分类方法。以"许可"为基础的分类，尤其适用于用水缺少计量以及没有法律要求的地区和国家。

为了给每个分类及次级分类中的绩效指标确定合适目标值，应根据目前最先进的经验和技术选择参考点。但不能忽略执行中的经济及技术能力，以及社会可接受程度（取决于环境的不同），这些都会成为限制性因素。

确立减少用水的目标，应对每种可能减少用水的情况进行整体分析，并考虑技术因素。

由服务供应商开展的分析仅会考虑支出方面的因素，因为他们只需对此负责。总用水的可行目标框架的确定应以经济分析为基础。

为了给每类用水制定相应的目标，区分结构和运营目标是必要的。如果以受控用户作为例子，初始的措施以实际用户为准，则由结构性变化引起的潜在用水量的下降，将依赖于设备的种类和地貌植被的覆盖。以改变运营状态的措施将会面临和当地文化相关的问题，应区别持续性行为和偶然性行为，因为偶然性行为只是随机事件或在危机中出现。

用于监测和控制许可用户的绩效指标，应根据每个家庭的住房及居民平均用水量来确定。内容信息 CI65 和 CI71 是确定这些指标的理想值。图 5-18 和图 5-19 阐述了在马德里这些指标的评估情况。

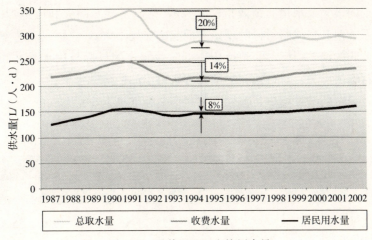

图 5-18　马德里地区人均用水量

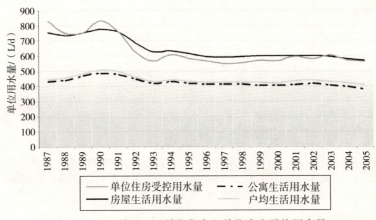

图 5-19　马德里地区单位住房和单位家庭平均用水量

对于非受控使用的情况，此类问题与财务支出的联系更加直接。这些通常是配水公司承担的业务，因为它具备减少非受控水量的能力和责任。

表面漏失的减少不会导致用水量的大量下降。只是能更加精确地了解影响使用的因素是用水本身以及可能的付费或更有效率的用水。

关于实际漏失，其分析方法主要关注技术方面可达到的水平，以及尤其系统性质决定的经济水平。漏失的经济水平在战略目标的制定方面可能更加有用。然而，在其他降低用水措施的经济策略方面，也应将其考虑在内，以保证服务风险在假设的范围内。

对于系统内的实际漏失以及减少它们的措施而言，绩效指标的使用与运用方法的种类密切相关。无法避免的实际漏失 UARL，反映了在某一水压下运行配水管网可实现的最大节水量。绩效指标 Op29，指出了现有漏失和可达到的最大值之间的关系，但其在战略目标的制定方面起的作用不大。

用于监测的绩效指标，必须反应不同阶段制定的目标与用水量之间的关系。所确定的目标值应为：对可选方案综合分析得出的经济学水平。

建议及参考的绩效指标，数据元素和评估标准见表 5-8。

水源使用及最终处置的控制及优化：绩效指标、数据元素和评估标准　　表 5-8

IWA 绩效指标和数据元素
内容信息
CI65——生活用水（%）
CI66——商业用水（%）
CI67——公共或研究机构用水（%）
CI68——工业用水（%）
CI69——大客户用水（%）
CI70——单位人口平均日用水量 [L/（人·d）]
CI71——单位人口生活平均日用水量 [L/（人·d）]
其他 IWA 数据元素
技术角度可达到的最低实际漏失（当系统加压时）：$(18 \times C8/C24 + 0.8 + 0.025 \times C25)/(D34/10)$（见 Op29）
其他评估标准
单位家庭、床位、房屋以及人口的平均用水量
综合分析确定的经济水平

5.5.6　水源使用控制及优化

在战略性纲要和主要目标确立之后，企业就有必要启动相关的业务以达到这些目标。这些业务应对实施高效用水方案起到积极的推进作用。

绩效指标有助于监测这些业务的进展以促进部分目标的实现。

与供水系统操作员最相关的业务应为控制并削减总抽取水量、大量用水客户的用水量以及水的最终处置。这些业务可按如下进行分类：

(1) 减少总用水量达到优化确立的水平（战略方案用于保证供求关系的平衡）

- 减少受控用水量的措施。
- 减少非受控用水量的措施。

(2) 减少实际漏失达到确立的经济战略目标水平
- 发现隐形漏失的措施。
- 减少定位及检修时间的措施。
- 减少隐形漏失流量的措施。

5.5.6.1 减少受控用水量

减少受控用水量的措施始终定位于自愿性的原则或对于法律或机构规定的相一致，目的是减少持续增加的许可用水量。

这些措施将会直接影响 IWA 系统中受控用水量。在此种情况下，管理目标相对于过去概念上的管理绩效将会被进一步的推进。虽然短期内作用不大，但长期来说将会直接影响受控用水量，具体一点说，内容信息 CI65 和 CI71 将会被影响。

在为每个系统制定管理目标时，应以峰值流量和月用水量为依据。这些绩效指标将会反应目标水量的实现程度。在每一个系统，将根据不同领域和部分的在系统中的权重或视用水情况不同而制定不同的目标。除非具有相同的战略目标和社会文化及经济属性，否则，不同系统间的比较是无效的。

和常住及暂住人口相关的绩效指标仅仅起参考的作用。正如以前提到的，最有用的是和用水相关的绩效，包括房屋，工业以及建筑施工用水。

户外用水是一种很大程度上可节约的用水，且减少经济支出。这个绩效指标应评估某个区域内户外活动的实际用水量，或者此用水量占某个活动用水量的百分比。此项用水业务与机构用水紧密相连。

5.5.6.2 减少非受控用水量

减少非受控但许可的用水量的方法是在出现这种用水的地方安装计量表。利用财务手段与此方法结合，以达到减少非受控用水，此种方式在水源可用水量远大于需求量的地区实行可能较为困难，因为在这些区域内非受控用水可能因数量较小而被忽略。

在许多地区，相关的法律条文没有为安装单个的计量表提供有利条件，使得测量机构户外用水变得困难。

减少非受控用水的措施是设计减少用水量策略的基础。此外，还可以帮助减少水平衡评估的不确定度，以便采取最有效的措施减少表面和实际漏失。

总之，计量及控制许可用水量会导致其用量有下降的趋势。

监测这些因素的绩效指标是 Op39。

非受控用水量可能包括已被熟知的表面漏失。它们可能是由于计量不准造成的。

在分析领域，评价不准确计量可以采用与注册房屋数量、服务提供商、客户相关的绩效指标。

将人口统计中每种房屋的类型与客服数据库中的资料进行比较，通常是非常有用的。

计量表使用时间可能对由计量偏低造成的误差起一个参考性的作用。更精确地绩效指标可以与计量表的大小型号以及种类、水量以及使用时间相关联,但目前在这方面仍缺乏实验数据支持。

每部分冲洗的次数和时间以及冲洗废物的处置,是计算管网维护用水量的基础,但无法准确测量。

5.5.6.3 减少实际漏失

(1) 缩短发现漏失的时间

采用在多个时间间隔内鉴别漏失的技术,可以有助于减少定位时间从而减少漏失。分析和平衡,应以有足够的资源去定位和修复实际漏失。

缩短分析及定位实际漏失的最好方法是借助管网远程控制系统。监测水流或运行区发出警报的专业系统,可以改进此分析过程。对夜间最小流量研究的常规化,对于小区及区域计量十分有用。此指标只有在使用了实时监控并于主动漏失控制相联系的前提下才会起作用。此项评估指标只有参考隐性漏失的发生频率,才能够建立起来。

- 最小夜间流量同房屋或管网长度的关系。
- 水漏失发生的次数/管长。
- 水漏失发生的次数/服务连接点数量。
- 实际漏失水量/管长。
- 实际漏失水量/服务连接数量点。

图 5-20 说明了以此为标准,进行绩效评估的一个实例。

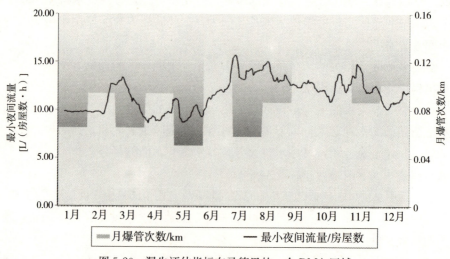

图 5-20 漏失评估指标在马德里的一个 DMA 区域

采用 ILI 指标将有助于比较不同水压或不同连接密度及长度下的次级系统的资产状况。

（2）减少定位漏失的时间

在对措施进行支出和收益分析时，应采用最适合应用标准的绩效指标，以便能评估采取此项措施的支出。因此，如果定位漏失的工作是以管网的长度为计费单位的话，那么以单位管网长度为计算基础的绩效指标将是最适合的。然而，如果付费是以通过降低夜间最小流量以降低漏失水量的方式为基础的话，则与此种计算方式相同的绩效指标将是最适合的。

（3）减少漏失的平均修复时间

衡量平均修复时间是否减少是以企业此方面设定的目标为基础的。因此，对其评估的工作也应以既定目标为基础，控制从发现漏失到修复漏失的平均时间。

（4）减少由于隐性漏失造成的持续泄漏

减少由于隐性漏失造成的持续泄漏的措施，应以执行控制和水压管理技术以及优化配水管网运行和管网更新措施为基础。应充分权衡管网更新和水压管理方面的投资与财务能力之间的关系，以获得最佳的解决方案。对于此种情况 ILI 指标很适合的，因为其侧重考察全系统或系统部分水压方面的状况。

5.5.7 结论

广义的定义效率这个概念是不可能实现的。效率的意义取决于具体的环境、时间以及地理条件方面的属性。效率是一个目标也是一个手段。因此，应对这两方面都予以控制和监测。

必须通过优化水源的基本状况和预期相关因素的属性，来达到高效利用水源的目的。可能的解决方式是将可选的方案进行结合。基于此原因，必须在相应的时间段内建立目标、手段和制度以实现企业的总体经营策略。

建立目标及确定实现目标的关键性因素，必须使用不同性质和种类的绩效指标对其进行评估。具体使用的绩效指标，取决于其检测的范围或精度。

此手册推荐了种类较为广泛的变量和绩效指标。其中有许多是较为适合评价供水系统效率的。在大多数情况下，为了保持绩效指标内容的完整性，需要补充一些其他数据元素的内容，在此手册中称作内容信息。这是因为，提高供水效率方案中的内容可能会根据中长期的供水计划作相应的调整。

第 6 章 参考文献

Alegre, H. (2002). "Performance indicators as a management support tool", in Mays, L. W., Urban Water Supply Handbook, MacGraw-Hill, ISBN 0-07-137160-5.

Alegre, H., Baptista, J. M. (ed.) (1997). Workshop Performance indicators for transmission and distribution systems, International Water Association, Lisbon, Portugal.

Alegre, H.; Baptista, J. M.; Coelho, S. T. (2005). "Performance Indicators for water network rehabilitation", in CARE-W-Computer Aided Rehabilitation for Water Networks, Ed. S. Saegrov, EU project: EVK1-CT-2000-00053, ISBN: 1843390914, IWA Publishing.

Alegre, H., Hirner, W., Baptista, J. M., Parena, R. (2000). Performance indicators for water supply services. Manual of Best Practice Series, IWA Publishing, London, ISBN 1 900222 27 2.

Cabrera, E. (2001). Diseño de un sistema para la evaluación de la gestión de abastecimientos urbanos. PhD Thesis, Polytechnic University of Valencia, Spain.

Duarte, P., Alegre, H., Matos, R. (2003). About the two IWA performance indicators systems for urban water management, in PEDS 2003-Pumps, Electromechanical Devices and Systems Applied to Urban Water Management Conference Proceedings, Valencia, Spain.

Farley, M., Troe, S. (2003), Losses in water distribution networks. A practitioner's guide to assessment, monitoring and control. IWA Publishing, ISBN: 1 900222 11 6.

Guérin-Schneider (2001). Introduire la mesure de performance dans la régulation des services d'eau et d'assainissement en France-Instrumentation et organisation. PhD Thesis, Laboratoire GEA, ENGREF. Paris, France.

ISO/TC 224 (2006). Service activities relating to drinking water supply systems and wastewater systems-quality criteria of the service and performance indicators, Draft International Standards, International Standard Organisation.

IWA (2000). Blue pages on losses from water supply systems. Ed. A. Lambert e W. Hirner, International Water Association (edição electrónica).

Lambert, A.; Myers, S., Trow, S. (1998). Managing water leakage-Economic and technical issues. London: Financial Times Energy.

Lobato de Faria, A., Alegre, H. (1996). Paving the way to excellence in water supply systems: anational framework for levels-of-service assessment based on consumer satisfaction, The Maarten Schalekamp Award-1995, AQUA, Vol. 45, n. 1, February 1996, IWSA, London, UK (pp. 1-12).

Matos, R,; Cardoso, A.; Ashley, R.; Duarte, P.; Molinari, A.; Schulz, A. (2003). Performance Indicators for Wastewater Services, IWA Publishing, ISBN: 1900222906 (pp. 192).

Merkel, W. (2002). "International Report: Performance assessment in the water industry", in Water Science and Technology: Water Supply 2 (4) pp. 151-162, IWA Publishing, London.

Neely A.; Adams C.; Kennerley M. (2002). Performance Prism: The Scorecard for Measuring and Managing Stakeholder Relationships. Financial Times Prentice Hall.

OFWAT (2006). Levels of service for the water industry in England & Wales 2004-2005 report. Retrieved March 2006, from the Office of Water Services (OFWAT) Web site: www.ofwat.gov.uk.

Ramsey, S. (2003). The expansion of the World Bank's International Benchmarking Network for Water and Sanitation Utilities. Proc. Conference "Global Developments in Water Industry Performance Benchmarking", 29 Sept. -2 Oct. 2003, Perth, Austrália.

Stahre P., Adamsson J. (2003). Performance benchmarking: A Powerful Management Tool For Water And Wastewater Utilities. Presented at AFNOR Atelier <Assurer la qualité de la gestion des services d'eau potable et d'assainissement: les bonnes pratiques-un enjeu, uneméthodologie, un partage d'expériences>, Paris, France.

Thorton, J. (2002). Water loss control manual, McGrawHill, ISBN 0-07-137434-5.

UKWIR Ltd (2002). Capital Maintenance Planning: A common framework. Vol. 1-Overview. 02/RG/05/3 ISBN 1-840572655.

第Ⅱ篇　IWA 绩效指标体系应用说明

第 7 章 水平衡定义

7.1 水平衡的定义

7.1.1 供水系统输入和输出的定义

一个定义清晰的水平衡体系是评估水量损失的基础。本书中有关水量损失的定义、术语以及绩效指标的选择，都是基于 IWA 专家组关于"水量损失"的大量研究基础之上的，其中一部分作了微调，以适应绩效指标评估报告的总体要求。IWA 有关水量损失的研究请参阅 AQUA 上的一篇文献（1999 年 12 月）、IWA 出版的期刊（1999 年 12 月），以及供水系统水量损失蓝页：《标准术语及绩效评估》（待出版）。

图 7-1 按顺序阐明了典型供水系统的主要输入及输出，从原水取水一直到供水客户。有些供水系统会相对简单，不会包括下图中的所有元素。

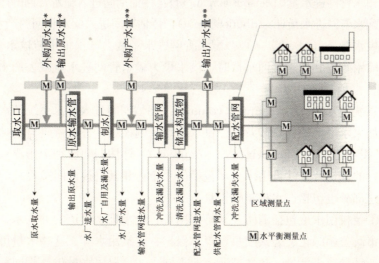

* ——测量点位于取水口与水厂之间的任何位置
** ——测量点位于水厂后任何位置

图 7-1 供水系统输入及输出的定义

进行水平衡测算，要求对系统中每个测量点的水量进行估计。在有计量水表的地方，数据一般可直接利用。但对于没有计量水表的测量点，则需要利用现有数据对其进行最佳估计，并判断其在工程上运用的准确性。

水平衡的评估通常需要12个月的数据，描述的是水平衡各组分的年平均值。

下面列出了与图7-1相关的各项定义。由于未计量水量（Unaccounted-for Water，UFW）这个词的定义在全世界各个地区的解释各有差异，在IWA的绩效评估中不建议使用这个词。如果一定要使用它，则应该参照表7-1中无收入水量（non-revenue water）的定义和计算方法。

（1）**取水量**（water abstracted）：评估期间从水源抽取直接进入水厂的水量（或者直接进入输水及配水管网的水量）。

（2）**原水批量转输量**（Raw water，imported or exported）：评估期间在供水系统经营区域间输入或输出的批量原水量。原水的输入输出口可在原水取水点与水处理厂间的任何位置处。

（3）**水厂进水量**（Treatment input）：评估期间进入水厂的原水水量。

（4）**产水量**（water produced）：评估期间进入输水管线或直接进入配水管网的处理水量。未经前处理直接配送给客户的水量也应计入。

（5）**产水批量转输量**（Treated water，imported or exported）：评估期间在供水系统经营区域间输入或输出的产水水量。产水的输入输出口可在水厂下游的任何地点发生。未经处理直接配送给客户的水量也应计入。

（6）**输水管网进水量**（Transmission input）：评估期间进入输水管网的产水量。

（7）**配水管网进水量**（Distribution input）：评估期间进入配水管网的产水量。

（8）**供水量**（Supplied water）：配水管网进水量减去产水批量转输水量。（当无法区分输水管线和配水管网水量时，供水量为输水管网进水量减去产水批量转输水量）。

（9）**系统进水量**（System input volume）：评估期间进入供水系统的水量。

注：如果水量平衡计算涉及整个供水体系，则该系统进水量应与之对应。

（10）**授权用水量**（Authorized consumption）：评估期间已登记用户（如居民和工商业）的计量和未计量用水量，包括供水企业和其直接或间接授权的其他水供应商。这部分也包括产水批量转输量。

注：①授权用水量包括消防及其培训用水、给水排水管道的冲洗水、街道清洁用水、市政公园绿化、公共喷泉、森林保护、建筑用水等。这些水量可能计费或未计费，计量或未计量，各地情况有所不同。②授权用水量包括管网漏损和已登记用户的未计量浪费水量。

（11）**物理漏失量**（real loss）：评估期间从加压系统至用户供水点的漏失水

量。漏失水量包括管道的漏点、爆管、溢流水量，这部分水量大小取决于爆管频率、流速以及单个漏点的平均持续时间。

注意：虽然用户水表后的物理漏失量未被计入，但这部分也比较重要，应当引起管理者的足够重视。

（12）**管理漏失量**（apparent loss）：包括与产水量计量、用水量计量相联系的各种测量错误，以及未授权用水量（偷盗和其他非法用水）。

注意：产水计量表读数偏低或用户用水计量表读数偏高，均会引起物理漏失量的低估；产水计量表读数偏高或用户用水计量表读数偏低，均会引起物理漏失量的高估。

（13）**无收入水量**（Non-revenue water）：系统进水量和收费的授权用水量间的差值。无收入水量不仅包括物理漏失量和管理漏失量，还包括未收费的授权用水量。

7.1.2 水平衡组成

表 7-1 列出了针对供水系统的一个或多个部分（如原水干管、输水管网和配水管网），进行水平衡计算的推荐标准格式和术语。如果原始的水平衡数据是以其他形式或术语出现的，必须将其重新组合成表 7-1 中的元素，以年度水量的形式录入。和表 7-1 中所列示的水平衡数据相关的计算方法详见第Ⅱ篇 9.2A 部分——水量数据。

水平衡组成（单位：m^3/a）　　　　　　　　表 7-1

A	B	C	D	E
系统进水量	授权用水量	授权且计费用水量	计费且计量用水量	收取水费水量
			计费未计量用水量	
		授权未计费用水量	未计费计量用水量	无收入水量
			未计费且未计量用水量	
	漏损水量	管理漏失量	未授权用水量	
			计量误差造成的漏失水量	
		物理漏失量	原水干管和水厂的物理漏失水量	
			输/配水管网的漏失水量	
			输/配水管网和储水池溢流、漏失水量	
			服务连接点到测量点间的漏失水量	

注：客户以地税和国税形式间接支付水费的水量应计入计费的授权用水量中。

7.1.3 计算无收入水量和漏失水量的步骤

(1) 计算系统进水量，并输入 A 栏。

(2) 计算计费且计量用水量和计费未计量用水量并输入 D 栏；将这两者合计，输入授权且计费用水量（C 栏）及收取水费水量（E 栏）。

(3) 用系统进水量（A 栏）减去收取水费水量（E 栏），计算无收入水量（E 栏）。

(4) 计算 D 栏的未计费计量用水量和未计费且未计量用水量；合计得出授权未计费用水量（C 栏）。

(5) 计算 C 栏的授权且计费用水量和授权未计费用水量，合计得出授权用水量（B 栏）。

(6) 用系统进水量（A 栏）减去授权用水量（B 栏），计算漏损水量（B 栏）。

(7) 通过可用的最佳方式估算未授权用水量和计量误差造成的漏失水量（D 栏），合计计算出管理漏失量（C 栏）。

(8) 用漏损水量（B 栏）减去管理漏失量（C 栏），计算出物理漏失量（C 栏）。

(9) 通过可用的最佳方式（夜间流分析、爆管频率/流速/持续时间计算，管网模拟等），估算物理漏失水量的组成因素（D 栏），将这些汇总后与 C 栏的物理漏失量进行比较核实。

当有相当比例的用户未装计量水表时，精确地完成此表有相当难度。在这种情况下，授权用水量应采用抽样的形式进行推测（针对各种类型连接服务的不同样本数量应满足统计学要求）；或者计算流入不同区域客户的流量。采用第二种方法时，从总输入水量中扣除漏损需求是十分必要的，计算漏损应采用合适的方法（如分析夜间流量和日间压力波动变化等）。针对授权用水量的置信度等级应反映调研分析的严格程度。

在本书中，同漏失管理相关的绩效指标应从如下三方面考虑：财务、技术及水资源。如果水量平衡计算没有超过表 7-1 中的第三步，这种情况是最简单传统的水平衡，可用唯一的财务指标进行评估：

Fi46：以体积计无收入水量

国际水协的水漏失研究工作组强调了完成表 7-1 中前 8 步（有第 9 步则更佳）的重要性，尤其是应采用最有效的方法将水量漏失分为管理漏失和物理漏失。这要求计算表 7-2 所示的水资源、运行及财务的绩效指标：

用于评估漏失水量及无收入水量绩效指标的编码、推荐单位和评价　　表 7-2

绩效指标	评价
水资源漏失量指标	
WR1——水资源无效利用率（%）	背景信息，不适用于评价配水管网的技术管理效率
水量漏失的运行指标	
Op23——单位连接点漏损量 [m^3/（连接点·a）]	
Op25&Op26——管理漏失率（%）	对于集中供水系统，此变量为总系统进水量的一个百分比。对于分散供水系统，此变量为系统进水量减去输出水量的百分比
Op27——单位连接点物理漏失量 [L/（连接点·d）]	间歇供水情况同样适用
Op29——基础设施漏失指数（—）	技术上可实现的最低漏损量等同于不可避免的平均实际漏失（Unavoidable Average Real Losses，UARL）。它们包括系统允许的连接密度，客户水表位置，平均压力。 此绩效指标不能满足 2.2 中所列绩效指标的某些要求
水量漏失的经济及财务绩效指标	
以体积计无收入水量	可由简单的水量平衡计算得出
以成本计无收入水量	由无收入水量各个组分的各自水价计算得出

7.2　组织职能

7.2.1　组织职能

- 总体管理
- 人力资源管理
- 财务及商务
- 客户服务
- 技术服务
- 规划及建设
- 运行及维护

详见第Ⅱ篇第 8 章的几节内容。

图 7-2 用于与人事及财务指标相关的组织职能数据，只包括核心业务。

图 7-2　供水企业功能

7.2.2　每一部分功能的子功能

表 7-3～表 7-8 中详细说明了每一部分功能的子功能。

组织职能——总体管理　　　　　　　　　　　　　　　表 7-3

主要职能	分项职能	具体职能
总体管理	董事会	战略政策 外部代表及关系 新业务①
	中心管理	总秘书 档案
	战略计划	目标定义 组织 信息系统计划 绩效评估
	市场拓展	现场办公 交流及图片 客户调查 客户认可活动 市场 公告及信息 公司报告
	其他相关利益方关系	股东事务 政策制定机构事务 规章制定者事务 其他相关利益方关系
	法律事务	法律合同 文件 法律保护和保障 土地管理 争议及诉讼
	内部审计	审查财务程序 审查管理程序 审查技术程序 质量控制
	环境管理	环境政策 环境管理及审计 废弃物管理
	新业务发展	拓展服务 拓展现有客户
	信息系统服务	内部电脑及网路管理 非中心化的电脑资源管理 软件管理，包括内网及外网 设计、执行及管理信息系统 企业员工的技术支持和培训

① 为新业务拓展的人力资源发展投入应计入，非核心业务内容不需计入。

组织职能——人力资源管理　　　　　　　　　　　　　　　　　　　　表 7-4

主要职能	分项职能	具体职能
人力资源管理	人事管理	计划及发展 招聘 人事管理 岗位评估 薪酬计算和支付
	教育及培训	培训计划 培训执行及控制 技术信息发布
	职业安全及健康	药物检查 评价工作中的不适应性 执行及控制安全生产制度
	社会活动	新员工融合 社会协助 社会文化活动

组织职能——财务及商务　　　　　　　　　　　　　　　　　　　　表 7-5

主要职能	分项职能	具体职能
财务及商务	经济财务计划	投资计划及控制 支出计划及控制 收入及支出补偿计划 财务计划及策略
	经济管理	账务管理 有形资产管理 年度报告
	经济控制	计划控制 会计控制 经济绩效评估
	采购及生产资料管理	供应商信息管理 广告 试运转 货仓管理

组织职能——客户服务　　　　　　　　　　　　　　　　　　　　表 7-6

主要职能	分项职能	具体职能
客户服务	计量表读取，计量控制	水表读数 计费 收费控制 用水控制
	客户关系及管理	收入订单管理 客户咨询 投诉管理 信息发布

组织职能——规划及建设[①] 表 7-7

主要职能	分项职能	具体职能
规划及建设	规划及设计	资源管理及保护 保证中长期供需平衡及技术目标的供水计划 资产管理计划及功能恢复 工厂，管网及设备的计划、设计和计算 工厂，工程建设和生产资料选择的说明 和技术相关的计划和设计。例如：信息技术 和上述列表相关的外部设计方案 统计
	建设	通过外协获得建设项目 由管理人员对工程进行管理 监理，质量控制和接收 新建工厂，管网及设备的调试 付费及财务控制

组织职能——运行及维护 表 7-8

主要职能	分项职能	具体职能
运行及维护	运行	水源保护区域的监管 系统监测及控制 责任及风险管理 文档记录，数据采集，结果记录以及数据处理（包括信息系统的管理和运行） 水质监测，采样和分析 漏失管理 新工厂，管网和设备的运行接收 系统关闭后的重新调试
	维护及维修	系统检查 常规维护检查或服务活动 修复故障及其他缺陷 清扫 再安装 计量表的常规替换及维护 防火设施的维护及维修（当这项工作属于企业责任时）

技术管理的主要功能（规划、建设、运行和维护）还可以从典型人力资源分配角度，用另一种形式进行拆分：

- 水资源及水库管理。
- 取水及制水管理。
- 输水、储存及配水管理。

---

① 规划和建设包括计划新资产的供应以及现有资产的补充、取代和更新。

- 水质检测。
- 计量管理。
- 支持性服务（中心储水，中心车间和中心车队）管理。

7.3 财务概念

此节介绍与年度损益表、投资结构、会计期末资产负债表相关，反应财务状况变化的相关财务概念。

表 7-9～表 7-12 依据财务会计准则，描述年度损益状况。对于从事多元化业务的服务类企业来说，与供水服务相关的损益状况（包括技术和非技术业务）应在管理会计中与其他业务区别开来。

7.3.1 年损益结构表

年损益结构表　　　　　　　　表 7-9

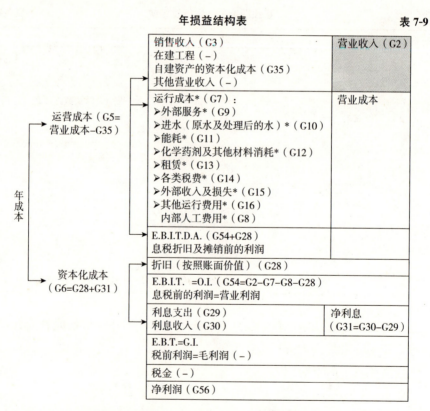

总值（括号之间的变量）对应的是净值，也就是不包括自建资产的资本化成本。

*：虽然有些变量未被定义为 IWA 的绩效指标，但是它们可以用于改进管理。

7.3.2 相关名词的详细定义

表7-9 中相关名词的详细定义　　　　　　　　　　　表 7-10

表 7-9 相关名词	包括
进水（原水及产水）	批量从大客户进水：大客户的总支付额（所进原水及处理后的水）
能耗	所有与供水服务相关的动力消耗，包括其他与供水业务相关的动力消耗（如车间，办公楼能耗，实验室等）
对外服务	外部采购：外部采购的技术及管理服务，例如咨询，合同方运营任务，抄表及账户费用。 软件许可证及信息支持：电脑软件的许可证费用及软件供应商的技术支持。 关联企业：不包括在其他的项目中关联企业的支出。 第三方服务：向第三方企业提供供水服务且不包括在其他项目中的营业成本（除了一般性的供水服务业务）
融资和经营租赁	构筑物，车辆行、厂房及设备等融资或经营租赁租金
采购	生产资料，药剂及其他耗材：不包括电费，且不在租用及其他合同范围内的所有生产资料、药剂和其他耗材支出，且这些支出是与水源，水厂输配水系统或非技术工作相关的必须支出
各类税费	除所得税外，所有支付给政府或市政机构的有关运行许可的费用。（例如提成费用，当地政府要求的费用等）
额外收入及损失	由捐赠，政府补贴或者出售或报废固定资产所造成的额外收入或损失
其他运行费用	其他直接成本：任意其他营业成本（不包括利息及税金）的合计数。 一般性支出及支持性支出：一般性支出及支持性支出（人力成本支出除外）（见1.2节中的定义）的合计数。 客户服务：不包括在之前条目内的客户费用包括客户账户管理，计量表读数，债务回收，管道修复费用，客户咨询和投诉处理。 科技服务：科技及实验室相关的直接投入以及之前条目未包括的质量监测费用。 其他商务活动：之前条目中未列，且不包括折旧的其他商务活动的支出。 或有负债：由于坏账和可能的债务对损益账户所造成的费用或信用损失
内部人工成本	人工成本：所有由企业直接雇佣的长期及临时雇员的工资支出，包括与员工相关的社会保险及福利支出
自建资产的资本化成本（负值）	以上所列条目引起的新增资产及原有资产修复的支出。 对于流动资产绩效指标计算，自建资产的资本化成本应在以上所列运营成本项中扣除，原因如下： 年度损益表中的运营成本＝运行维护费用＋内部人工成本－自建资产的资本化成本＝以下所列项净值（进水＋能耗＋外部服务＋采购＋租赁＋运行费用＋内部人工成本）

表 7-9 相关名词 续表

表 7-9 相关名词	包括
折旧（根据账面价值）	折旧成本：有形实物资产折旧支出 无形资产摊销：任意摊销或资产负债表中的无形资产价值的减少，比如说商誉。 第三方服务：与第三方服务相关的实物资产折旧以及基础设施更新支出
净利息	短期、中期及长期借款的净利息成本。 （利息—利息收入）
所得税	同供水业务毛利润相关的所有税费。 与水厂运行关联紧密的运行税费（废弃物处理费用，抽提水费用，管道费用，环境费用以及水资源管理机构收取的费用），须计入营业成本

投资概念 表 7-11

项目	定义
由于折旧引起的投资	由通用相关会计准则（IASC）规定的必须进行因折旧引起的投资
有形资产累计折旧	所有有形资产自购买以来应用所形成的折旧价值合计数
有形资产的历史成本	所有基础设施及非基础设施等有形资产的账面总价值之和（即表 7-13 中净值）

财务状况的年变化 表 7-12

资金使用	资金来源
资本化费用（投资）① 　无形资产 　　许可及权力 　有形资产 　　管网 　　厂房和机械 　　其他设备 　财务资产 　　持有其他公司 　　其他财务投资 融资 　债务偿还	现金流的内部来源： 　留存收益（利润分配及其他支付后的净利润） 　折旧 外部来源： 　资本回收 　获得借贷资金 　固定资产变卖 　政府补贴

| 营运资本增加② | 营运资本减少② |

---

① 年资本性支出（有形、无形及财务资产投资）等同于"年总投资"。
② 增加或减少取决于资金的使用及来源。

年末损益表结构 表 7-13

资产	所有者权益和负债	
无形资产	所有者权益（G48）	
商标信誉	实收资本	
许可及权力的净值	资本公积金	
	其他准备金	
有形资产（G42-G41）	年净利润	
水处理厂净值	长期负债（G52）	
其他资产净值	债券	
	递延收益（政府补贴）	
财务资产	长期负债	总负债
财务投资净值		G47=G52+G53
流动资产①（G49）	流动负债①（G53）	
现金	应付账款	
水费应收账款（G38）	当年应偿还的长期负债	
其他应收账款	其他流动负债	
存货（G51）		
预付账款		

7.4 补充定义

此部分讲述了一些在后文中使用的定义，有必要将他们的定义进行澄清。

非正常需求（Abnormal demand）：首先要测算一年中不同时期用水需求量的平均值及标准偏差。当用水需求量大于（平均值+2×标准偏差）时，则可认为其为非正常需求。

非正常需求常常伴随着管道压力的突然下降，或者大流量漏水及爆管。

主动漏损控制（Active leakage control）：一种常规的或连续对管道进行监测并修补未报告漏点的行为，包括：定期检查（声学、计量）和/或漏损检测。不包括已报告爆管的修复。

已报告爆管指供水企业自身员工或第三方通过各种渠道通知供水企业相关部门的爆管，包括视觉可见的漏失或因水压偏低客户投诉而找到的漏失。

深度处理（Advanced treatment）：饮用水生产中最新发展起来的运行工艺单元，例如紫外线及过氧化物消毒，即那些旨在满足更加严格的出水标准而进行的传统工艺的升级技术。

钻井取水（Borehole water）：从地下蓄水层中抽取的饮用水。

---

① 流动资产-流动负债=运营资金。

校准（Calibration）：在某种条件下将测量工具所测得的数值（或某种材料测得的数值）按照标准调整使其反映真实的数值。校准结果可以在文档中记录，例如：校准证书。此结果可用作此测量仪器校准的指导。校准本身不一定表示调整某个仪器，使其按照标准值进行工作。

清洁（Cleaning）：一种很广泛的业务，包括冲洗、擦洗、空气清洁以及压力冲刷，目的是去除干管及储水池中结构松散的软性堵塞物。清洁是执行一个标准程序，内容应被记录在册。

投诉（Complains）：所有向客服部门表达的诉求，包括亲自（口头或书面）、电话、传真、寄信、电子邮件或其他书面的形式。

传统处理法（Conventional treatment）：饮用水生产过程中采用了物理处理法，例如活性炭吸附、过滤、膜技术和化学处理法，例如：沉淀剂、消毒、臭氧氧化等大多数水处理厂生产线采用的工艺。

配水点（Delivery point）：从供水企业到用水客户间管道所有权的分界点，即服务连接点。（通常应该指在公共的公路和私人土地间的分界点，但不完全。）

计量表有效读取（Effective meter readings）：有效读表需要：
- 计量表读取准确。
- 计量表读取与客户的地址准确对应。
- 付费账单根据计量表读数确定。
- 账单须邮寄至正确的地址。
- 没有因对计量表读数不准而导致的迟交水费。

检查（Inspection）：遵照管理条例执行的一个标准化程序，并将结果记录备案，以便企业根据其结果评估资产的服务能力以及采取相应的措施。

自控泵站（Integrated station）：装备有自控设备的并包括在自控管网系统中的泵站，或直接与中控室连接的泵站。

低地地表水（Lowland surface water）：一种直接河流取水方式，可能会有储存的情况。其上游的水库可能已建设良好，供农业及工业使用。

长期性边际支出（Long run marginal cost LRMC）：下列项总和：a. 为达到现有的或提高了水质标准的净值支出（欧元/m^3）；b. 与流量变化相关的流动资本（抽水收费、能耗、处理药剂和其他工艺耗材）。

一般来说，a 项在 0.02~0.10 欧元/m^3 的价值间变化。如果供水企业的供水水质可以满足可预见性的水质提高的要求时，b 项可以忽略。如果必须采用一个支出更高的水源，也可以达到 0.50 欧元/m^3。

主管网故障（Mains failure）：需要翻新及维修的输水管网及配水管网故障。包括干管故障，管道连接处失效，阀门及其他部件故障，由以下原因引起：

- 材料缺陷，设计、建设或运营等相关活动引起的管道、连接处、阀门及其他部件的故障。
- 材料腐蚀，外部或内部，主要但不全是含铁材料。
- 外部机械损坏，例如：由开挖引起的损坏，包括第三方单位引起的。
- 地球自然条件变动引起的损害：霜冻，旱季，交通过荷，地震，洪水及其他。

当此故障需要中断干管服务且服务连接点无法运转时，干管与服务连接处相接部分的故障也应算作主管破裂。由主动漏损控制修复的干管不应计入[①]。

市场拓展（Marketing）：包括一个广泛的业务范围，例如：广告，邮寄业务，公共关系，零售及销售规划，销售，批发，市场研究，货物定价，这些同配送、商品销售和服务相关。市场拓展的目的是增加、保留客户并使客户满意。

计量点（Measurement point）：用户表安装或将要安装的位置，即服务连接点。在此定义下，用户表可能有两种情况：
- 服务两个或两个以上客户建筑物的控制表，可能是或不是一个单独的计量表。
- 一个单独的客户计量表。

天然泉水及湿地水源（Natural springs and wetlands water）：从天然的蓄水层中抽出并被和地面高度相平的表面水拦截的水源。

改造（Rehabilitation）：通过有形的干涉，使得系统运行寿命明显延长的，或改进其结构、水力状况，或改进水质且改变其条件。

一般来说，它指系统或系统中的一部分，不单指管道或其他单元。结构修复指替换和更新。水力修复包括替换、强化，有时指更新。水质修复强化指取代和更新。

更新（Refurbishment）：达到某些绩效要求，使先有资产恢复功能的所有方法。

升级（Reinforcement）：建造新设施，对现有设施的功能进行补充或替代原有设施。

管线修复（Relining）：从现有管线中清除堵塞物，并在适当的位置使用非结构管线以达到防腐的目的，例如水泥和环氧黏土。（管线修复有时指切割和内衬，翻新或复原。）管线修复是翻新的一种特殊形式。

更新（Renewal）：一种特殊形式的替换，即新替换设施的功能与原设施一致。

[①] 由主动漏失控制修复的主管漏损一般为非明显漏损，因此它们的次数统计很大程度上取决于计划的实地勘查工作次数。因此，将其包括在内将会引起评估的偏差，影响故障指标的合理比较。

翻新（Renovation）：通过有形的改动，使得系统运行寿命明显延长的，或改进其功能，包括对现有资产整体和部分的改动，且保持其原有的功能和能力。翻新可以包括修复。

修复（Repair）：实际损伤处的修补。

替换（Replacement）：将现有的设施替换为一个新的设施，而前者已经失去了其安装时的功能。替换的设施可以不和其替代的设施具备相同的功能。对于管线来说，替换指在替换的位置上安装了一个结构性管材（节点连接）。

居住人口（Resident of population）：在某一地区内的常住人口数量。

用水限制（Restrictions to water service）：由供水企业实施的对用水量的限制，例如橡胶管和洒水车。

咸味和异味饮用水（Saline and brackish water）：此类饮用水通常出现在淡水与海水的交接处。可能由于潮水的变化在河口地区出现，或者在近海的储水层中发现。咸味水也可能在一些地表水源中出现，这些水源的地下可能有盐层。

服务连接管（Service connection）：从主管网连接到客户计量点或客户阀门的管线连接点。当多个客户或某一终端使用了同一个服务连接管道时，例如：公寓房，在作相应的绩效评估时应被认为是一条服务连接管道，不应考虑到底连接多少个客户或多少个终端。所有有效的服务连接都应计入在内：注册客户的连接（居民和非居民，包括暂时性连接），灌溉及防火栓，公共水管或其他许可的不与主管相连的用水点。空置建筑和不被连接的建筑不应计入在内。

服务连接点故障（Service connection failure）：同干管故障的定义类似。

站点（Station）：供水系统的泵站，处理厂及其他控制点或监测点。

产水（Treated water）：供水企业认为可作饮用的水，不考虑其是否经过工艺处理。处理水的检测是对任意地点水样的检测，包括用水点。

高地地表水（Upland surface water）：一个海拔较高的储水池，且其上游的集水区几乎不变。

井水（Well water）：受重力作用流入井中的地下水。取水点通常是地裂层，且使用泵提取。井是人造的，可能包括水平的开挖工程，以便延伸蓄水口到地裂层。井也可以延伸到地下径流。另一个关键性的例子可以是矿井工程。水质与地裂层以及周围土地的使用情况有关。

第 8 章 绩效指标

8.1 简介

此章包括国际水协编制的供水服务绩效指标的详细定义。根据本书第Ⅰ篇第 4 章提到的实施步骤，每个供水企业可以根据各自的情况与目标选择相关的子指标。如果供水企业同时还负责供水以外的其他生产性业务，这些指标仅用于评估供水服务的核心业务。

鉴于国际水协绩效指标体系是以年度为基准建立起来的，所以推荐以每年度作为评估周期。不过，供水企业可能需要追踪记录年内的绩效表现，IWA 的绩效系统中大部分指标也适用于其他评估周期。在这种情况下，为了保证单位的统一和绩效指标比较的可行性，所有按照时间表示的绩效将通过公式由其他评估周期转换成年度评估值。

不过请注意如下情况：由于随机或季节性甚至是计划变化的因素，在一年中大多数指标变化的情况是不统一的。这是所有基于非年度数据的绩效指标在对照比较时必须要充分考虑到的问题，以避免引起偏差。

本书第Ⅱ部分 8.2 节包括了绩效指标的快速查阅清单，8.3～8.8 节则包含了指标的详细信息。

8.2 绩效指标速查清单

8.2.1 水资源指标

水资源指标（Ⅱ－128）
WR1——水资源无效利用率（％）
WR2——水资源可用率（％）
WR3——自有水资源可用率（％）
WR4——回用水利用率（％）

8.2.2 人事指标

（1）全部职工人事（Ⅱ－129 页）

Pe1——单位连接点员工人数（人/1000 连接点）

Pe2——单位供水量员工人数 $[人/(10^6 m^3 \cdot a)]$

（2）主要部门人事（Ⅱ－130 页）

Pe3——综合管理层人员比率（%）

Pe4——人力资源管理人员比率（%）

Pe5——财务与商务人员比率（%）

Pe6——客户服务人员比率（%）

Pe7——技术服务人员比率（%）

Pe8——规划与建设人员比率（%）

Pe9——运行与维护人员比率（%）

（3）技术服务人事（Ⅱ－131 页）

Pe10——水资源及水库管理人员比率 $[人/(10^6 m^3 \cdot a)]$

Pe11——取水和制水人员比率 $[人/(10^6 m^3 \cdot a)]$

Pe12——储水池及输配水管网人员比率（人/100km）

Pe13——水质监测人员比率 $[人/(1 万次检测 \cdot a)]$

Pe14——水表管理人员比率（人/1000 块水表）

Pe15——后勤人员比率（%）

（4）人员资历（Ⅱ－133 页）

Pe16——大学学历程度人员比率（%）

Pe17——基础教育程度人员比率（%）

Pe18——其他程度人员比率（%）

（5）人员培训（Ⅱ－133 页）

Pe19——培训时间 $[h/(人 \cdot a)]$

Pe20——内部培训时间 $[h/(人 \cdot a)]$

Pe21——外部培训时间 $[h/(人 \cdot a)]$

（6）健康与安全人事（Ⅱ－134 页）

Pe22——工伤事故 $[次/(100 人 \cdot a)]$

Pe23——缺勤 $[d/(人 \cdot a)]$

Pe24——因病或工伤缺勤 $[d/(人 \cdot a)]$

Pe25——其他原因缺勤 $[d/(人 \cdot a)]$

（7）加班时间（Ⅱ－135 页）

Pe26——加班时间率（%）

8.2.3　实物资产指标

（1）净水厂（Ⅱ－135 页）

Ph1——水厂能力利用率（%）

（2）储水池（Ⅱ－136页）

Ph2——原水水池容量（d）

Ph3——清水池容量（d）

（3）水泵（Ⅱ－136页）

Ph4——水泵利用率（%）

Ph5——标准化能耗［kWh/（m³·100m）］

（4）水处理（Ⅱ－137页）

Ph6——能量效率（%）

Ph7——能量回收率（%）

（5）输配水管网（Ⅱ－137页）

Ph8——阀门密度（个/km）

Ph9——消火栓密度（个/km）

（6）水表（Ⅱ－138页）

Ph10——区域流量计密度（块/1000连接点）

Ph11——用户水表密度（块/连接点）

Ph12——用户水表数（块/户）

Ph13——居民用户水表数（块/居民户）

（7）自动化及控制（Ⅱ－139页）

Ph14——自动化程度（%）

Ph15——远程控制程度（%）

8.2.4 运行指标

（1）实物资产检查与维修（Ⅱ－139页）

Op1——水泵检查（－/a）

Op2——储水池清洗（－/a）

Op3——管网检查（%/a）

Op4——漏损控制（%/a）

Op5——主动漏点修复［个/（100km·a）］

Op6——消火栓检查（－/a）

（2）仪器仪表校准（Ⅱ－141页）

Op7——流量计校准（－/a）

Op8——流量计更换（－/a）

Op9——压力表校准（－/a）

Op10——水位计校准（一/a）

Op11——在线水质监测仪表校准（次/a）

（3）电力及信号传输设备检查（Ⅱ－142页）

Op12——应急电力系统检查（一/a）

Op13——信号传输设备检查（一/a）

Op14——电力开关设备检查（一/a）

（4）交通工具使用（Ⅱ－143页）

Op15——交通工具利用率（辆/100km）

（5）主管、阀门及服务连接点修复、更新（Ⅱ－143页）

Op16——主管修复率（%/a）

Op17——主管更换率（%/a）

Op18——主管更新率（%/a）

Op19——阀门更换率（%/a）

Op20——连接点更新率（%/a）

（6）水泵修复（Ⅱ－145页）

Op21——水泵修复率（%/a）

Op22——水泵更换率（%/a）

（7）水量漏损（Ⅱ－145页）

Op23——单位连接点漏失量 [m^3/（连接点·a）]

Op24——单位主管漏失量 [m^3/（km·a）]

Op25——管理漏失率（%）

Op26——管理漏失量占系统进水量比率（%）

Op27——单位连接点物理漏失量 [L/（连接点·d）]

Op28——单位主管物理漏失量 [L/（km·d）]

Op29——基础设施漏失指数

（8）故障（Ⅱ－148页）

Op30——水泵故障 [天/（台·a）]

Op31——主管故障 [次/（100km·a）]

Op32——连接点故障 [次/（1000连接点·a）]

Op33——消火栓故障 [个/（1000个·a）]

Op34——电力故障 [h/（泵站·a）]

Op35——供水点故障 [次/（供水点·a）]

（9）水表计量（Ⅱ－150页）

Op36——用户水表读表率

Op37——居民用户水表读表率

Op38——运行水表比率（%）

Op39——未计量水量比率（%）

（10）水质检测（Ⅱ—151页）

Op40——检测率（%）

Op41——感官性状检测率（%）

Op42——微生物指标检测率（%）

Op43——物理化学指标检测率（%）

Op44——放射性指标检测率（%）

8.2.5 服务质量指标

（1）服务覆盖面积（Ⅱ—153页）

QS1——居民与商业用户覆盖率（%）

QS2——建筑物服务覆盖率（%）

QS3——服务人口覆盖率（%）

QS4——直供人口覆盖率（%）

QS5——公共水龙头或水塔取水人口覆盖率（%）

（2）公共水龙头用户（Ⅱ—154页）

QS6——正常运行的供水点（%）

QS7——供水点到住户的平均距离（m）

QS8——公共水龙头或水塔供水人均用水量[L/（人·d）]

QS9——每个公共水龙头平均服务人口（人/个）

（3）供水压力与供水连续性（Ⅱ—155页）

QS10——水压保障率（%）

QS11——批量供水保证率（%）

QS12——供水连续性（%）

QS13——供水中断率（%）

QS14——单位连接点供水中断次数[次/（1000连接点·a）]

QS15——批量供水中断率[次/（供水点·a）]

QS16——受供水限制人口比率（%）

QS17——供水受限制比率（%）

（4）供水水质（Ⅱ—158页）

QS18——供水水质合格率（%）

QS19——感官性状检测合格率（%）

QS20——微生物检测合格率（%）

QS21——物理化学检测合格率（%）

QS22——放射性检测合格率（%）

（5）服务连接点和水表安装、修复（Ⅱ－159页）

QS23——新安装连接点时间（d）

QS24——用户装表时间（d）

QS25——连接点修复时间（d）

（6）客户投诉（Ⅱ－160页）

QS26——单位连接点平均投诉次数［次/（1000连接点·a）］

QS27——单位客户的投诉次数［次/（用户·a）］

QS28——水压投诉率（%）

QS29——供水连续性投诉率（%）

QS30——水质投诉率（%）

QS31——供水中断投诉率（%）

QS32——账单投诉与咨询［次/（用户·a）］

QS33——其他投诉与咨询［次/（用户·a）］

QS34——对书面投诉的回复率（%）

8.2.6 经济与财务指标

（1）收入（Ⅱ－162页）

Fi1——单位水量收入（欧元/m^3）

Fi2——销售收入（%）

Fi3——其他收入（%）

（2）成本（Ⅱ－163页）

Fi4——单位水量成本（欧元/m^3）

Fi5——单位运营成本（欧元/m^3）

Fi6——单位资本成本（欧元/m^3）

（3）运营成本构成（Ⅱ－164页）

Fi7——内部人工成本（%）

Fi8——外部服务成本（%）

Fi9——购买源水和制水成本（%）

Fi10——电力成本（%）

Fi11——其他成本（%）

（4）运营成本构成中主要业务成本（Ⅱ－165页）

Fi12——综合管理成本（%）

Fi13——人力资源管理成本（%）

Fi14——财务与商务成本（%）

Fi15——客户服务成本（%）

Fi16——技术服务成本（%）

(5) 运营成本中技术成本（Ⅱ－166页）

Fi17——水源及水库管理成本（%）

Fi18——取水及制水成本（%）

Fi19——储存及输配水成本（%）

Fi20——水质监测成本（%）

Fi21——水表管理成本（%）

Fi22——支持性服务成本（%）

(6) 资本成本构成（Ⅱ－167页）

Fi23——折旧费用（%）

Fi24——净利息支出（%）

(7) 投资成本指标（Ⅱ－168页）

Fi25——单位水量投资（欧元/m³）

Fi26——新增资产及现有资产升级改造投资率（%）

Fi27——现有资产更新投资率（%）

(8) 平均水费（Ⅱ－169页）

Fi28——直接供水的平均水费（欧元/m³）

Fi29——转供水的平均水费（欧元/m³）

(9) 效率（Ⅱ－169页）

Fi30——收入成本比率

Fi31——收入营业成本比率

Fi32——应收账款周转率（d）

Fi33——投资比率

Fi34——内源性资金投资贡献率（%）

Fi35——累计折旧率（%）

Fi36——平均折旧率

Fi37——延迟支付账款比率

Fi38——存货周转率

(10) 财务杠杆（Ⅱ－171页）

Fi39——债务保障比率（%）

Fi40——债务权益比率（%）

（11）财务流动性（Ⅱ-169页）

Fi41——流动比率

（12）盈利能力（Ⅱ-169页）

Fi42——净固定资产收益率（%）

Fi43——权益收益率（%）

Fi44——资本收益率（%）

Fi45——资产周转率（%）

（13）水量漏损的经济成本（Ⅱ-173页）

Fi46——无收入水量比率（%）

Fi47——无收入水量成本率（%）

8.3 水资源指标

（1）WR1——水资源无效利用率（%）

$$WR1 = A19/A3 \times 100\%$$

评估周期内物理漏失水量/系统进水量×100%

A3——系统进水量（m^3）；

A19——物理漏失水量（m^3）。

参见 Op23、Op25、Op27、Op29、Fi46、Fi47

正如前文所述，此指标评估期限不应少于一年，因为时间太短容易导致错误的结论。如果无法避免评估期太短，应充分考虑其中的干扰因素。如果用于内部比较，那么必须要避免评估期过短。此项指标不作为输配水管理水平的考评标准。

（2）WR2——水资源可用率（%）

$$WR2 = A3 \times 365/H1/(A1+A2) \times 100\%$$

评估周期内系统进水量×365/评估周期/（自有水源年产水量+允许年购买水量）×100

A1——自有水源年产水量（m^3/a）；

A2——允许年购买水量（m^3/a）；

A3——系统进水量（m^3）；

H1——评估周期（d）。

此指标评估期限不应少于一年，因为时间太短容易导致错误的结论。如果无法避免评估期太短，应充分考虑其中的干扰因素。如果用于内部比较，那么必须要避免评估期过短。如果此指标值为 100%，那么意味着所有源水得到完全利用。虽然此指标有时非常难以评价而且不容易核实，但是它却常常被作为一种管理激励手段，尤其是针对快速发展的地方或者因水资源缺乏发展受限制的区域。每个供水企业应该根据每年的取水能力、进口源水量、水质等来安排生产经营计划，同时采取一些管理上和生产上的措施。此指标不适合比较。

（3）WR3——自有水资源可用率（%）

$$WR3 = A3 \times 365/H1/A1 \times 100\%$$

评估周期内系统进水量×365/评估周期/自有水资源量×100%

A1——自有水源年产水量（m^3/a）；

A3——系统进水量（m^3）；

H1——评估周期（d）。

建议此指标评估期限不应少于一年，因为时间太短容易导致错误的结论。如果无法避免评估时段少于一年，也要充分考虑其中的干扰因素。如果用于内部比较，那么必须要避免时间太短。此指标与 WR2 有些相似，但是它不适合绝大部分源水来自外地进口的情况。

（4）WR4——回用水利用率（%）

$$WR4 = A22/A3 \times 100\%$$

评估周期内再利用的水资源量/系统进水量×100%

A3——系统进水量（m^3）；

A22——再利用水量（m^3）。

建议此指标评估期限不应少于一年，因为时间太短容易导致错误的结论。如果无法避免评估时段少于一年，也要充分考虑其中的干扰因素。如果用于内部比较，那么必须要避免时间太短。此指标适合于把废水处理后作补充源水时的情形。

8.4 人事指标

8.4.1 全部职工人事

（1）Pe1——单位连接点员工人数（人/1000 连接点）

$$Pe1 = B1/C24 \times 1000$$

职工总数/用户服务连接点数量×1000

B1——职工总数（人）；

C24——用户服务连接点数量（个）。

Pe1、Pe2 可以相互替换。Pe2 适用于当连接点密度小于 20 个/km 管道（集中供水系统）。此指标用于特定时期的评估。

（2）Pe2——单位供水量员工人数 ［人/（$10^6 m^3 \cdot a$）］

$$Pe2 = B1/(A6 \times 365/H1) \times 10^6$$

职工总数/（产水量×365/评估周期）×10^6

A6——产水量（m^3）；

B1——职工总数（人）；

H1——评估周期（d）。

Pe1、Pe2 可以相互替换。Pe2 适用于当连接点密度小于 20 个/km 管道（集中供水系统）。此指标用于特定时期的评估。

此指标可用于期限少于一年的评估，当它用于内、外部比较时要特别注意干扰因素。

8.4.2　主要部门人事

（1）Pe3——综合管理层人员比率（%）

$$Pe3 = B2/B1 \times 100\%$$

评估周期末供水企业中综合管理层职工数量占全体职工数量的百分比

B1——职工总数（人）；

B2——综合管理人员人数（人）。

此指标用于特定时期的评估。

（2）Pe4——人力资源管理人员比率（%）

$$Pe4 = B3/B1 \times 100\%$$

评估周期末供水企业内人力资源管理职工数量占全体职工数量的百分比

B1——职工总数（人）；

B3——人力资源管理人员人数（人）。

此指标用于特定时期的评估。

（3）Pe5——财务与商务人员比率（%）

$$Pe5 = B4/B1 \times 100\%$$

评估周期末供水企业内的财务与商务职工数量占全体职工数量的百分比

B1——职工总数（人）；

B4——财务与商务人员人数（人）。

此指标用于特定时期的评估。

（4）Pe6——客户服务人员比率（%）

$$Pe6 = B5/B1 \times 100$$

评估周期未供水企业内的客户服务职工数量占全体职工数量的百分比

B1——职工总数（人）；

B5——客户服务人员人数（人）。

此指标用于特定时期的评估。

(5) Pe7——技术服务人员比率（%）

$$Pe7=B6/B1\times100\%$$

评估周期未供水企业内的技术服务职工数量占全体职工数量的百分比

B1——职工总数（人）；

B6——技术支持人员人数（人）。

此指标用于特定时期的评估。

(6) Pe8——规划与建设人员比率（%）

$$Pe8=B7/B1\times100\%$$

评估周期未供水企业内的规划与建设职工数量占全体职工数量的百分比

B1——职工总数（人）；

B7——规划与建设人员人数（人）。

此指标用于特定时期的评估。

(7) Pe9——运行与维护人员比率（%）

$$Pe9=B8/B1\times100\%$$

评估周期未供水企业内的运行与维护职工数量占全体职工数量的百分比

B1——职工总数（人）；

B8——运行与维护人员人数（人）。

此指标用于特定时期的评估。

8.4.3 技术服务人事

(1) Pe10——水资源及水库管理人员比率 $[人/(10^6 m^3 \cdot a)]$

$$Pe10=B9/(A6\times365/H1)\times10^6$$

水源与水库管理人员人数/（产水量×365/评估周期）×10^6

A6——产水量（m^3）；

B9——水源与水库管理人员人数（人）；

H1——评估周期（d）。

此指标可用于期限少于一年的评估，但如用于内、外部比较时要特别注意干扰因素。

(2) Pe11——取水和制水人员比率 $[人/(10^6 m^3 \cdot a)]$

$$Pe11=B10/(A6\times365/H1)\times10^6$$

取水与制水的人员人数/（产水量×365/评估周期）×10^6

A6——产水量（m^3）；

B10——取水与制水的人员人数（人）；

H1——评估周期（d）。

此指标可用于期限少于一年的评估，但如用于内、外部比较时要特别注意干扰因素。

(3) Pe12——储水池及输配水管网人员比率（人/100km）

$$Pe12 = B11/C8 \times 100\%$$

存储及输配水人员人数/主管长度×100%

B11——存储及输配水人员人数（人）；

C8——主管长度（km）。

此指标用于特定时期的评估。

(4) Pe13——水质监测人员比率〔人/（1万次检测·a）〕

$$Pe13 = B12/(D52 \times 365/H1) \times 10^4$$

水质监测人员人数/（水质检测次数×365/评估周期）×10^4

B12——水质监测人员人数（人）；

D52——水质检测次数（次）；

H1——评估周期（d）。

此指标可用于期限少于一年的评估，但如用于内、外部比较时要特别注意干扰因素。

(5) Pe14——水表管理人员比率（人/1000块水表）

$$Pe14 = B13/(C10 + E6) \times 1000$$

水表管理人员人数/（流量计数量+直接用户水表数量）×1000

B13——水表管理人员人数（人）；

C10——流量计数量（个）；

E6——直接用户水表数量（块）。

此指标用于特定时期的评估。

(6) Pe15——后勤人员比率（%）

$$Pe15 = B14/B6 \times 100\%$$

后勤服务支持人员人数/技术支持人员人数×100%

B14——后勤服务支持人员人数（人）；

B6——技术支持人员人数（人）。

此指标用于特定时期的评估。

8.4.4 人员资历

(1) Pe16——大学学历程度人员比率（%）
$$Pe16 = B15/B1 \times 100\%$$
评估周期末供水企业内获得大学及大学以上学历的职工数量占全体职工数量的百分比

B1——职工总数（人）；

B15——大学学历程度人数（人）。

此指标用于特定时期的评估。

(2) Pe17——基础教育程度人员比率（%）
$$Pe17 = B16/B1 \times 100\%$$
评估周期末供水企业内仅取得基础教育程度的职工数量占全体职工数量的百分比

B1——职工总数（人）；

B16——基础教育程度人数（人）。

此指标用于特定时期的评估。

(3) Pe18——其他程度人员比率（%）
$$Pe18 = B17/B1 \times 100\% \text{ 或} = 100\% - Pe17 - Pe16$$
评估周期末供水企业内具有其他学历程度的职工数量占全体职工数量的百分比

B1——职工总数（人）；

B17——其他程度人数（人）。

此指标用于特定时期的评估。

8.4.5 人员培训

(1) Pe19——培训时间 [h/（人·a）]
$$Pe19 = (B18 \times 365/H1)/B1$$
（培训总时间×365/评估周期）/职工总数

B1——职工总数（人）；

B18——培训总时间（h）；

H1——评估周期（d）。

此指标可用于期限少于一年的评估，但如用于内、外部比较时要特别注意干扰因素。

(2) Pe20——内部培训时间 [h/（人·a）]
$$Pe20 = (B19 \times 365/H1)/B1$$

(内部培训时间×365/评估周期)/职工总数

B1——职工总数(人);

B19——内部培训时间(h);

H1——评估周期(d)。

此指标可用于期限少于一年的评估,但如用于内、外部比较时要特别注意干扰因素。

(3) Pe21——外部培训时间 [h/(人·a)]

$$Pe21 = (B20 \times 365/H1)/B1$$

(外部培训时间×365/评估周期)/职工总数

B1——职工总数(人);

B20——外部培训时间(h);

H1——评估周期(d)。

此指标可用于期限少于一年的评估,但如用于内、外部比较时要特别注意干扰因素。

8.4.6 健康与安全人事

(1) Pe22——工伤事故 [次/(100人·a)]

$$Pe22 = (B21 \times 365/H1)/B1 \times 100\%$$

(工伤事故×365/评估周期)/职工总数×100%

B1——职工总数(人);

B21——工伤事故(次);

H1——评估周期(d)。

此指标可用于期限少于一年的评估,但如用于内、外部比较时要特别注意干扰因素。

(2) Pe23——缺勤 [d/(人·a)]

$$Pe23 = (B22 \times 365/H1)/B1$$

(缺勤×365/评估周期)/职工总数

B1——职工总数(人);

B22——缺勤(d);

H1——评估周期(d)。

此指标可用于期限少于一年的评估,但如用于内、外部比较时要特别注意干扰因素。

(3) Pe24——因病或工伤缺勤 [d/(人·a)]

$$Pe24 = (B23 \times 365/H1)/B1$$

（因病或因工作事故缺勤×365/评估周期）/职工总数

B1——职工总数（人）；

B23——因病或因工作事故缺勤（d）；

H1——评估周期（d）。

此指标可用于期限少于一年的评估，但是此时它如用于内、外部比较时要特别注意干扰因素。

(4) $Pe25$——其他原因缺勤 [d/（人·a）]

$$Pe25 = (B24 \times 365/H1)B1$$

（其他原因造成的缺勤×365/评估周期）/职工总数

B1——职工总数（人）；

B24——其他原因造成的缺勤（d）；

H1——评估周期（d）。

此指标可用于期限少于一年的评估，但是此时它如用于内、外部比较时要特别注意干扰因素。

8.4.7 加班时间

$Pe26$——加班时间率（%）

$$Pe26 = B26/B25 \times 100\%$$

评估周期内供水企业职工的加班时间与正常工作时间的比值

B25——工作时间（h）；

B26——加班时间（h）。

此指标可用于期限少于一年的评估，但如用于内、外部比较时要特别注意干扰因素。此指标反应熟练工人与非熟练工人之间的比率，加班时间太多说明人力资源的效率不高或者是缺乏人力。

8.5 实物资产指标

8.5.1 净水厂

$Ph1$——水厂能力利用率（%）

$$Ph1 = A4/C3 \times 100\%$$

评估周期内供水企业实际最高日处理能力与日处理能力的比值

A4——最高日处理水量（m^3/d）；

C3——日处理能力（m^3/d）。

建议此指标评估期限不应少于一年，因为时间太短容易导致错误的结论。如果无法避免评估时段少于一年，也要充分考虑其中的干扰因素。如果用于外部比较，必须要避免时间太短。

8.5.2 储水池

(1) Ph2——原水水池容量（d）

$$Ph2 = C1/A3 \times H1$$

原水储存能力/系统进水量×评估周期

A3——系统进水量（m^3）；

C1——原水储存能力（m^3）；

H1——评估周期（d）。

建议此指标评估期限不应少于一年，因为时间太短容易导致错误的结论。如果无法避免评估时段少于一年，也要充分考虑其中的干扰因素。如果用于外部比较，必须要避免时间太短。

(2) Ph3——清水池容量（d）

$$Ph3 = C2/A3 \times H1$$

产水储存能力/系统进水量×评估周期

A3——系统进水量（m^3）；

C2——产水储存能力（m^3）；

H1——评估周期（d）。

建议此指标评估期限不应少于一年，因为时间太短容易导致错误的结论。如果无法避免评估时段少于一年，也要充分考虑其中的干扰因素。如果用于外部比较，必须要避免时间太短。在集中供水系统的情况下，如果送水点是一个储水池，它的容量可以计入，即使它不属于供水企业或不由供水企业运营。本指标的解释应考虑到季节、月份、天和小时高峰因素的影响。

8.5.3 水泵

(1) Ph4——水泵利用率（%）

$$Ph4 = D2/(C7 \times 24) \times 100\%$$

水泵最大日能耗/（泵站最大运行功率×24）×100%

C7——泵站最大运行功率（kW）；

D2——水泵最大日能耗（kWh）。

此指标表明现有水泵在最大电耗时输送能力。此指标针对所有已安装水泵，包括备用水泵。

(2) Ph5——标准化能耗 [kWh/ (m³·100m)]

$$Ph5 = D1/D3$$

评估周期内泵站水泵将 1t 水提升 100m 所需要消耗的能量

D1——水泵能耗（kWh）；

D3——能耗基准因素（m³×100m）。

此指标的评估时段可以少于一年，但是此时如用于内、外部比较时须注意干扰因素。该指标表明单位水量提升 100m 所需要的平均电能。因此，它的标准值是 0.5kWh/m³×100m。它愈小表明水泵组的电力效率愈高。0.5kWh/m³×100m 相当于平均效率 9810N×100m/（3600J/Wh）/500Wh×100＝54%。

8.5.4 水处理

(1) Ph6——能量效率（%）

$$Ph6 = D4/D1 \times 100\%$$

评估周期内泵站水泵无功电能消耗占水泵能耗的百分比

D1——水泵能耗（kWh）；

D4——无功电能消耗（kvar）。

此指标的评估时段可以少于一年，但是此时如用于内、外部比较时须注意干扰因素。

无功能量通常用 kvar 度量，能量消耗通常用 kWh 度量。然而他们是等价的。

(2) Ph7——能量回收率（%）

$$Ph7 = D5/D1 \times 100\%$$

评估周期内回收再利用能量占水泵能耗的百分比

D1——水泵能耗（kWh）；

D5——能量再利用（kWh）。

此指标的评估时段可以少于一年，但是此时如用于内、外部比较时须注意干扰因素。

8.5.5 输配水管网

(1) Ph8——阀门密度（个/km）

$$Ph8 = C22/C9$$

评估周期末供水企业单位配水干管长度上的隔离阀门数量

C9——配水干管长度（km）；

C22——隔离阀门数量（个）。

此指标用于特定时期的评估。

(2) Ph9——消火栓密度（个/km）

$$Ph9 = C23/C9$$

评估周期末供水企业单位配水干管长度上的消火栓数量

C9——配水干管长度（km）；

C23——消火栓数量（个）。

此指标用于特定时期的评估。

8.5.6 水表

所有已经安装的水表都应考虑在内，包括那些故障水表；这个指标对评价大部分在安装水表有故障的发展地区。

(1) Ph10——区域流量计密度（块/1000 连接点）

$$Ph10 = C11/C24 \times 1000$$

评估周期末供水企业每千个服务连接点占有的区域流量计数量

C11——区域流量计数量（块）；

C24——用户服务连接点数量（个）。

此指标用于特定时期的评估。

(2) Ph11——用户水表密度（块/用户服务连接点）

$$Ph11 = E6/C24$$

评估周期末供水企业单位服务连接点占有的直接用户水表数量

C24——用户服务连接点数量（块）；

E6——直接用户水表数量（块）。

此指标用于特定时期的评估。

(3) Ph12——用户水表数（块/户）

$$Ph12 = (E6 + E9)/E10$$

评估周期末供水企业单位注册用户平均占有的用户水表数量，包括直接用户水表和批量用户水表

E6——直接用户水表数量（块）；

E9——批量用户水表数量（块）；

E10——注册用户数（户）。

此指标用于特定时期的评估。

(4) Ph13——居民用户水表数（块/居民户）

$$Ph13 = E7/E11$$

评估周期末供水企业单位注册居民用户平均占有的居民用户水表数量

E7——居民用户水表数量（块）；

E11——注册居民户数（户）。

此指标用于特定时期的评估。

8.5.7 自动化及控制

(1) Ph14——自动化程度（%）

$$Ph14 = C16/C15 \times 100\%$$

评估周期末供水企业自动化控制单元占所有控制单的百分比

C15——控制单元数量（个）；

C16——自动控制单元数量（个）。

此指标用于特定时期的评估。

(2) Ph15——远程控制程度（%）

$$Ph15 = C17/C15 \times 100\%$$

评估周期末供水企业远程控制单元占所有控制单的百分比

C15——控制单元数量（个）；

C17——远程控制单元数量（个）。

此指标用于特定时期的评估。

8.6 运行指标

8.6.1 实物资产检查与维修

(1) Op1——水泵检查（—/a）

$$Op1 = (D6 \times 365/H1)/C6$$

(评估周期内供水企业已检查过的水泵功率×365/评估周期)/泵站功率

C6——泵站功率（kW）；

D6——水泵检查（kW）；

H1——评估周期（d）。

建议此指标评估期限不应少于一年，因为时间太短容易导致错误的结论。如果无法避免评估时段少于一年，也要充分考虑其中的干扰因素。如果用于外部比较，必须要避免时间太短。

(2) Op2——储水池清洗（—/a）

$$Op2 = (D7 \times 365/H1)/C2$$

(已清洗的储水池容积×365/评估周期)/产水存储能力

C2——产水存储能力（m^3）；

D7——已清洗的储水池容积（m^3）；

H1——评估周期（d）。

建议此指标评估期限不应少于一年，因为时间太短容易导致错误的结论。年平均值应该根据多年平均计算分析。如果无法避免评估时段少于一年，也要充分考虑其中的干扰因素。如果用于外部比较，必须要避免时间太短。

(3) Op3——管网检查（%/a）

$$Op3 = (D8 \times 365/H1)/C8 \times 100\%$$

（已检查过的管网长度×365/评估周期）/主管长度×100%

C8——主管长度（km）；

D8——管网检查（km）；

H1——评估周期（d）。

建议此指标评估期限不应少于一年，因为时间太短容易导致错误的结论。如果无法避免评估时段少于一年，也要充分考虑其中的干扰因素。如果用于外部比较，必须要避免时间太短。

(4) Op4——漏损控制（%/a）

$$Op4 = (D9 \times 365/H1)/C8 \times 100\%$$

（实施漏损控制的管网长度×365/评估周期）/主管长度×100%

C8——主管长度（km）；

D9——漏损控制（km）；

H1——评估周期（d）。

建议此指标评估期限不应少于一年，因为时间太短容易导致错误的结论。如果无法避免评估时段少于一年，也要充分考虑其中的干扰因素。如果用于外部比较，必须要避免时间太短。

(5) Op5——主动漏点修复［个/（100km·a）］

$$Op5 = (D10 \times 365/H1)/C8 \times 100\%$$

（由主动漏损控制修复的管道漏洞数量×365/评估周期）/主管长度×100

C8——主管长度（km）；

D10——由主动漏损控制修复的管道漏洞（个）；

H1——评估周期（d）。

建议此指标评估期限不应少于一年，因为时间太短容易导致错误的结论。年平均值应该根据多年平均计算分析。如果无法避免评估时段少于一年，也要充分考虑其中的干扰因素。如果用于外部比较，必须要避免时间太短。

(6) Op6——消火栓检查（一/a）
$$Op6 = (D11 \times 365/H1)/C23$$
（已检查过的消火栓次数×365/评估周期）/消火栓数量

C23——消火栓数量（个）；

D11——消火栓检查次数（次）；

H1——评估周期（d）。

建议此指标评估期限不应少于一年，因为时间太短容易导致错误的结论。如果无法避免评估时段少于一年，也要充分考虑其中的干扰因素。如果用于外部比较，必须要避免时间太短。

8.6.2 仪器仪表校准

(1) Op7——流量计校准（一/a）
$$Op7 = (D12 \times 365/H1)/C10$$
（已校准过的流量计次数×365/评估周期）/流量计数量

C10——流量计数量（个）；

D12——流量计校准次数（次）；

H1——评估周期（d）。

建议此指标评估期限不应少于一年，因为时间太短容易导致错误的结论。如果无法避免评估时段少于一年，也要充分考虑其中的干扰因素。如果用于外部比较，必须要避免时间太短。

(2) Op8——流量计更换（一/a）
$$Op8 = (D45 \times 365/H1)/E6$$
（已更换过的水表数量×365/评估周期）/直接用户水表数量

D45——水表更换（块）；

E6——直接用户水表数量（块）；

H1——评估周期（d）。

建议此指标评估期限不应少于一年，因为时间太短容易导致错误的结论。如果无法避免评估时段少于一年，也要充分考虑其中的干扰因素。如果用于外部比较，必须要避免时间太短。

注：通常所谓校准用户水表实际上是用已校准好的水表取代原水表。

(3) Op9——压力表校准（一/a）
$$Op9 = (D13 \times 365/H1)/C12$$
（已校准过的压力表次数×365/评估周期）/压力表数量

C12——压力表数量（个）；

D13——压力表校准次数（次）；

H1——评估周期（d）。

建议此指标评估期限不应少于一年，因为时间太短容易导致错误的结论。如果无法避免评估时段少于一年，也要充分考虑其中的干扰因素。如果用于外部比较，必须要避免时间太短。

(4) Op10——水位计校准（一/a）

$$Op10 = (D14 \times 365/H1)/C13$$

（已校准过的水位计次数×365/评估周期）/水位计数量

C13——水位计数量（个）；

D14——水位计校准次数（次）；

H1——评估周期（d）。

建议此指标评估期限不应少于一年，因为时间太短容易导致错误的结论。如果无法避免评估时段少于一年，也要充分考虑其中的干扰因素。如果用于外部比较，必须要避免时间太短。

(5) Op11——在线水质监测仪表校准（一/a）

$$Op11 = (D15 \times 365/H1)/C14$$

（已校准过的在线水质监测仪表次数×365/评估周期）/在线水质监测仪表数量

C14——在线水质监测仪表数量（个）；

D15——在线水质监测仪表校准次数（次）；

H1——评估周期（d）。

建议此指标评估期限不应少于一年，因为时间太短容易导致错误的结论。如果无法避免评估时段少于一年，也要充分考虑其中的干扰因素。如果用于外部比较，必须要避免时间太短。

8.6.3　电力及信号传输设备检查

(1) Op12——应急电力系统检查（一/a）

$$Op12 = (D16 \times 365/H1)/C18$$

（已检查过的应急供电系统功率×365/评估周期）/应急供电系统功率

C18——应急供电系统功率（kW）；

D16——已检查过的应急供电系统功率（kW）；

H1——评估周期（d）。

建议此指标评估期限不应少于一年，因为时间太短容易导致错误的结论。年平均值应该根据多年平均计算分析。如果无法避免评估时段少于一年，也要充分考虑其中的干扰因素。如果用于外部比较，必须要避免时间太短。

(2) Op13——信号传输设备检查（—/a）
$$Op13 = (D17 \times 365/H1)/C19$$
(已检查过的信号传输设备次数×365/评估周期)/信号传输设备数量

C19——信号传输设备数量（个）；

D17——信号传输设备检查次数（次）；

H1——评估周期（d）。

建议此指标评估期限不应少于一年，因为时间太短容易导致错误的结论。如果无法避免评估时段少于一年，也要充分考虑其中的干扰因素。如果用于外部比较，必须要避免时间太短。

(3) Op14——电力开关设备检查（—/a）
$$Op14 = (D18 \times 365/H1)/C20$$
(已检查过的电力开关次数×365/评估周期)/电力开关数量

C20——电力开关数量（个）；

D18——电力开关检查次数（次）；

H1——评估周期（d）。

建议此指标评估期限不应少于一年，因为时间太短容易导致错误的结论。如果无法避免评估时段少于一年，也要充分考虑其中的干扰因素。如果用于外部比较，必须要避免时间太短。

8.6.4 交通工具使用

Op15——交通工具利用率（辆/100km）
$$Op15 = D19/C8 \times 100$$
评估周期末供水企业每100km干管长度需要的交通工具数量

C8——干管长度（km）；

D19——常备车辆（辆）。

建议此指标评估期限不应少于一年，因为时间太短容易导致错误的结论。如果无法避免评估时段少于一年，也要充分考虑其中的干扰因素。如果用于外部比较，必须要避免时间太短。重型机械设备不包括在内。

8.6.5 主管、阀门及服务连接点的修复、更新

(1) Op16——主管修复率（%/a）
$$Op16 = (D20 \times 365/H1)/C8 \times 100 \text{ 或 } Op16 = Op17 + Op18$$
评估周期内供水企业已经修复的主管网管道长度占系统主管总长度的百分比

C_8——主管长度（km）；

D_{20}——主管网修复长度（km）；

H_1——评估周期（d）。

建议此指标评估期限不应少于一年，因为时间太短容易导致错误的结论。年平均值应该根据多年平均计算分析。如果无法避免评估时段少于一年，也要充分考虑其中的干扰因素。如果用于外部比较，必须要避免时间太短。

(2) $Op17$——主管更换率（%/a）

$$Op17 = (D_{21} \times 365 / H_1) / C_8 \times 100$$

（主管网更换长度×365/评估周期）/主管长度×100

C_8——主管长度（km）；

D_{21}——主管网更换长度（km）；

H_1——评估周期（d）。

建议此指标评估期限不应少于一年，因为时间太短容易导致错误的结论。年平均值应该根据多年平均计算分析。如果无法避免评估时段少于一年，也要充分考虑其中的干扰因素。如果用于外部比较，必须要避免时间太短。

(3) $Op18$——主管更新率（%/a）

$$Op18 = (D_{22} \times 365 / H_1) / C_8 \times 100$$

（主管网更新长度×365/评估周期）/主管长度×100

C_8——主管长度（km）；

D_{22}——主管网更新长度（km）；

H_1——评估周期（d）。

建议此指标评估期限不应少于一年，因为时间太短容易导致错误的结论。年平均值应该根据多年平均计算分析。如果无法避免评估时段少于一年，也要充分考虑其中的干扰因素。如果用于外部比较，必须要避免时间太短。

(4) $Op19$——阀门更换率（%/a）

$$Op19 = (D_{23} \times 365 / H_1) / C_{21} \times 100$$

（阀门更换数量×365/评估周期）/主管阀门数量×100

C_{21}——主管阀门数量（个）；

D_{23}——阀门更换数量（个）；

H_1——评估周期（d）。

建议此指标评估期限不应少于一年，因为时间太短容易导致错误的结论。年平均值应该根据多年平均计算分析。如果无法避免评估时段少于一年，也要充分考虑其中的干扰因素。如果用于外部比较，必须要避免时间太短。

(5) Op20——连接点更新率（%/a）

$$Op20 = (D24 \times 365/H1)/C24 \times 100\%$$

（用户服务端恢复个数×365/评估周期）/用户服务连接点数量×100%

C24——用户服务连接点数量（个）；

D24——用户服务端恢复个数（个）；

H1——评估周期（d）。

建议此指标评估期限不应少于一年，因为时间太短容易导致错误的结论。年平均值应该根据多年平均计算分析。如果无法避免评估时段少于一年，也要充分考虑其中的干扰因素。如果用于外部比较，必须要避免时间太短。

8.6.6 水泵修复

(1) Op21——水泵修复率（%/a）

$$Op21 = (D25 \times 365/H1)/C6 \times 100\%$$

（大修过的水泵功率×365/评估周期）/泵站功率×100%

C6——泵站功率（kW）；

D25——大修过的水泵功率（kW）；

H1——评估周期（d）。

建议此指标评估期限不应少于一年，因为时间太短容易导致错误的结论。年平均值应该根据多年平均计算分析。如果无法避免评估时段少于一年，也要充分考虑其中的干扰因素。如果用于外部比较，必须要避免时间太短。这里的大修也包括对水泵部分零件的更换。

(2) Op22——水泵更换率（%/a）

$$Op22 = (D26 \times 365/H1)/C6 \times 100\%$$

（更换过的水泵功率×365/评估周期）/泵站功率×100%

C6——泵站功率（kW）；

D26——更换过的水泵功率（kW）；

H1——评估周期（d）。

建议此指标评估期限不应少于一年，因为时间太短容易导致错误的结论。年平均值应该根据多年平均计算分析。如果无法避免评估时段少于一年，也要充分考虑其中的干扰因素。如果用于外部比较，必须要避免时间太短。这里的水泵更换特指将泵体与电机的全部替换。

8.6.7 水量漏损

(1) Op23——单位连接点漏失量 [m^3/（连接点·a）]

$$Op23 = (A15 \times 365/H1)/C24$$

（漏损水量×365/评估周期）/用户服务连接点数量

A15——漏损水量（m^3）；

C24——用户服务连接点数量（d）；

H1——评估周期（d）。

Op23、Op24 可以根据情况有选择采用，Op23 应用于连接点密度大于 20 个/km 干管的情况（如集中供水系统）。

建议此指标评估期限不应少于一年，因为时间太短容易导致错误的结论。如果无法避免评估时段少于一年，也要充分考虑其中的干扰因素。如果用于外部比较，必须要避免时间太短。

（2）Op24——单位干管漏失量 [m^3/（km·a）]

$$Op24 = (A15/H1)/C8$$

（漏失水量×365/评估周期）/主管长度

A15——漏失水量（m^3）；

C8——主管长度（km）；

H1——评估周期（d）。

Op23、Op24 可以根据情况有选择采用，Op24 应用于连接点密度小于 20 个/km 干管的情况。

建议此指标评估期限不应少于一年，因为时间太短容易导致错误的结论。如果无法避免评估时段少于一年，也要充分考虑其中的干扰因素。如果用于外部比较，必须要避免时间太短。

（3）Op25——管理漏失率（%）

$$Op25 = A18/(A3 - A5 - A7) \times 100\%$$

管理漏失量/（系统进水量－原水转供水量－产水转供水量）×100%

A18——管理漏失量（m^3）；

A3——系统进水量（m^3）；

A5——原水转供水量（m^3）；

A7——产水转供水量（m^3）。

Op25、Op26 可以根据情况有选择采用，Op25 主要应用分配管网系统，Op26 主要应用集中大量供水系统。

建议此指标评估期限不应少于一年，因为时间太短容易导致错误的结论。如果无法避免评估时段少于一年，也要充分考虑其中的干扰因素。如果用于外部比较，必须要避免时间太短。

（4）Op26——管理漏失量占系统进水量比率（%）

$$Op26 = A18/A3 \times 100\%$$

评估周期内供水系统管理漏失量占系统进水量的百分比

A18——管理漏失量（m^3）；

A3——系统进水量（m^3）。

Op25、Op26 可以根据情况有选择采用，Op25 主要应用分配管网系统，Op26 主要应用集中大量供水系统。

建议此指标评估期限不应少于一年，因为时间太短容易导致错误的结论。如果无法避免评估时段少于一年，也要充分考虑其中的干扰因素。如果用于外部比较，必须要避免时间太短。

（5）Op27——单位连接点物理漏失量 [L/（连接点·d）]

$$Op27 = A19 \times 1000/(C24 \times H2/24)$$

物理漏失水量×1000/（用户服务连接点数量×加压时间/24）

A19——物理漏失水量（m^3）；

C24——用户服务连接点数量（个）；

H2——加压时间（h）。

Op27、Op28 可以根据情况选择采用，Op28 应用于连接点密度小于 20 个/km 干管的情况。

建议此指标评估期限不应少于一年，因为时间太短容易导致错误的结论。如果无法避免评估时段少于一年，也要充分考虑其中的干扰因素。如果用于外部比较，必须要避免时间太短。

（6）Op28——单位干管物理漏失量 [L/（km·d）]

$$Op28 = A19 \times 1000/(C8 \times H2/24)$$

物理漏失水量×1000/（主管长度×加压时间/24）

A19——物理漏失水量（m^3）；

C8——主管长度（km）；

H2——加压时间（h）。

Op27、Op28 可以根据情况有选择采用，Op28 应用于连接点密度小于 20 个/km 干管的情况。

建议此指标评估期限不应少于一年，因为时间太短容易导致错误的结论。如果无法避免评估时段少于一年，也要充分考虑其中的干扰因素。如果用于外部比较，必须要避免时间太短。

（7）Op29——基础设施漏失指数

$$Op29 = Op27/(18 \times C8/C24 + 0.8 + 0.025 \times C25)/(D34/10)$$

单位连接点物理漏失量/（18×主管长度/服务连接点数量+0.8+0.025×平

均服务连接端长度)/(平均运行水压/10)

C8——主管长度(km);

C24——服务连接点数量(个);

C25——平均服务连接端长度(m);

D34——平均运行水压(kPa)。

建议此指标评估期限不应少于一年,因为时间太短容易导致错误的结论。如果无法避免评估时段少于一年,也要充分考虑其中的干扰因素。如果用于外部比较,必须要避免时间太短。

此指标并不完全适合列在Ⅰ-2.2绩效指标之中,因为国际水协水漏失小组的极力推荐,所以也把它放在内了。

UARL的意思是无法避免的平均物理漏失量,它是现有技术手段能达到的最低物理漏失水量,国际水协水漏失小组给出了它的计算公式。

$$UARL \ [L/(连接点 \cdot d)] = (18 \times Lm/Nc + 0.8 + 0.025 \times Lp) \ P$$

公式组成如下:

干管:1.8L/(km 干管·d·每米水压)

加上,连接点到物业小区:0.8L/(连接点·d·每米水压)

再加上,物业小区到用户水表:25L/(km·d·每米水压)

根据国际上调查研究得出来的经验,此公式中的变量是:

C8——主管长度(km);

C24——用户服务连接点数量(个);

C25——平均服务连接端长度(m);

D34——平均运行水压(kPa)。

管理得好构筑物漏失指数较低——接近1;管理不好指数就要高一些。

8.6.8 故障

(1) Op30——水泵故障[d/(台·a)]

$$Op30 = (D27 \times 365/H1)/C4$$

(水泵故障天数×365/评估周期)/水泵数量

C4——水泵数量(台);

D27——水泵故障天数(d);

H1——评估周期(d)。

建议此指标评估期限不应少于一年,因为时间太短容易导致错误的结论。如果无法避免评估时段少于一年,也要充分考虑其中的干扰因素。如果用于外部比较,必须要避免时间太短。

(2) Op31——主管故障[次/(100km·a)]
$$Op31 = (D28 \times 365/H1)/C8 \times 100$$
(主管网故障×365/评估周期)/主管长度×100

C8——主管长度（km）；

D28——主管网故障（次）；

H1——评估周期（d）。

建议此指标评估期限不应少于一年，因为时间太短容易导致错误的结论。如果无法避免评估时段少于一年，也要充分考虑其中的干扰因素。如果用于外部比较，必须要避免时间太短。如果是主动修漏，那么此种情况不作为故障计算。

(3) Op32——连接点故障[次/(1000连接点·a)]
$$Op32 = (D29 \times 365/H1)/C24 \times 1000$$
(用户服务端故障×365/评估周期)/用户服务连接点数量×1000

C24——用户服务连接点数量（个）；

D29——用户服务端故障（次）；

H1——评估周期（d）。

建议此指标评估期限不应少于一年，因为时间太短容易导致错误的结论。如果无法避免评估时段少于一年，也要充分考虑其中的干扰因素。如果用于外部比较，必须要避免时间太短。如果是主动修漏，那么此种情况不作为故障计算。

(4) Op33——消火栓故障（次/1000个/a）
$$Op33 = (D30 \times 365/H1)/C23 \times 1000$$
(消火栓故障×365/评估周期)/消火栓数量×1000

C23——消火栓数量（个）；

D30——消火栓故障（次）；

H1——评估周期（d）。

建议此指标评估期限不应少于一年，因为时间太短容易导致错误的结论。如果无法避免评估时段少于一年，也要充分考虑其中的干扰因素。如果用于外部比较，必须要避免时间太短。如果是主动修漏，那么此种情况不作为故障计算。

(5) Op34——电力故障（h/泵站/a）
$$Op34 = (D31 \times 365/H1)/C5$$
(电力故障×365/评估周期)/泵站数量

C5——泵站数量（座）；

D31——电力故障（h）；

H1——评估周期（d）。

建议此指标评估期限不应少于一年，因为时间太短容易导致错误的结论。如果无法避免评估时段少于一年，也要充分考虑其中的干扰因素。如果用于外部比较，必须要避免时间太短。此指标评估的是泵站因电力故障而发生的供水服务中断时间，正常或备用电源故障不包括在内。这意味着当泵站因备用电源的问题而出现的故障不能作为电力故障。此指标主要用于评价供水服务的绩效而不是供电服务的绩效。

（6）Op35——供水点故障［次/（供水点·a）］

$$Op35 = (D32 \times 365/H1)/F6$$

（供水点故障×365/评估周期）/供水点数量

D32——供水点故障（次）；

F6——供水点数量（个）；

H1——评估周期（d）。

建议此指标评估期限不应少于一年，因为时间太短容易导致错误的结论。如果无法避免评估时段少于一年，也要充分考虑其中的干扰因素。如果用于外部比较，必须要避免时间太短。此指标对于发展中的国家或地区比较重要。供水点是指公共水龙头或立管。不管是何原因（管道、水源还是龙头），只要供水中断都应包括在内。

8.6.9 水表计量

（1）Op36——用户水表读表率

$$Op36 = (D42 \times 365/H1)/(E7 \times D39 + E8 \times D40 + E9 \times D41)$$

（评估周期有效抄表次数×365/评估周期）/（居民用户水表数量×居民用户水表抄表频率+工业用户水表数量×工业用户水表抄表频率+批量用水用户水表数量×批量用水用户水表抄表频率）

D39——居民用水表抄表频率（次/水表数量/年）；

D40——工业用水表抄表频率（次/水表数量/年）；

D41——批量用水用户水表抄表频率（次/表/年）；

D42——用户表读取次数（次）；

E7——居民用户水表数量（个）；

E8——工业用户水表数量（个）；

E9——批量用户水表数量（个）；

H1——评估周期（d）。

Op36、Op37可以根据情况有选择地采用。建议此指标评估期限不应少于一年，因为时间太短容易导致错误的结论。如果无法避免评估时段少于一年，也要充分考虑其中的干扰因素。如果用于外部比较，必须要避免时间太短。此指标表明有效抄表次数所占的百分比。如果还有其他用户类型，相应的作出调整后使用。

(2) Op37——居民用户水表读表率

$$Op37 = (D43 \times 365/H1) / (E7 \times D39)$$

(有效居民用户水表抄表次数×365/评估周期) / (居民用户水表数量×居民用户水表抄表频率)

D39——居民用水表抄表频率（次/水表数量/年）；

D43——居民用户水表读取次数（次）；

E7——居民用户水表数量（个）；

H1——评估周期（d）。

Op36、Op37可以根据情况有选择地采用。建议此指标评估期限不应少于一年，因为时间太短容易导致错误的结论。如果无法避免评估时段少于一年，也要充分考虑其中的干扰因素。如果用于外部比较，必须要避免时间太短。此指标表明有效抄表次数所占的百分比，仅仅使用于当Op36无法计算时的情况。

(3) Op38——运行水表比率（%）

$$Op38 = D44/E6 \times 100\%$$

(在评估周期运行水表的数量/直接用户水表数量×100%)

D44——运行的水表（个）；

E6——直接用户水表数量（个）。

建议此指标评估期限不应少于一年，因为时间太短容易导致错误的结论。用于内、外部比较时，也要充分考虑其中的干扰因素。此指标对于发展中国家来说特别重要，它表明有多少水表没有正常运转。

(4) Op39——未计量水量比率（%）

$$Op39 = (A3 - A8 - A11) / A3 \times 100\%$$

(系统进水量－计量水量)/评估周期内系统进水量×100%

A3——系统进水量（m^3）；

A8——计费且计量用水量（m^3）；

A11——未计费计量用水量（m^3）。

建议此指标评估期限不应少于一年，因为时间太短容易导致错误的结论。如果无法避免评估时段少于一年，也要充分考虑其中的干扰因素。用于外部比较，必须要避免时间太短。不管是否付费，只要是计量过的水量都包括在内。建议此指标仅仅作为年度考核指标。

8.6.10 水质检测

(1) Op40——检测率（%）

$$Op40 = D46/D57 \times 100\%$$

按规定进行的产水水质检测次数/规定水质检测次数×100%

D46——按规定进行的产水水质检测次数（次）；

D57——规定水质检测次数（次）。

建议此指标评估期限不应少于一年。用于内、外部比较时，要充分考虑其中的干扰因素。

（2）Op41——感官性状检测率（%）

$$Op41 = D47/D58 \times 100\%$$

按规定进行的产水感官检测次数/规定感官检测次数×100%

D47——按规定进行的产水感官检测次数（次）；

D58——规定感官检测次数（次）。

建议此指标评估期限不应少于一年。用于内、外部比较时，要充分考虑其中的干扰因素。

（3）Op42——微生物指标检测率（%）

$$Op42 = D48/D59 \times 100\%$$

按规定进行的产水微生物检测次数/规定微生物检测次数×100%

D48——按规定进行的产水微生物检测次数（次）；

D59——规定微生物检测次数（次）。

建议此指标评估期限不应少于一年。用于内、外部比较时，要充分考虑其中的干扰因素。

（4）Op43——物理化学指标检测率（%）

$$Op43 = D49/D60 \times 100\%$$

按规定进行的产水物理化学检测次数/规定物理化学检测次数×100%

D49——按规定进行的产水物理化学检测次数（次）；

D60——规定物理化学检测次数（次）。

建议此指标评估期限不应少于一年。用于内、外部比较时，要充分考虑其中的干扰因素。

（5）Op44——放射性指标检测率（%）

$$Op44 = D50/D61 \times 100\%$$

按规定进行的产水放射性检测次数/规定放射性检测次数×100%

D50——按规定进行的产水放射性检测次数（次）；

D61——规定放射性检测次数（次）。

建议此指标评估期限不应少于一年。用于内、外部比较时，要充分考虑其中的干扰因素。

8.7 服务质量指标

8.7.1 服务覆盖面积

(1) QS1——居民与商业用户覆盖率（%）
$$QS1 = E1/E3 \times 100\%$$
已供水的家庭用户和商业用户数量/家庭用户和商业用户数量×100%

E1——已供水的家庭用户和商业用户数量（户）;

E3——家庭用户和商业用户数量（户）。

指标 QS1、QS2、QS3 可以根据情况选择采用。QS1 指标特别适合于每幢房子的用户都已登记及商业户居民户数量已准确统计的情形。此时，QS1 比 QS3（目前使用很频繁）更加可靠合理。

(2) QS2——建筑物服务覆盖率（%）
$$QS2 = E2/E4 \times 100\%$$
已供水的建筑物数量/建筑物数量×100%

E2——已供水的建筑物数量（座）;

E4——建筑物数量（座）。

指标 QS1、QS2、QS3 可以根据情况选择采用使用。此指标用于特定时期的评估。在 QS1 无法使用时，QS2 是评估供水服务区域最有效的指标，尤其是在供水依赖季节性因素的地区。

(3) QS3——服务人口覆盖率（%）
$$QS3 = F1/E5 \times 100\%$$
供水人口/居民人口数×100%

E5——居民人口数（人）;

F1——供水人口（人）。

指标 QS1、QS2、QS3 可以根据情况选择使用。此指标用于特定时期的评估。QS3 是目前评估供水区域使用最广泛的指标。然而，当大多数数据如服务人口等无法准确统计时，它仅仅是在 QS1、QS2 无法采用时才使用。

(4) QS4——直供人口覆盖率（%）
$$QS4 = F2/E5 \times 100\%$$
直供人口/居民人口数×100%

E5——居民人口数（人）;

F2——直供人口（人）。

此指标用于特定时期的评估。仅对发展中国家适用，因其主要依赖公共水龙头用水。

(5) QS5——公共水龙头或水塔取水人口覆盖率（%）

$$QS5 = F3/E5 \times 100\%$$

公共水龙头和水塔方式供水人口/居民人口数×100%

E5——居民人口数（人）；

F3——公共水龙头和水塔方式供水人口（人）。

此指标用于特定时期的评估。此指标仅对发展中国家适用，因为那儿人们主要依赖公共水龙头用水。

8.7.2 公共水龙头用户

(1) QS6——正常运行的供水点（%）

$$QS6 = F7/F6 \times 100\%$$

使用的供水点数量/供水点数量×100%

F6——供水点数量（个）；

F7——使用的供水点数量（个）。

此指标仅用于特定时期的评估。所谓供水点是指有一个或多个公共水龙头的用水点。如果因设备故障（水龙头损坏等）导致无法供水，那么就可以认为供水点中断了服务。此指标对于发展中国家的农村及城郊来说很重要。

(2) QS7——供水点到住户的平均距离（m）

$$QS7 = F4/F6$$

供水点与家庭用户的距离之和/供水点数量

F4——供水点与家庭用户的距离（m）；

F6——供水点数量（个）。

此指标仅用于特定时期的评估。所谓供水点是指有一个或多个公共水龙头的用水点。此指标仅对那些用水主要依赖公共水龙头的发展中国家来说很重要。

(3) QS8——公共水龙头或水塔供水人均用水量 [L/（人·d）]

$$QS8 = F5 \times 1000/F3/H1$$

公共水龙头或水塔用水量×1000/公共水龙头和水塔方式供水人口/评估周期

F3——公共水龙头和水塔方式供水人口（人）；

F5——公共水龙头或水塔用水量（m^3）；

H1——评估周期（d）。

建议此指标评估期限不应少于一年，因为时间太短容易导致错误的结论。如果无法避免评估时段少于一年，也要充分考虑其中的干扰因素。如果用于外部比较，必须要避免时间太短。此指标仅对那些用水主要依赖公共水龙头的发展中国家来说很重要。在某些情况下此指标的评价还需要建立在估算的基础上。

（4）QS9——每个公共水龙头平均服务人口（人/个）
$$QS9=F3/F8$$
公共水龙头和水塔方式供水人口/公共水龙头和水塔数量

F3——公共水龙头和水塔方式供水人口（人）；

F8——公共水龙头和水塔数量（个）。

此指标仅用于特定时期的评估。此指标仅对那些用水主要依赖公共水龙头的发展中国家来说很重要。

8.7.3 供水压力与供水连续性

（1）QS10——水压保障率（%）
$$QS10=D33/C24\times100\%$$
水压足够的输水点个数/用户服务连接点数量×100%

C24——用户服务连接点数量（个）；

D33——水压足够的输水点数量（个）。

QS10、QS11 可以根据情况有选择地采用，QS11 应用于连接点密度小于 20 个/km 干管的情况。

建议此指标评估期限不应少于一年，因为时间太短容易导致错误的结论。如果无法避免评估时段少于一年，也要充分考虑其中的干扰因素。如果用于外部比较，必须要避免时间太短。

（2）QS11——批量供水保证率（%）
$$QS11=D33/E9\times100\%$$
水压足够的输水点个数/批量用户水表数量×100%

D33——水压足够的输水点数量（个）；

E9——批量用户水表数量（块）。

QS10、QS11 可以根据情况有选择采用，QS11 应用于连接点密度小于 20 个/km 干管的情况。

建议此指标评估期限不应少于一年，因为时间太短容易导致错误的结论。如果无法避免评估时段少于一年，也要充分考虑其中的干扰因素。如果用于外部比较，必须要避免时间太短。在自来水公司与用水大户的供水水协议中已经明确约定了如流量、总供水量、压力等指标值。使用此指标须假定每个用水点都已装上了水表。如果情况不是这样，那么使用者须创造一个新的变量—用水点数量。

(3) QS12——供水连续性（%）
$$QS12 = H2/24/H1 \times 100\%$$
加压时间/24/评估周期×100%

H1——评估周期（d）；

H2——加压时间（h）。

建议此指标评估期限不应少于一年，因为时间太短容易导致错误的结论。如果无法避免评估时段少于一年，也要充分考虑其中的干扰因素。如果用于外部比较，必须要避免时间太短。此指标对于间断供水系统有用。计算此指标时，不能把因为系统故障或者改造工程导致的停水时间计算在内。如果存在不同的供水分系统，那么此指标须针对每个分系统作出评估，并且最后的总结果是一个加权平均值，每个分系统上的用水点数量是权重。

(4) QS13——供水中断率（%）
$$QS13 = D35 / (F1 \times 24 \times H1) \times 100\%$$
供水中断/（供水人口×24×评估周期）×100%

D35——供水中断（人×h）；

F1——供水人口（人）；

H1——评估周期（d）。

QS13、QS14、QS15可以根据情况选择采用，但是前者需要更多的信息而且更复杂。QS14应用于连接点密度大于20个/km干管（城市供水管网系统）的情况。QS15应用于连接点密度小于20个/km干管（郊区或集中供水管网系统）的情况。

建议此指标评估期限不应少于一年，因为时间太短容易导致错误的结论。如果无法避免评估时段少于一年，也要充分考虑其中的干扰因素。如果用于外部比较，必须要避免时间太短。因为，对于许多供水系统来说，目前此指标所需要的资料收集起来既不可靠也不易行，建议使用QS14、QS15代替。

(5) QS14——单位连接点供水中断次数［次/（1000连接点•a）］
$$QS14 = (D36 \times 365/H1) /C24 \times 1000$$
（供水服务中断次数×365/评估周期）/用户服务连接点数量×1000

C24——用户服务连接点数量（个）；

D36——供水服务中断次数（次）；

H1——评估周期（d）。

QS13、QS14、QS15可以根据情况选择采用，但是前者需要更多的信息而且更复杂。QS14应用于连接点密度大于20个/km干管（城市供水管网系统）的情况。QS15应用于连接点密度小于20个/km干管（郊区或集中供水管网系统）

的情况。

建议此指标评估期限不应少于一年,因为时间太短容易导致错误的结论。如果无法避免评估时段少于一年,也要充分考虑其中的干扰因素。如果用于外部比较,必须要避免时间太短。

此指标仅仅用于当指标 QS13 无法计算时的情况。

(6) QS15——批量供水中断率[次/(供水点·a)]
$$QS15=(D36×365/H1)/E9$$
(供水服务中断次数×365/评估周期)/批量用户水表数量

D36——供水服务中断次数(次);

E9——批量用户水表数量(块);

H1——评估周期(d)。

QS13、QS14、QS15 可以根据情况选择采用,但是前者需要更多的信息而且更复杂。QS14 应用于连接点密度大于 20 个/km 干管(城市供水管网系统)的情况。QS15 应用于连接点密度小于 20 个/km 干管(郊区或集中供水管网系统)的情况。

建议此指标评估期限不应少于一年,因为时间太短容易导致错误的结论。如果无法避免评估时段少于一年,也要充分考虑其中的干扰因素。如果用于外部比较,必须要避免时间太短。此指标假定每个供水点都装上水表并可靠计量。如果实际情况并非如此,那么使用者就需要增加一个新变量——供水点数量。

此指标仅仅用于当指标 QS13 无法计算时的情况。

(7) QS16——受供水限制人口比率(%)
$$QS16=D37/(F1×24×H1)×100\%$$
供水受限制/(供水人口×24×评估周期)×100%

D37——供水限制时间(人数×h);

F1——供水人口(人);

H1——评估周期(d)。

QS15、QS16 可以根据情况选择采用。

建议此指标评估期限不应少于一年,因为时间太短容易导致错误的结论。如果无法避免评估时段少于一年,也要充分考虑其中的干扰因素。如果用于外部比较,必须要避免时间太短。

(8) QS17——供水受限制比率(%)
$$QS17=D38/H1×100\%$$
供水服务受限制天数/评估期限×100%

D38——供水服务受限制天数(d);

H1——评估周期（d）。

建议此指标评估期限不应少于一年，因为时间太短容易导致错误的结论。年平均值应该根据多年平均计算分析。如果无法避免评估时段少于一年，也要充分考虑其中的干扰因素。如果用于外部比较，必须要避免时间太短。此指标仅仅用于当 QS16 无法计算时的情况。

8.7.4 供水水质

(1) QS18——供水水质合格率（%）

$$QS18 = (D62+D63+D64+D65)/D51 \times 100\%$$

（符合规定的产水感观检测合格次数＋符合规定的产水微生物检测合格次数＋符合规定的产水物理化学检测合格次数＋符合规定的产水放射性检测合格次数）/产水水质检测次数×100%

D51——产水水质检测次数（次）；

D62——符合规定的产水感官检测合格次数（次）；

D63——符合规定的产水微生物检测合格次数（次）；

D64——符合规定的产水物理化学检测合格次数（次）；

D65——符合规定的产水放射性检测合格次数（次）。

此指标评估期限不应少于一年，当它用于内外部比较时要特别注意结果中的干扰因素。

(2) QS19——感官性状检测合格率（%）

$$QS19 = D62/D53 \times 100\%$$

符合规定的产水感观检测合格次数/产水感观检测次数×100%

D53——产水感官检测合格次数（次）；

D62——符合规定的产水感官检测合格次数（次）。

此指标评估期限不应少于一年，当它用于内外部比较时要特别注意结果中的干扰因素。

(3) QS20——微生物检测合格率（%）

$$QS20 = D63/D54 \times 100\%$$

符合规定的产水微生物检测合格次数/产水微生物检测次数×100%

D54——产水微生物检测次数（次）；

D63——符合规定的产水微生物检测合格次数（次）。

此指标评估期限不应少于一年，当它用于内外部比较时要特别注意结果中的干扰因素。

(4) QS21——物理化学检测合格率（%）

$$QS21 = D64/D55 \times 100\%$$

符合规定的产水物理化学检测合格次数/产水物理化学检测次数×100%

D55——产水物理化学检测次数（次）；

D64——符合规定的产水物理化学检测合格次数（次）。

此指标评估期限不应少于一年，当它用于内外部比较时要特别注意结果中的干扰因素。

(5) QS22——放射性检测合格率（%）

$$QS22 = D65/D56 \times 100\%$$

符合规定的产水放射性检测合格次数/产水放射性检测次数×100%

D56——产水放射性检测次数（次）；

D65——符合规定的产水放射性检测合格次数（次）。

此指标评估期限不应少于一年，当它用于内外部比较时要特别注意结果中的干扰因素。

8.7.5 服务连接点和水表安装、修复

(1) QS23——新安装连接点时间（d）

$$QS23 = F9/F10$$

新安装连接点时间/新安装连接点数量

F9——新安装连接点时间（d）；

F10——新安装连接点数量（个）。

建议此指标评估期限不应少于一年，因为时间太短容易导致错误的结论。如果无法避免评估时段少于一年，要充分考虑其中的干扰因素。如果用于外部比较，必须要避免时间太短。当服务连接点已经存在时，这一指标就体现了一个新的合约。

(2) QS24——用户装表时间（d）

$$QS24 = F11/F12$$

新客户水表安装时间/新客户水表安装数量

F11——新客户水表安装时间（d）；

F12——新客户水表安装数量（块）。

建议此指标评估期限不应少于一年，因为时间太短容易导致错误的结论。如果无法避免评估时段少于一年，要充分考虑其中的干扰因素。如果用于外部比较，必须要避免时间太短。此指标专门用于在现有服务连接管道上新安装新水表的情况。

(3) QS25——连接点修复时间（d）

$$QS25 = F13/F14$$

连接点维修时间/连接点修复数量

F13——连接点维修时间（d）；

F14——连接点修复数量（个）。

建议此指标评估期限不应少于一年，因为时间太短容易导致错误的结论。如果无法避免评估时段少于一年，要充分考虑其中的干扰因素。如果用于外部比较，必须要避免时间太短。

8.7.6 客户投诉

(1) QS26——单位连接点平均投诉次数［次/（1000 连接点·a)］

$$QS26 = (F15 \times 365/H1)/C24 \times 1000$$

(服务投诉次数×365/评估周期)/用户服务连接点数量×1000

C24——用户服务连接点数量（个）；

F15——服务投诉次数（次）；

H1——评估周期（d）。

QS26、QS27 可以根据情况有选择采用，QS27 应用于连接点密度小于 20 个/km 干管的情况。

建议此指标评估期限不应少于一年，因为时间太短容易导致错误的结论。如果用于内、外部比较，要充分考虑其中的干扰因素。

(2) QS27——单位客户的投诉次数［次/（户·a)］

$$QS27 = (F15 \times 365/H1)/E10$$

(服务投诉次数×365/评估周期)/注册用户数

E10——注册用户数（户）；

F15——服务投诉次数（次）；

H1——评估周期（d）。

QS26、QS27 可以根据情况选择采用，QS27 应用于连接点密度小于 20 个/km 干管的情况。

建议此指标评估期限不应少于一年，因为时间太短容易导致错误的结论。如果用于内、外部比较，要充分考虑其中的干扰因素。

(3) QS28——水压投诉率（%）

$$QS28 = F16/F15 \times 100\%$$

水压投诉次数/服务投诉次数×100%

F15——服务投诉次数（次）；

F16——水压投诉次数（次）。

建议此指标评估期限不应少于一年，因为时间太短容易导致错误的结论。如果用于内、外部比较，要充分考虑其中的干扰因素。

(4) QS29——供水连续性投诉率（%）
$$QS29 = F17/F15 \times 100\%$$
供水连续性投诉次数/服务投诉次数×100%

F15——服务投诉次数（次）；

F17——供水连续性投诉次数（次）。

建议此指标评估期限不应少于一年，因为时间太短容易导致错误的结论。如果用于内、外部比较，要充分考虑其中的干扰因素。此指标用于因水量不足、源水水质、供水能力、改造工程等原因导致的较长时间供水不足或者受限制时的情况。

(5) QS30——水质投诉率（%）
$$QS30 = F18/F15 \times 100\%$$
水质投诉次数/服务投诉次数×100%

F15——服务投诉次数（次）；

F18——水质投诉次数（次）。

建议此指标评估期限不应少于一年，因为时间太短容易导致错误的结论。如果用于内、外部比较，要充分考虑其中的干扰因素。

(6) QS31——供水中断投诉率（%）
$$QS31 = F19/F15 \times 100\%$$
供水间断投诉次数/服务投诉次数×100%

F15——服务投诉次数（次）；

F19——供水间断投诉次数（次）。

建议此指标评估期限不应少于一年，因为时间太短容易导致错误的结论。如果用于内、外部比较，要充分考虑其中的干扰因素。此指标关系到由于系统事故或维修工作引起的短期供水中断。

(7) QS32——账单投诉与咨询［次/（用户·a）］
$$QS32 = (F20 \times 365/H1)/E10$$
（付费投诉及咨询次数×365/评估周期）/注册用户数

E10——注册用户数（户）；

F20——付费投诉及咨询次数（次）；

H1——评估周期（d）。

(8) QS33——其他投诉与咨询［次/（用户·a）］
$$QS33 = (F21 \times 365/H1)/E10$$

（其他投诉及咨询次数×365/评估周期）/注册用户数

E10——注册用户数（户）；

F21——其他投诉及咨询次数（次）；

H1——评估周期（d）。

建议此指标评估期限不应少于一年，因为时间太短容易导致错误的结论。如果用于内、外部比较，要充分考虑其中的干扰因素。

（9）QS34——对书面投诉的回复（％）

$$QS34 = F22/F23 \times 100\%$$

书面回复次数/书面投诉次数×100％

F22——书面回复次数（次）；

F23——书面投诉次数（次）。

建议此指标评估期限不应少于一年，因为时间太短容易导致错误的结论。如果用于内、外部比较，要充分考虑其中的干扰因素。当存在一个承诺标准时，此指标特别适用。

8.8 经济与财务指标

8.8.1 收入

（1）Fi1——单位水量收入（欧元/m^3）

$$Fi1 = (G2 - G35)/A14$$

（营业收入－自建资产的资本成本）/售水量

A14——售水量（m^3）；

G2——营业收入（欧元）；

G35——自建资产的资本成本（欧元）。

请注意 G2－G35＝G1（总收入）。建议此指标评估期限不应少于一年，因为时间太短容易导致错误的结论。如果无法避免评估时段少于一年，也要充分考虑其中的干扰因素。如果用于外部比较，必须要避免时间太短。请见本书Ⅱ－7.3部分表 7-9、表 7-10 中的定义。

（2）Fi2——销售收入（％）

$$Fi2 = G3/G1 \times 100\%$$

销售水的收入/总收入×100％

G1——总收入（欧元）；

G3——销售水的收入（欧元）。

建议此指标评估期限不应少于一年，因为时间太短容易导致错误的结论。如果无法避免评估时段少于一年，要充分考虑其中的干扰因素。如果用于外部比较，必须要避免时间太短。请见本书Ⅱ－7.3部分表7-9、表7-10中的定义。

(3) Fi3——其他收入（%）

$$Fi3 = (G1-G3)/G1 \times 100\%$$

（总收入－销售水的收入）/总收入×100%

G1——总收入（欧元）；

G3——销售水的收入（欧元）。

建议此指标评估期限不应少于一年，因为时间太短容易导致错误的结论。如果无法避免评估时段少于一年，也要充分考虑其中的干扰因素。如果用于外部比较，必须要避免时间太短。请见本书Ⅱ－7.3部分表7-9、表7-10中的定义。

8.8.2 成本

(1) Fi4——单位水量成本（欧元/m³）

$$Fi4 = G4/A14$$

总成本/售水量

A14——售水量（m³）；

G4——总成本（欧元）。

建议此指标评估期限不应少于一年，因为时间太短容易导致错误的结论。如果无法避免评估时段少于一年，也要充分考虑其中的干扰因素。如果用于外部比较，必须要避免时间太短。请见本书Ⅱ－7.3部分表7-9、表7-10中的定义。

(2) Fi5——单位运营成本（欧元/m³）

$$Fi5 = G5/A14$$

运营成本/售水量

A14——售水量（m³）；

G5——运营成本（欧元）。

建议此指标评估期限不应少于一年，因为时间太短容易导致错误的结论。如果无法避免评估时段少于一年，也要充分考虑其中的干扰因素。如果用于外部比较，必须要避免时间太短。请见本书Ⅱ－7.3部分表7-9、表7-10中的定义。

(3) Fi6——单位资本成本（欧元/m³）

$$Fi6 = G6/A14$$

固定资产支出/售水量

A14——售水量（m³）；

G6——资本成本（欧元）。

建议此指标评估期限不应少于一年,因为时间太短容易导致错误的结论。如果无法避免评估时段少于一年,也要充分考虑其中的干扰因素。如果用于外部比较,必须要避免时间太短。请见本书Ⅱ－7.3 部分表 7-9、表 7-10 中的定义。

8.8.3 运营成本构成

(1) Fi7——内部人工成本(%)
$$Fi7 = G8/G5 \times 100\%$$
内部人工成本/运营成本×100%

G5——运营成本(欧元);

G8——内部人工成本(欧元)。

此指标评估期限可以少于一年。如果用于内、外部比较,须充分考虑其中的干扰因素。

(2) Fi8——外部服务成本(%)
$$Fi8 = G9/G5 \times 100\%$$
外部服务成本/运营成本×100%

G5——运营成本(欧元);

G9——外部服务成本(欧元)。

此指标评估期限可以少于一年。如果用于内、外部比较,须充分考虑其中的干扰因素。

(3) Fi9——购买源水和制水成本(%)
$$Fi9 = G10/G5 \times 100\%$$
进水(原水和制水)支出/运营成本×100%

G5——运营成本(欧元);

G10——进水(原水和制水)成本(欧元)。

此指标评估期限可以少于一年。如果用于内、外部比较,须充分考虑其中的干扰因素。

(4) Fi10——电力成本(%)
$$Fi10 = G11/G5 \times 100\%$$
电力成本/运营成本×100%

G5——运营成本(欧元);

G11——电力成本(欧元)。

此指标评估期限可以少于一年。如果用于内、外部比较,须充分考虑其中的干扰因素。

(5) Fi11——其他成本(%)

$$Fi11 = (G12+G13+G14+G15+G16)/G5 \times 100\%$$

（采购成本＋融资或经营租赁成本＋税费成本＋特殊的收益及损失＋其他运行费）/运营成本$\times 100\%$

G5——运营成本（欧元）；

G12——采购成本（欧元）；

G13——融资或经营租赁成本（欧元）；

G14——税费（欧元）；

G15——额外的收益及损失（欧元）；

G16——其他营业成本（欧元）。

此指标评估期限可以少于一年。如果用于内、外部比较时，须充分考虑其中的干扰因素。

8.8.4 运营成本构成中主要业务成本

(1) Fi12——综合管理成本（％）

$$Fi12 = G17/G5 \times 100\%$$

综合管理运营成本/运营成本$\times 100\%$

G5——运营成本（欧元）；

G17——综合管理运营成本（欧元）。

此指标评估期限可以少于一年。如果用于内、外部比较，须充分考虑其中的干扰因素。请见本书Ⅱ－7.2部分表 7-3 及Ⅱ－7.3部分表 7-10 中的定义。

(2) Fi13——人力资源管理成本（％）

$$Fi13 = G18/G5 \times 100\%$$

人力资源管理成本/运营成本$\times 100\%$

G5——运营成本（欧元）；

G18——人力资源管理成本（欧元）。

此指标评估期限可以少于一年。如果用于内、外部比较，须充分考虑其中的干扰因素。请见本书Ⅱ－7.2部分表 7-4 及Ⅱ－7.3部分表 7-10 中的定义。

(3) Fi14——财务与商务成本（％）

$$Fi14 = G19/G5 \times 100\%$$

财务及商务管理成本支出/运营成本$\times 100\%$

G5——运营成本（欧元）；

G19——财务及商务管理成本（欧元）。

此指标评估期限可以少于一年。如果用于内、外部比较，须充分考虑其中的干扰因素。请见本书Ⅱ－7.2部分表 7-5 及Ⅱ－7.3部分表 7-10 中的定义。

（4）Fi15——客户服务成本（％）

$$Fi15=G20/G5\times100\%$$

客户服务管理成本/运营成本×100％

G5——运营成本（欧元）；

G20——客户服务管理成本（欧元）。

此指标评估期限可以少于一年。如果用于内、外部比较，须充分考虑其中的干扰因素。请见本书Ⅱ－7.2部分表7-6及7.3部分表7-10中的定义。

（5）Fi16——技术服务成本（％）

$$Fi16=G21/G5\times100\%$$

规划、设计、建设，运营维护成本支出/运营成本×100％

G5——运营成本（欧元）；

G21——规划、设计、建设，运行和维护运行管理成本（欧元）。

此指标评估期限可以少于一年。如果用于内、外部比较，须充分考虑其中的干扰因素。请见本书7.2部分表7-7、表7-8及7.3部分表7-10中的定义。

8.8.5　运营成本中技术成本

（1）Fi17——水源及水库管理成本（％）

$$Fi17=G22/G5\times100\%$$

水资源及水库管理成本/运营成本×100％

G5——运营成本（欧元）；

G22——水资源及水库管理成本（欧元）。

此指标评估期限可以少于一年。如果用于内、外部比较，须充分考虑其中的干扰因素。

（2）Fi18——取水及制水成本（％）

$$Fi18=G23/G5\times100\%$$

取水及制水成本/运营成本×100％

G5——运营成本（欧元）；

G23——取水及制水成本（欧元）。

此指标评估期限可以少于一年。如果用于内、外部比较，须充分考虑其中的干扰因素。

（3）Fi19——储存及输配水成本（％）

$$Fi19=G24/G5\times100\%$$

储存及输配水成本/运营成本×100％

G5——运营成本（欧元）；

G24——储存及输配水成本（欧元）。

此指标评估期限可以少于一年。如果用于内、外部比较，须充分考虑其中的干扰因素。

(4) Fi20——水质监测成本（％）
$$Fi20 = G25/G5 \times 100\%$$
水质取样及检测成本/运营成本×100％

G5——运营成本（欧元）；

G25——水质取样及检测成本（欧元）。

此指标评估期限可以少于一年。如果用于内、外部比较，须充分考虑其中的干扰因素。

(5) Fi21——水表管理成本（％）
$$Fi21 = G26/G5 \times 100\%$$
水表管理成本/运营成本×100％

G5——运营成本（欧元）；

G26——水表管理成本（欧元）。

此指标评估期限可以少于一年。如果用于内、外部比较，须充分考虑其中的干扰因素。

(6) Fi22——支持性服务成本（％）
$$Fi22 = G27/G5 \times 100\%$$
支持性服务成本支出/运营成本×100％

G5——运营成本（欧元）；

G27——支持性服务成本（欧元）。

此指标评估期限可以少于一年。如果用于内、外部比较，须充分考虑其中的干扰因素。

8.8.6 资本成本构成

(1) Fi23——折旧费用（％）
$$Fi23 = G28/G6 \times 100\%$$
折旧成本/资本成本×100％

G6——资本成本（欧元）；

G28——折旧成本（欧元）。

建议此指标评估期限不应少于一年，因为时间太短容易导致错误的结论。如果无法避免评估时段少于一年，也要充分考虑其中的干扰因素。如果用于外部比较，必须要避免时间太短。

(2) Fi24——净利息支出（%）
$$Fi24 = (G29 - G30)/G6 \times 100\%$$
（利息支出－利息收入）/资本成本×100%

G6——资本成本（欧元）；

G29——利息支出（欧元）；

G30——利息收入（欧元）。

建议此指标评估期限不应少于一年，因为时间太短容易导致错误的结论。如果无法避免评估时段少于一年，也要充分考虑其中的干扰因素。如果用于外部比较，必须要避免时间太短。

8.8.7 投资成本

(1) Fi25——单位水量投资（欧元/m³）
$$Fi25 = G32/A14$$
有形资产投资/售水量

A14——售水量（m³）；

G32——有形资产投资（欧元）。

建议此指标评估期限不应少于一年，因为时间太短容易导致错误的结论。评估最好是基于连续多年而非孤立的资料。如果无法避免评估时段少于一年，要充分考虑其中的干扰因素。如果用于外部比较，必须要避免时间太短。

(2) Fi26——新增资产及现有资产升级改造投资率（%）
$$Fi26 = G33/G32 \times 100\%$$
新增资产及现有资产改造的投资/有形资产投资×100%

G32——有形资产投资（欧元）；

G33——新增资产及现有资产改造的投资（欧元）。

建议此指标评估期限不应少于一年，因为时间太短容易导致错误的结论。评估最好是基于连续多年而非孤立的资料基础上。如果无法避免评估时段少于一年，要充分考虑其中的干扰因素。如果用于外部比较，必须要避免时间太短。

(3) Fi27——现有资产更新投资率（%）
$$Fi27 = G34/G32 \times 100\%$$
现有资产更新替代投资/有形资产投资×100%

G32——有形资产投资（欧元）；

G34——现有资产更新投资（欧元）。

建议此指标评估期限不应少于一年，因为时间太短容易导致错误的结论。评估最好是基于连续多年而非孤立的资料。如果无法避免评估时段少于一年，要充分考虑其中的干扰因素。如果用于外部比较，必须要避免时间太短。

8.8.8 平均水费

（1）Fi28——直接供水的平均水费（欧元/m³）
$$Fi28=G38/（A14-A7）$$
应收账款/（售水量-转供水量）

A7——转供水量（m³）；

A14——售水量（m³）；

G38——应收账款（欧元）。

建议此指标评估期限不应少于一年，因为时间太短容易导致错误的结论。如果无法避免评估时段少于一年，要充分考虑其中的干扰因素。如果用于外部比较，必须要避免时间太短。

（2）Fi29——转供水的平均水费（欧元/m³）
$$Fi29=G37/（A5+A7）$$
转供水量的售水收入（转供水量+转供源水量）

A7——转供水量（m³）；

A5——转供源水量（m³）；

G37——转供水量的售水收入（欧元）。

建议此指标评估期限不应少于一年，因为时间太短容易导致错误的结论。如果无法避免评估时段少于一年，要充分考虑其中的干扰因素。如果用于外部比较，必须要避免时间太短。

8.8.9 效率

（1）Fi30——收入成本比率
$$Fi30=G1/G4$$
总收入/总成本

G1——总收入（欧元）；

G4——总成本（欧元）。

建议此指标评估期限不应少于一年，因为时间太短容易导致错误的结论。如果无法避免评估时段少于一年，要充分考虑其中的干扰因素。如果用于外部比较，必须要避免时间太短。请见本书Ⅱ-7.3部分表7-9、表7-10中的定义。

（2）Fi31——收入营业成本比率
$$Fi31=G1/G5$$
总收入/运营成本

G1——总收入（欧元）；

G5——运营成本（欧元）。

建议此指标评估期限不应少于一年，因为时间太短容易导致错误的结论。如果无法避免评估时段少于一年，要充分考虑其中的干扰因素。如果用于外部比较，必须要避免时间太短。请见本书Ⅱ－7.3部分表7-9、表7-10中的定义。

（3）Fi32——应收账款周转率（d）

$$Fi32 = G38/G3 \times H1$$

应收账款/销售水的收入×评估周期

G3——销售水的收入（欧元）；

G38——应收账款（欧元）；

H1——评估周期（d）。

建议此指标评估期限不应少于一年，因为时间太短容易导致错误的结论。如果无法避免评估时段少于一年，要充分考虑其中的干扰因素。如果用于外部比较，必须要避免时间太短。

（4）Fi33——投资比率

$$Fi33 = G39/G28$$

因折旧引起的投资/折旧

G28——折旧（欧元）；

G39——因折旧引起的投资（欧元）。

因折旧而产生的投资包括在本书Ⅱ－7.3部分表7-12所提到的投资之内。建议此指标评估期限不应少于一年，因为时间太短容易导致错误的结论。评估最好是基于连续多年而非孤立的资料基础上。如果无法避免评估时段少于一年，要充分考虑其中的干扰因素。如果用于外部比较，必须要避免时间太短。

（5）Fi34——内源性资金投资贡献率（%）

$$Fi34 = G40/G32 \times 100\%$$

内源性资金投资/有形资产的投资×100%

G32——有形资产的投资（欧元）；

G40——内源性资金投资（欧元）。

建议此指标评估期限不应少于一年，因为时间太短容易导致错误的结论。如果无法避免评估时段少于一年，要充分考虑其中的干扰因素。如果用于外部比较，必须要避免时间太短。请参见本书Ⅱ－7.3部分表7-12关于现金流的定义。

（6）Fi35——累计折旧率（%）

$$Fi35 = G41/G42 \times 100\%$$

累计折旧/有形资产历史价值×100%

G41——累计折旧（欧元）；

G42——有形资产历史价值（欧元）。

此指标评估必须建立在年度基础之上。如果资产负债表上有形资产价值不等于评估价值，那么请参见本书Ⅱ－7.3部分表7-13，它说明了有形资产的净价值与历史价值、折旧后价值的差别。此指标说明了有形资产从技术与经济角度上的平均年限。

（7）Fi36——平均折旧率

$$Fi36 = G28/G42$$

折旧成本/有形资产历史价值

G28——折旧成本（欧元）；

G42——有形资产历史价值（欧元）。

此指标评估必须建立在年度基础之上。请参见本书Ⅱ－7.3部分表7-9、表7-10关于折旧的定义。

（8）Fi37——延迟支付账款比率

$$Fi37 = 1 - G43/G44$$

1——客户年欠账款/年记账收入；

G43——客户年欠账款（欧元）；

G44——年应收账款（欧元）。

此指标评估必须建立在年度基础之上。

（9）Fi38——存货周转率

$$Fi38 = G51/G2$$

存货/营业收入

G2——营业收入（欧元）；

G51——存货（欧元）。

此指标评估必须建立在年度基础之上。

8.8.10 财务杠杆

（1）Fi39——债务保障比率（％）

$$Fi39 = G45/G46 \times 100\%$$

现金流/债务本金利息×100％

G45——现金流（欧元）；

G46——债务本金利息（欧元）。

建议此指标评估期限不应少于一年，因为时间太短容易导致错误的结论。如果无法避免评估时段少于一年，要充分考虑其中的干扰因素。如果用于外部比较,必须要避免时间太短。请参见本书Ⅱ—7.3部分表7-12关于现金流的定义。财务上的债务包括利息、贷款成本等等。

(2) Fi40——债务权益比率

$$Fi40 = G47/G48$$

总债务/所有者权益

G47——总债务(欧元);

G48——所有者权益(欧元)。

此指标评估必须建立在年度基础之上。偿债能力指标高的供水企业往往债务与股东权益比率低。同时,此指标也受实物资产评估价值的影响,所以使用时要特别小心这一点。

8.8.11 财务流动性

Fi41——流动比率

$$Fi41 = G49/G53$$

流动资产/流动负债

G49——流动资产(欧元);

G53——流动负债(欧元)。

此指标用于一个特定时期的评估。请参见本书Ⅱ—7.3部分表7-9、表7-10、表7-13的定义。此指标反应供水企业的短期偿债能力。

8.8.12 盈利能力

(1) Fi42——净固定资产收益率(%)

$$Fi42 = G54/(G42 - G41) \times 100\%$$

营业利润/(有形资产历史价值-累计折旧)×100%

G41——累计折旧(欧元/a);

G42——有形资产历史价值(欧元/a);

G54——营业利润(欧元/a)。

此指标反应企业实物资产的生产率,最好是用于年度考评。评估最好是基于连续多年而非孤立的资料。此指标表明实物资产收益率,并将有形实物资产净值与净收入联系在一起。请参见本书Ⅱ—7.3部分表7-9、表7-10、表7-13的定义。

(2) Fi43——权益收益率(%)

$$Fi43 = G56/G48 \times 100\%$$

净收入/所有者权益×100%

G48——所有者权益(欧元);

G56——净收入（欧元/a）。

此指标必须用于年度考评。评估最好是基于连续多年而非孤立的资料基础。此指标表明所有者权益收益率，并将所有者权益与净收入联系在一起。请参见本书Ⅱ－7.3部分表7-9、表7-10、表7-13的定义。

(3) Fi44——资本收益率（%）

$$Fi44=(G54-G55)/G50\times100\%$$

（营业收入－营业收入相关税费）/总资产×100%

G50——总资产（欧元）；

G54——营业收入（欧元/a）；

G55——营业收入相关税费（欧元/a）。

此指标必须用于年度考评。此指标表明所有者从租赁资产中所获得的净回报。请参见本书Ⅱ－7.3部分表7-9、表7-10、表7-13的定义。

(4) Fi45——资产周转率

$$Fi45=G3/G50$$

销售水的收入/总资产

G3——销售水的收入（欧元）；

G50——总资产（欧元）。

建议此指标评估期限不应少于一年，因为时间太短容易导致错误的结论。如果无法避免评估时段少于一年，要充分考虑其中的干扰因素。如果用于外部比较，必须要避免时间太短。请参见本书Ⅱ－7.3部分表7-9、表7-10、表7-13的定义。

8.8.13　水量漏损的经济成本

(1) Fi46——无收入水量比率（%）

$$Fi46=A21/A3\times100\%$$

无收入水量/供水量×100%

A3——供水量（m^3）；

A21——无收入水量（m^3）。

建议此指标评估期限不应少于一年，因为时间太短容易导致错误的结论。如果无法避免评估时段少于一年，要充分考虑其中的干扰因素。如果用于外部比较，必须要避免时间太短。

(2) Fi47——无收入水量成本率（%）

$$Fi47=((A13+A18)\times G57+A19\times G58)/G5\times100\%$$

（（不用付水费的许可用水量＋管理漏失量）×直接消费的平均水价＋物理漏

失水量×分配到单位物理漏失量的成本）/ 运营成本×100％

 A13——不计费售水量（m^3）；

 A18——管理漏失量（m^3）；

 A19——物理漏失水量（m^3）；

 G5——运营成本（欧元）；

 G57——直供水的平均水价（欧元/m^3）；

 G58——分配到单位物理漏失量的成本（欧元/m^3）。

 建议此指标评估期限不应少于一年，因为时间太短容易导致错误的结论。如果无法避免评估时段少于一年，要充分考虑其中的干扰因素。如果用于外部比较，必须要避免时间太短。这是不用付水费的售水量、管理漏水量、物理漏失水量的价值之和。对此指标中三个组成成分分别进行计算与评估是值得我们努力去做的事情。

第 9 章 指标变量

9.1 简介

本章描述了为评价各绩效指标所需变量的具体说明。主要目的如下：
- 为文中各个概念作一个全面综合的解释。
- 为建立绩效指标信息系统提供指导。
- 以备审核所用。

各企业应根据已选的绩效指标来核定相应的变量。

如果供水企业同时还负责供水以外的其他生产性业务，则只考虑对供水的核心业务进行变量评估。

每个变量表格都包含有相同类型的信息。对于在给定时间内进行评估的变量（如雇员数量），极力建议针对所有需要参考日期的变量均选择同一个日期。对于预先设定时间间隔的变量的评估（例如：管道破裂），也需要遵守以上规则。

强烈建议根据第Ⅰ篇2.3和第Ⅱ篇第5章的描述，对于每数量据的可靠和准确程度进行置信度评分。

9.2 A 部分——水量数据

A1——自有水源年产水量（m^3/a）
每年从自有水源中可抽取的潜在最大水量，根据水源的容量情况和法律或合同规定的最大取水量限制确定。 输入数据 <div align="right">确定一个参考时间</div>
强烈建议根据Ⅰ—2.3描述的数量可靠性和准确度等级划分，为每个数据配以置信度评价。如果最大取水量没有限制，则应根据技术调研尽可能获取最准确的数据。如出现后面一种情况，则应进行水力学研究，以确定某些可能的关键环节的影响，例如水源匮乏和水质的影响，或水源管理的主要程序。由水力基础设施造成的影响不需要考虑
相关的指标：WR2，WR3

A2——允许年购买水量（m³/a）

每年允许购买的原水或处理后水的水量。
输入数据

确定一个参考时间

如果合同中没有规定供水者允许年购买水量，则应根据现有情况作一个估计，如没有数据支持此估计，则该水量应是所有原水或处理后水的水量和

相关的指标：WR2，WR3

水量平衡数据关系说明   表 9-1

系统 进水量 A3	授权用水量 A14＝A10＋A13	授权且计费用水量 A10＝A8＋A9	计费且计量用水量 A8	收取水费的水量 A20＝A8＋A9
			计费未计量用水量 A9	
	授权未计费用水量 A13＝A11＋A12	未计费计量用水量 A11	无收入水量 A21＝A3－A20
			未计费且未计量用水量 A12	
	漏损水量 A15＝A3－A14	管理漏失水量 A18＝A16＋A17	未授权用水量 A16	
			计量误差造成的漏失水量 A17	
		物理漏失水量 A19＝A15－A18	原水干管和水厂物理漏失水量	
			输\配水管网的漏失水量	
			输\配水管网内的储水池溢流、漏失水量	
			服务连接点到测量点间发生的漏失水量	

A3——系统进水量（m³）

在评估阶段输入整个供水系统的水量。
输入数据

确定一个参考时间

系统输入量应包括所有进水水量（购买的产水和原水）
见Ⅱ－7.1中的定义以及表 9-1 水量平衡数据关系说明

相关指标：WR1，WR2，WR3，WR4，Ph2，Ph3，Op23（A15），Op24（A15），Op25，Op26，Op27（A19），Op39，Fi46，Fi47（A19）
相关的变量：A15，A19（A15），A21
相关的内容信息：CI70

第 9 章 指标变量

A4——最高日处理水量（m³/d）

在评估阶段每日最大的处理水量。
输入数据
　　　　　　　　　　　　　　　　　　　　　　　　　确定一个参考时间

此变量描述了系统中水厂一天处理水量之和的最大，但并不是最大水量之和，因考虑到各水厂构筑物的处理能力并不能同时达到最大值

相关的指标：Ph1

A5——原水转供水量（m³）

在评估阶段向其他水务企业或其他系统输出的原水总量。
输入数据
　　　　　　　　　　　　　　　　　　　　　　　　　确定一个参考时间

见Ⅱ－7.1中的定义——水量平衡定义

相关的指标：Op25，Fi29
相关的内容信息：CI69，CI70，CI72

A6——产水量（m³）

在评估阶段向输水管网或直接向配水管网输送的水量。
输入数据
　　　　　　　　　　　　　　　　　　　　　　　　　确定一个参考时间

见Ⅱ－7.1中的定义——水量平衡定义

相关的指标：Pe2，Pe10，Pe11

A7——产水转供水量（m³）

在评估阶段从相同供水区域向其他水务企业或其他供水系统输出的处理后水的总量。
输入数据
　　　　　　　　　　　　　　　　　　　　　　　　　确定一个参考时间

此种输出可发生在水厂下游的任何地点，并假设原水已被水处理企业处理。见Ⅱ－7.1的定义

相关的指标：Op25，Fi28，Fi29
相关的内容信息：CI69，CI70，CI72

A8——计费且计量用水量（m³）

在评估阶段有水表计量已付费的售水量总和（包括转供水量）。
输入数据

确定一个参考时间

数据由用户水表读数总和获得。由于读数时间可能与审计时间不匹配，需要对数据进行一定的修订以获取最准确数据。
见Ⅱ－7.1中的定义和表9-1水量平衡数据关系说明

相关的指标：WR1（A19），Op23（A15），Op27（A19），Op28（A19），Op39，Fi1（A14），Fi4（A14），Fi5（A14），Fi6（A14），Fi25（A14），Fi28（A14），Fi46（A21），Fi47（A19，G57）
相关的变量：A10，A14（A10），A15（A14），A19（A15），A20，A21（A20），G57

A9——计费未计量用水量（m³）

在评估阶段所有未经水表计量的但已付费售水量总和（包括转供水量）。
输入数据

确定一个参考时间

数据由最有效估计获得，基于供水企业利用的调查或其他形式的估计分析。
见Ⅱ－7.1中的定义和表9-1水量平衡数据关系说明

相关的指标：WR1（A19），Op23（A15），Op27（A19），Op28（A19），Op39，Fi1（A14），Fi4（A14），Fi5（A14），Fi6（A14），Fi25（A14），Fi28（A14），Fi46（A21），Fi47（A19，G57）
相关的变量：A10，A14（A10），A15（A14），A19（A15），A20，A21（A20），G57

A10——授权且计费用水量（m³）

在评估阶段所有已付费售水量总和（包括转供水量）。
＝A8＋A9

确定一个参考时间

注意：已付费供水量中可能包括如下项目：火灾救援，消防培训，配水管和污水管的冲洗，街道清洁，市政公园用水，公共喷泉，森林保护，建筑用水等。
见Ⅱ－7.1中的定义和表9-1水量平衡数据关系说明

相关的指标：WR1（A19），Op23（A15），Op24（A15），Op27（A19），Op28，Fi1（A14），Fi4（A14），Fi5（A14），Fi6（A14），Fi25（A14），Fi28（A14），Fi47（A13，A19）
相关的变量：A14，A15（A14），A19（A15）

A11——未计费计量用水量（m³）

在评估阶段所有有表计量的但未收取水费的售水量。
输入数据

　　　　　　　　　　　　　　　　　　　　　　　　　　　　　　　　确定一个参考时间

注意：有表计量但未收取水费的供水量中可能包括如下项目：火灾救援，配水管和污水管的冲洗，街道清洁，市政公园用水，公共喷泉，森林保护，建筑用水等。
见Ⅱ-7.1中的定义和表9-1水量平衡数据关系说明

相关的指标：WR1（A19），Op23（A15），Op24（A15），Op27（A19），Op28（A19），Op39Fi1（A14），Fi4（A14），Fi5（A14），Fi6（A14），Fi25（A14），Fi28（A14），Fi47（A13，A19）
相关的变量：A13，A14（A13），A15（A14），A19（A15）

A12——未计费且未计量用水量（m³）

在评估阶段所有未计量且未付费的供水水量（包括转供水量）。
输入数据

　　　　　　　　　　　　　　　　　　　　　　　　　　　　　　　　确定一个参考时间

数据应该根据现有的最可靠的资料进行估计，可采用调查或其他水务企业认为有用的方式。
注意：水表计量的未付费售水量中可能包括如下项目：火灾救援，配水管和污水管的冲洗，街道清洁，市政公园用水，公共喷泉，森林保护，建筑用水等。
见Ⅱ-7.1中的定义和表9-1水量平衡数据关系说明

相关的指标：WR1（A19），Op23（A15），Op24（A15），Op27（A19），Op28（A19），Fi1（A14），Fi4（A14），Fi5（A14），Fi6（A14），Fi25（A14），Fi28（A14），Fi47（A13，A19）
相关的变量：A13，A14（A13），A15（A14），A19（A15）

A13——授权未计费用水量（m³）

在评估阶段所有未付费的供水量。
=A11+A12

　　　　　　　　　　　　　　　　　　　　　　　　　　　　　　　　确定一个参考时间

注意：未付费售水量中也许会包括如下项目：火灾救援，配水管和污水管的冲洗，街道清洁，市政公园用水，公共喷泉，森林保护，建筑用水等。计量或未计量根据具体情况而定。
见Ⅱ-7.1中的定义和表9-1水量平衡数据关系说明

相关的指标：WR1（A19），Op23（A15），Op24（A15），Op27（A19），Op28（A19），Fi1（A14），Fi4（A14），Fi5（A14），Fi6（A14），Fi25（A14），Fi28（A14），Fi47
相关的变量：A14，A15（A14），A19（A15）

A14——授权用水量（m³）

在评估阶段所有计量或者未计量的用于居民生活，商业，工业和公用的用水量，用可从注册的用户，水务企业或其他由供水企业授权的能推断或说明此数据的机构处获得（包括转供水量）。
＝A10＋A13

确定一个参考时间

注意：授权用水量中可能包括如下项目：火灾救援，配水管和污水管的冲洗，街道清洁，市政公园用水，公共喷泉，森林保护，建筑用水等。包括计量的、未计量的、计费的和未计费的，这根据具体情况而定。
见Ⅱ－7.1中的定义和表 9-1 水量平衡数据关系说明

相关的指标：WR1（A19），Op23（A15），Op24（A15），Op27（A19），Op28（A19），Fi1，Fi4，Fi5，Fi6，Fi25，Fi28，Fi47（A19）
相关的变量：A15，A19（A15）
相关的内容信息：CI69，CI72，CI76

A15——漏损水量（m³）

系统进水量与授权用水量之差。
＝A3－A14

确定一个参考时间

漏损水量可认为是整个系统漏失的总和，也可以是系统的一部分例如输水管网和配水管网的漏失。对于每种不同的情况，相应的计算方法也应调整。漏损水量包括物理漏失水量和管理漏失水量。
见Ⅱ－7.1中的定义和表 9-1 水量平衡数据关系说明

相关的指标：WR1（A19），Op23，Op24，Op27（A19），Op28（A19），Fi47（A19）
相关的变量：A19

A16——未授权用水量（m³）

在评估阶段所有未经授权允许的用水量之和，包括偷盗水量。
输入数据

确定一个参考时间

数据应该根据现有的最可靠的资料进行估计，可采用调查或其他水务企业认为有用的方式。
见Ⅱ－7.1中的定义和表 9-1 水量平衡数据关系说明

相关的指标：WR1（A19），Op25（A18），Op26（A18），Op28（A19），Fi47（A19）
相关的变量：A18，A19（A18）

第 9 章 指标变量

A17——计量误差造成的漏失水量（m³）

在评估阶段由水表计量误差产生的水量差。
输入数据

确定一个参考时间

数据应该根据现有的最可靠的资料进行估计，可采用调查或其他水务企业认为有用的方式。
见Ⅱ－7.1中的定义和表 9-1 水量平衡数据关系说明

相关的指标：WR1（A19），Op25（A18），Op26（A18），Op27（A19），Op28（A19），Fi47（A19）
相关的变量：A18，A19（A18）

A18——管理漏失水量（m³）

在评估阶段中由于未授权许可和水表计量误差产生的漏失水量。
＝A16＋A17

确定一个参考时间

见Ⅱ－7.1中的定义和表 9-1 水量平衡数据关系说明

相关的指标：WR1（A19），Op25，Op26，Op27（A19），Op28（A19），Fi47
相关的变量：A19

A19——物理漏失水量（m³）

在评估阶段从水厂到用户的输水过程中，实际损失的水量。
＝A15－A18

确定一个参考时间

各种形式漏损水量之和，包括管道漏洞，破裂和溢流，取决于流速和各漏失形式持续的时间。
见Ⅱ－7.1中的定义和表 9-1 水量平衡数据关系说明

相关的指标：WR1，Op27，Op28，Fi47

A20——收取水费的水量（m³）

在评估阶段中收取水费的实际供水量。
＝A8＋A9

确定一个参考时间

见 A10
见Ⅱ－7.1中的定义和表 9-1 水量平衡数据关系说明

相关的指标：Fi46（A21）
相关的变量：A21

A21——无收入水量（m³）

在评估阶段系统进水量与收取水费的水量之差。
＝A3－A20

确定一个参考时间

未收取水费的水量不仅仅包括漏损水量而且包括未付费的供水量。
如使用"未计量水量"这一术语，建议对其采用与"未收取水费的水量"相同说明和计算方法。相应的，本手册中没有推荐特定的评估 UFW 的绩效指标。
见Ⅱ－7.1中的定义和表 9-1 水量平衡数据关系说明

相关的指标：Fi46

A22——再利用水量（m³）

在评估阶段污水经过适当处理后作为水源再回用的水量，一般作为传统水源的补充。
输入数据

确定一个参考时间

相关的指标：WR4

9.3　B 部分——人事数据

B1——职工总数（人）

在一个参考日期下，水务企业雇佣的全职或等同于全职的职工人数总和。
＝B2＋B3＋B4＋B5＋B6

确定一个参考时间

在员工身兼多职的情况下，应根据其参与供水相关业务时间所占的比例计算实际人数。
员工包括长期和短期雇员

相关的指标：Pe1，Pe2，Pe3，Pe4，Pe5，Pe6，Pe7，Pe8，Pe9，Pe16，Pe17，Pe18，Pe19，Pe20，Pe21，Pe22，Pe23，Pe24，Pe25
相关的变量：B17
相关的内容信息：CI6

第9章 指标变量

B2——综合管理人员人数（人）

在一个参考日期下，水务企业中从事指导，业务中心管理，战略计划，市场开拓与交流，协调各利益相关人的关系，法律事务，内部审计，办公环境管理，新业务拓展，以及电脑系统支持的全职或等同于全职的职工人数总和。
输入数据
　　　　　　　　　　　　　　　　　　　　　　　　　　　　　确定一个参考时间

在员工身兼多职的情况下，应根据其参与供水相关业务时间所占的比例计算实际人数。
员工包括长期和短期雇员。
见Ⅱ－7.2组织职能

相关的指标：Pe1（B1），Pe2（B1），Pe3（B1），Pe4（B1），Pe5（B1），Pe6（B1），Pe7（B1），Pe8（B1），Pe9（B1），Pe16（B1），Pe17（B1），Pe18（B1），Pe19（B1），Pe20（B1），Pe21（B1），Pe22（B1），Pe23（B1），Pe24（B1），Pe25（B1）
相关的变量：B1，B17（B1）

B3——人力资源管理人员人数（人）

在一个参考日期下，水务企业中从事人事管理，教育和培训，职业安全健康服务以及社会组织活动的全职或等同于全职的职工人数总和。
输入数据
　　　　　　　　　　　　　　　　　　　　　　　　　　　　　确定一个参考时间

在员工身兼多职的情况下，应根据其参与供水相关业务时间所占的比例计算实际人数。
员工包括长期和短期雇员。
见Ⅱ－7.2组织职能

相关的指标：Pe1（B1），Pe2（B1），Pe3（B1），Pe4（B1），Pe5（B1），Pe6（B1），Pe7（B1），Pe8（B1），Pe9（B1），Pe16（B1），Pe17（B1），Pe18（B1），Pe19（B1），Pe20（B1），Pe21（B1），Pe22（B1），Pe23（B1），Pe24（B1），Pe25（B1）
相关的变量：B1

B4——财务与商务人员人数（人）

在一个参考日期下，水务企业中从事财务计划，成本控制，采购，以及物料管理的全职或等同于全职的职工人数总和。
输入数据
　　　　　　　　　　　　　　　　　　　　　　　　　　　　　确定一个参考时间

在员工身兼多职的情况下，应根据其参与供水相关业务时间所占的比例计算实际人数。
员工包括长期和短期雇员。
见Ⅱ－7.2组织职能

相关的指标：Pe1（B1），Pe2（B1），Pe3（B1），Pe4（B1），Pe5（B1），Pe6（B1），Pe7（B1），Pe8（B1），Pe9（B1），Pe16（B1），Pe17（B1），Pe18（B1），Pe19（B1），Pe20（B1），Pe21（B1），Pe22（B1），Pe23（B1），Pe24（B1），Pe25（B1）
相关的变量：B1，B17（B1）

B5——客户服务人员人数（人）

在一个参考日期下，水务企业中从事协调客户与企业关系的全职或等同于全职的职工人数总和。
输入数据

　　　　　　　　　　　　　　　　　　　　　　　　　　　　　确定一个参考时间

在员工身兼多职的情况下，应根据其参与供水相关业务时间所占的比例计算实际人数。
员工包括长期和短期雇员。
见Ⅱ－7.2组织职能
为便于评估，此变量可以被分成更加详细的多个次级变量。

相关的指标：Pe1（B1），Pe2（B1），Pe3（B1），Pe4（B1），Pe5（B1），Pe6（B1），Pe7（B1），Pe8（B1），Pe9（B1），Pe16（B1），Pe17（B1），Pe18（B1），Pe19（B1），Pe20（B1），Pe21（B1），Pe22（B1），Pe23（B1），Pe24（B1），Pe25（B1）

相关的变量：B1，B17（B1）

B6——技术支持人员人数（人）

在一个参考日期下，水务企业中从事计划、建设、运营和维护的全职或等同于全职的职工人数总和。
B9+B10+B11+B12+B13+B14，或者B7+B8，或者当以上两项无法计算时。
输入数据

　　　　　　　　　　　　　　　　　　　　　　　　　　　　　确定一个参考时间

在员工身兼多职的情况下，应根据其参与供水相关业务时间所占的比例计算实际人数。
员工包括长期和短期雇员。
见Ⅱ－7.2组织职能

相关的指标：Pe1（B1），Pe2（B1），Pe3（B1），Pe4（B1），Pe5（B1），Pe6（B1），Pe7（B1），Pe8（B1），Pe9（B1），Pe16（B1），Pe17（B1），Pe18（B1），Pe19（B1），Pe20（B1），Pe21（B1），Pe22（B1），Pe23（B1），Pe24（B1），Pe25（B1）

相关的变量：B1，B17（B1）

B7——规划与建设人员人数（人）

在一个参考日期下，水务企业中从事规划和建设水处理设施的全职或等同于全职的职工人数总和。
输入数据

　　　　　　　　　　　　　　　　　　　　　　　　　　　　　确定一个参考时间

在员工身兼多职的情况下，应根据其参与供水相关业务时间所占的比例计算实际人数。
员工包括长期和短期雇员。
见Ⅱ－7.2组织职能

相关的指标：Pe1（B1），Pe2（B1），Pe3（B1），Pe4（B1），Pe5（B1），Pe6（B1），Pe7（B1），Pe8（B1），Pe9（B1），Pe16（B1），Pe17（B1），Pe18（B1），Pe19（B1），Pe20（B1），Pe21（B1），Pe22（B1），Pe23（B1），Pe24（B1），Pe25（B1）

相关的变量：B1，B6，B17（B1）

第 9 章 指标变量

B8——运行与维护人员人数（人）

在一个参考日期下，水务企业中从事运行和维护水处理系统的全职或等同于全职的职工人数总和。
输入数据

确定一个参考时间

在员工身兼多职的情况下，应根据其参与供水相关业务时间所占的比例计算实际人数。
员工包括长期和短期雇员。
见Ⅱ－7.2 组织职能

相关的指标：Pe1（B1），Pe2（B1），Pe3（B1），Pe4（B1），Pe5（B1），Pe6（B1），Pe7（B1），Pe8（B1），Pe9（B1），Pe16（B1），Pe17（B1），Pe18（B1），Pe19（B1），Pe20（B1），Pe21（B1），Pe22（B1），Pe23（B1），Pe24（B1），Pe25（B1）

相关的变量：B1，B6，B17（B1）

B9——水源与水库管理人员人数（人）

在一个参考日期下，水务企业中从事水源管理人员的全职或等同于全职的职工人数总和。
输入数据

确定一个参考时间

员工包括长期和短期雇员。
见Ⅱ－7.2 组织职能

相关的指标：Pe1（B1），Pe2（B1），Pe3（B1），Pe4（B1），Pe5（B1），Pe6（B1），Pe7（B1），Pe8（B1），Pe9（B1），Pe16（B1），Pe17（B1），Pe18（B1），Pe19（B1），Pe20（B1），Pe21（B1），Pe22（B1），Pe23（B1），Pe24（B1），Pe25（B1）

相关的变量：B1（B6），B6，B17（B1）

B10——取水与制水的人员人数（人）

在一个参考日期下，水务企业中从事取水及水处理的全职或等同于全职的职工人数总和。
输入数据

确定一个参考时间

员工包括长期和短期雇员。
见Ⅱ－7.2 组织职能
为便于评估，此变量可以被分割成更加详细的多个次级变量

相关的指标：Pe1（B1），Pe2（B1），Pe3（B1），Pe4（B1），Pe5（B1），Pe6（B1），Pe7（B1），Pe8（B1），Pe9（B1），Pe16（B1），Pe17（B1），Pe18（B1），Pe19（B1），Pe20（B1），Pe21（B1），Pe22（B1），Pe23（B1），Pe24（B1），Pe25（B1）

相关的变量：B1（B6），B6，B17（B1）

B11——存储及输配水人员人数（人）

在一个参考日期下，水务企业中从事计划、设计、建设、运营和维护输水干管、储水池和配水管网的全职或等同于全职的职工人数总和。
输入数据

确定一个参考时间

员工包括长期和短期雇员。
见Ⅱ—7.2 组织职能
为便于评估，此变量可以被分割成更加详细的多个次级变量。

相关的指标：Pe1（B1），Pe2（B1），Pe3（B1），Pe4（B1），Pe5（B1），Pe6（B1），Pe7（B1），Pe8（B1），Pe9（B1），Pe16（B1），Pe17（B1），Pe18（B1），Pe19（B1），Pe20（B1），Pe21（B1），Pe22（B1），Pe23（B1），Pe24（B1），Pe25（B1）
相关的变量：B1（B6），B6，B17（B1）

B12——水质监测人员人数（人）

在一个参考日期下，水务企业中从事水质取样和监测的全职或等同于全职的职工人数总和。
输入数据

确定一个参考时间

在员工身兼多职的情况下，应根据其参与与供水相关业务时间所占的比例计算实际人数。
员工包括长期和短期雇员。
见Ⅱ—7.2 组织职能
为便于评估，此变量可以被分割成更加详细的多个次级变量。

相关的指标：Pe1（B1），Pe2（B1），Pe3（B1），Pe4（B1），Pe5（B1），Pe6（B1），Pe7（B1），Pe8（B1），Pe9（B1），Pe16（B1），Pe17（B1），Pe18（B1），Pe19（B1），Pe20（B1），Pe21（B1），Pe22（B1），Pe23（B1），Pe24（B1），Pe25（B1）
相关的变量：B1（B6），B6，B17（B1）

B13——水表管理人员人数（人）

在一个参考日期下，水务企业中从事安装、更换和维护的全职或等同于全职的职工人数总和。
输入数据

确定一个参考时间

抄表人员不应包括在此因为他们属于商务和客服人员。系统流量读数人员（例如区域水表）应包括在内。员工包括长期和短期雇员。
见Ⅱ—7.2 组织职能
为便于评估，此变量可以被分割成更加详细的多个次级变量

相关的指标：Pe1（B1），Pe2（B1），Pe3（B1），Pe4（B1），Pe5（B1），Pe6（B1），Pe7（B1），Pe8（B1），Pe9（B1），Pe16（B1），Pe17（B1），Pe18（B1），Pe19（B1），Pe20（B1），Pe21（B1），Pe22（B1），Pe23（B1），Pe24（B1），Pe25（B1）
相关的变量：B1（B6），B6，B17（B1）

第9章 指标变量

B14——后勤服务支持人员人数（人）

在一个参考日期下，水务企业中仓库、中控、车队工作的全职或等同于全职的职工人数总和。
输入数据

确定一个参考时间

在员工身兼多职的情况下，应根据其参与供水相关业务时间所占的比例计算实际人数。
员工包括长期和短期雇员。
见Ⅱ－7.2 组织职能
为便于评估，此变量可以被分成更加详细的多个次级变量

相关的指标：Pe1 (B1)，Pe2 (B1)，Pe3 (B1)，Pe4 (B1)，Pe5 (B1)，Pe6 (B1)，Pe7 (B1)，Pe8 (B1)，Pe9 (B1)，Pe16 (B1)，Pe17 (B1)，Pe18 (B1)，Pe19 (B1)，Pe20 (B1)，Pe21 (B1)，Pe22 (B1)，Pe23 (B1)，Pe24 (B1)，Pe25 (B1)
相关的变量：B1 (B6)，B6，B17 (B1)

B15——大学学历程度人数（人）

在一个参考日期下，水务企业全职雇员中获得大学学历的员工数。
输入数据

确定一个参考时间

在员工身兼多职的情况下，应根据其参与供水相关业务时间所占的比例计算实际人数。
员工包括长期和短期雇员

相关的指标：Pe16，Pe18 (B17)
相关的变量：B17

B16——基础教育程度人数（人）

在一个参考日期下，水务企业全职雇员未获得大学学历但接受过基础教育的员工数。
输入数据

确定一个参考时间

基础教育的定义根据各国的要求确定，各个国家对这个定义不尽相同。
在员工身兼多职的情况下，应根据其参与供水相关业务时间所占的比例计算实际人数。
员工包括长期和短期雇员

相关的指标：Pe16，Pe18 (B17)
相关的变量：B17

B17——其他程度人数（人）

在一个参考日期下，水务企业全职雇员未获得大学学历且未接受基础教育的员工数。
B1－（B15＋B16）

确定一个参考时间

基础教育的定义根据各国的要求确定，各个国家对这个的定义不尽相同。
在员工身兼多职的情况下，应根据其参与供水相关业务时间所占的比例计算实际人数。
员工包括长期和短期雇员

相关的指标：Pe18

B18——培训总时间（h）

在评估阶段员工的总培训时间。
B19＋B20

确定一个参考时间

在培训有多重作用的情况下，实际的培训时间应该以每个员工接受培训时间中，与水务相关的培训所占比例计算。
员工包括长期和短期雇员

相关的指标：Pe19

B19——内部培训时间（h）

在评估阶段内，在内部给员工的培训总时间。
输入数据

确定一个参考时间

在培训有多重作用的情况下，实际的培训时间应该以每个员工接受培训时间中，与水务相关的培训所占比例计算。
员工包括长期和短期雇员

相关的指标：Pe19（B18），Pe20
相关的变量：B18

B20——外部培训时间（h）

在评估阶段内，在企业外部进行的员工的总培训时间。
输入数据

确定一个参考时间

在培训有多重作用的情况下，实际的培训时间应该以每个员工接受培训时间中，与水务相关的培训所占比例计算。
员工包括长期和短期雇员

相关的指标：Pe19（B18），Pe21
相关的变量：B18

B21――工伤事故（次）

在评估阶段内，发生需要医疗救助的工伤事故次数。
输入数据

确定一个参考时间

只应统计和水务相关的事故次数。当员工参与一般性工作时而发生的事故，事故的次数应该以此项工作中和水务相关的业务所占比例来计算。
员工包括长期和短期雇员。

相关的指标：Pe22

B22――缺勤（d）

在评估阶段内，员工缺勤的总天数。
＝B23＋B24

确定一个参考时间

员工的缺勤天数应该根据这些天应从事工作中，与水务相关工作所占比例来计算。
员工包括长期和短期雇员

相关的指标：Pe23

B23――因病或因工作事故缺勤（d）

在评估阶段内，员工因事故和生病造成的缺勤总天数。
输入数据

确定一个参考时间

员工的缺勤天数应该根据这些天应从事工作中，与水务相关工作所占比例来计算。
员工包括长期和短期雇员

相关的指标：Pe23（B22），Pe24
相关的变量：B22

B24――其他原因造成的缺勤（d）

在评估阶段内，员工因非事故和生病原因造成的缺勤的总天数。
输入数据

确定一个参考时间

员工的缺勤天数应该根据这些天应从事工作中，与水务相关工作所占比例来计算。
员工包括长期和短期雇员

相关的指标：Pe23（B22），Pe24
相关的变量：B22

B25——工作时间（h）

在评估阶段内，所有企业雇员的工作总时间。（粗略的雇佣时间之和——不包括节假日）
输入数据

确定一个参考时间

员工的工作时间应该根据这些应从事工作中，与水务相关工作所占时间比例来计算。
员工包括长期和短期雇员

相关的指标：Pe26
相关的变量信息：CI6

B26——加班时间（h）

在评估阶段内，所有企业职工的加班总时间。
输入数据

确定一个参考时间

员工的加班时间应该根据这些天应从事工作中，与水务相关工作所占比例来计算。
员工包括长期和短期雇员

相关的指标：Pe26

9.4 C 部分——实物资产数据

9.4.1 储水池数据

C1——原水储存能力（m^3）

在参考日期，系统中储水池储水净体积之和。
输入数据

确定一个参考时间

如储水池有多种用途，应采用其用于储水的净体积。
此变量的目的是测量系统中储水池的储水能力（例如原水储存池），不必考虑是否有足量的水去充满它们

相关的指标：Ph2
相关的内容信息：CI25

C2——产水储存能力（m³）

在参考日期，系统中用于输水和配水的储存池净容积之和。
输入数据

确定一个参考时间

客户端的储水池体积不应计算在内。
如有可能，此变量可以被分解为多个部分，例如：用于水量平衡的储水池，用于消防或用于紧急情况的储水池

相关的指标：Ph3，Op2
相关的内容信息：CI32

9.4.2 净水厂数据

C3——日处理能力（m³/d）

在参考日期，水厂的最大日处理水量。
输入数据

确定一个参考时间

相关的指标：Ph1

9.4.3 泵站数据

C4——水泵数量（台）

在参考日期，供水系统中水泵的数量和。
输入数据

确定一个参考时间

在统计时，对系统可靠性的影响可以忽略较小的水泵，其数量可不计入在内

相关的指标：Op30

C5——泵站数量（座）

在参考日期，供水系统中泵站的数量（客户端的泵站不计）。
输入数据

确定一个参考时间

如某个泵站是用于系统分析或者用于向其他系统供水，则应考虑其供水水量占泵站总供水量的比例来确定实际数量。

相关的指标：Op34
相关的内容信息：CI33

C6——泵站功率（kW）

在参考日期，供水系统中泵的额定功率之和（不包括客户端的泵站）。
输入数据

确定一个参考时间

如某个泵站是用于系统分析或者用于向其他系统供水，则应考虑其用于供水的功率占泵站总功率的比例来确定实际功率。
在统计时，如较小的水泵对数据可靠性的影响可以忽略，则其功率可不计入在内

相关的指标：Op1，Op21，Op22
相关的内容信息：CI34

C7——泵站最大运行功率（kW）

在参考日期，泵站各水泵同时开启时能达到的最大实际运行功率。
输入数据

确定一个参考时间

仅需统计泵站中水泵，包括回流泵，同时开启时能达到的最大实际功率。
如某个泵站是用于系统分析或者用于向其他系统供水，则应考虑其用于供水的功率占泵站总功率的比例来确定实际功率。
在统计时，如较小的水泵对数据可靠性的影响可以忽略，则其功率可不计入在内

相关的指标：Ph4

9.4.4 输配水管网

C8——主管长度（km）

在参考日期，输水及配水主管的总长度（不包括服务连接管）。
输入数据

确定一个参考时间

尚未使用或者长期停止使用的干管不应计入在内。

相关的指标：Pe12，Op3，Op4，Op5，Op15，Op16，Op17，Op18，Op24，Op28，Op29，Op31
相关的内容信息：CI35，CI61，CI76

C9——配水主管长度（km）

在参考日期，配水管道的总长度（不包括输水管道和服务连接管）。
输入数据

确定一个参考时间

尚未使用或者长期停止使用的管道不应计入在内

相关的指标：Ph8，Ph9

9.4.5 计量及控制设备

C10——流量计数量（个）
所有长期或短期安装在输水及配水管网中的流量计数量，例如：用于系统控制，区域计量和转输水流量计都应统计在内（不包括客户端水表 E6）。 输入数据 <div align="right">确定一个参考时间</div>
已安装或者安装待用的流量计都应统计，但未校准或者等待修复的流量计不应计入
相关的指标：Pe14，Op7

C11——区域流量计数量（个）
在参考日期，所有长期或系统性安装的用于区域水量计量的流量计数量。 输入数据 <div align="right">确定一个参考时间</div>
相关的指标：Ph10

C12——压力表数量（个）
在参考日期，所有长期或短期安装的水压表数量。 输入数据 <div align="right">确定一个参考时间</div>
已安装或者安装待用的水压表都应统计，但未校准或者等待修复的水压表不应计入
相关的指标：Op9

C13——水位计数量（个）
在参考日期，所有长期或短期安装的水位计的数量。 输入数据 <div align="right">确定一个参考时间</div>
已安装或者安装待用的水位计都应统计，但未校准或者等待修复的水位表不应计入
相关的指标：Op10

C14——在线水质监测仪表数量（个）
在参考日期，所有长期或短期安装的在线水质监测仪表的数量。 输入数据 <div align="right">确定一个参考时间</div>
已安装或者安装待用的水质检测仪表都应统计，但未校准或者等待修复的水质检测表不应计入
相关的指标：Op11

C15——控制单元数量（个）

所有控制单元的数量，意思是在功能上独立的系统控制设备（例如控制阀和泵开关），用于水井，地表水水池，泵站，能量恢复站，水处理厂，储水池和原水，输水和配水管网。
输入数据

确定一个参考时间

例如，一系列用于控制多个共用泵体和储水池的水井的阀门和其他控制设备应统计为一个控制单元。其他共用体和储水池的水处理厂工艺单元也应遵守同样的标准进行统计（例如过滤单元）

相关的指标：Ph14，Ph15

C16——自动控制单元数量（个）

所有自动控制单元的数量，意思是在功能上独立的利用PLC逻辑控制的系统控制设备（例如控制阀和泵开关），用于水井、地表水水池、泵站、能量恢复站、水处理厂、储水池和原水，输水和配水管网。
输入数据

确定一个参考时间

相关的指标：Ph14

C17——远程控制单元数量（个）

所有由中控系统通过远程连接控制的控制单元，其连接方式通常是有线电缆或无线电，用于水井、地表水水池、泵站、能量恢复站、水处理厂、储水池和原水，输水和配水管网。
输入数据

确定一个参考时间

相关的指标：Ph15

C18——应急供电系统功率（个）

在参考日期下，用于紧急供电的电力系统的总功率。
输入数据

确定一个参考时间

相关的指标：Op12

C19——信号传输设备数量（个）

在参考日期下，用于信号传输设备的数量。
输入数据

确定一个参考时间

相关的指标：Op13

第9章 指标变量

C20------电力开关数量（个）

在参考日期下，系统中变压器的数量。
输入数据

确定一个参考时间

相关的指标：Op14

C21------主管阀门数量（个）

在参考日期下，安装在系统主输水及配水管道上的阀门数量（安装在用户终端的阀门不应计入）。
输入数据

确定一个参考时间

相关的指标：Op19

C22------隔离阀门数量（个）

在参考日期下，安装在系统主输水及配水管道上的隔离阀门数量（安装在用户终端的隔离阀门不应计入）。
输入数据

确定一个参考时间

相关的指标：Ph8

C23------消火栓数量（个）

在参考日期下，安装在系统配水管道上的消火栓数量。
输入数据

确定一个参考时间

所有种类的消火栓都应被统计，包括用于冲洗的消火栓

相关的指标：Ph9，Op6，Op23

9.4.6 服务连接端

C24------用户服务连接点数量（个）

在参考日期下，用户服务连接点数量。
输入数据

确定一个参考时间

当没有可靠的服务连接点统计信息时，建议将管网连接的建筑物数量作为估计数。然而，此数量可能会被低估，因为一个建筑物可能连接有多个服务端，且有些服务端连接点可能不在建筑物内（例如灌溉和公用水龙头等）

相关的指标：Pe1，Ph10，Ph11，Op20，Op23，Op27，Op29，Op32，QS10，QS14，QS26
相关的内容信息：C154，C161，C172

C25——平均服务连接端长度（m）

在参考日期下，从水厂边界（输送点）到测量点的平均管网长度。
输入数据

确定一个参考时间

水务企业经常没有此方面的信息，在此种情况下，应采用估计值

相关的指标：Op29
相关的内容信息：CI56

9.5　D部分——运行数据

9.5.1　能耗数据

D1——水泵能耗（kWh）

在评估阶段，所有水泵的总能耗（客户端的水泵消耗不计）。
输入数据

确定一个参考时间

此变量为系统中每个水泵的实际能耗之和，它由能量消耗计量表测得。
在统计时，如较小的水泵对数据可靠性的影响可以忽略，则其能耗可不计入在内

相关的指标：Ph5，Ph6，Ph7

D2——水泵最大日能耗（kWh）

在评估阶段，最大能耗日所有安装泵体的实际工作时间与功率的乘积之和。
输入数据

确定一个参考时间

在统计时，如较小的水泵对数据可靠性的影响可以忽略，则其能耗可不计入在内

相关的指标：Ph4

D3——能耗基准因素（$m^3 \times 100m$）

加和所有泵站的D3（i）的值，D3（i）的计算方法如下：
D3（i）= V（i）× h（i）/100，其中V（i）为水泵i实际的输水量（m^3），h（i）为该泵的扬程（m）。
输入数据

确定一个参考时间

对于在评估阶段水泵扬程显著变化的水泵来说，可将其工作时间拆分为若干个有限的时间间隔来进行计算，例如如果一个水泵在有三分之一的时间流量为$10m^3/h$，扬程为50m，另外三分之二的时间流量为$12m^3/h$，扬程为42m，则D3（i）的计算方法为：
D3(i)=((10×24×365/3)×50+(12×24×365×2/3)×42)/100
在统计时，如较小的水泵对数据可靠性的影响可以忽略，则可不计入在内

相关的指标：Ph5

第 9 章　指标变量

D4——无功电能消耗（kvar）

在评估阶段，所有泵体无功电能之和。
输入数据

确定一个参考时间

一般来说，无功电能数据可由一些特殊的测定方法获得。在安装了足够的补偿设备的情况下，它可能会接近于 0。
在统计时，如较小的水泵对数据可靠性的影响可以忽略，则可不计入在内。

相关的指标：Ph6

D5——能量再利用（Wh）

在评估阶段，由涡轮及回转泵回收的能量之和。
输入数据

确定一个参考时间

在重力管道传输中，能量回收较好，因为额外的能量可用于水力传输

相关的指标：Ph7

9.5.2　检查和维护数据

D6——检查过的水泵功率（kW）

在评估阶段，接受检查的水泵及其附件的功率之和。
输入数据

确定一个参考时间

和处理工艺有关的及用户使用的水泵不应计入在内。
若某个水泵在评估阶段被检查了不只一次，则应按照其被检查的次数与该泵功率的乘积计算该数据。
在统计时，如较小的水泵对数据可靠性的影响可以忽略，则可不计入在内

相关的指标：Op1

D7——已清洗的储水池容积（m^3）

在评估阶段，被清洗的储水池总容积。
输入数据

确定一个参考时间

清洗是执行所规定的常规作业程序，结果应被记录。
若某个储水池在评估阶段被检查了不只一次，则应按照其被清洗的次数与该储水池容积的乘积计算该数据

相关的指标：Op2

D8——管网检查（km）

在评估阶段，其阀门及配件接受过检查的输水及配水主管网的长度。
输入数据

确定一个参考时间

检查是规定的常规作业程序，应记录结果以使企业评估其服务质量，并作出适当的调整。
若某个管道在评估阶段被检查了不只一次，则仅应按一次计算其长度。在管道不是一年检查一次的情况下，此计算方法可能会对评估指标造成偏差

相关的指标：Op3

D9——漏损控制（km）

在评估阶段，接受过主动漏损控制（检漏）主管网的长度。
输入数据

确定一个参考时间

相关的指标：Op4

D10——由主动漏损控制修复的管道漏洞（个）

在评估阶段，由于主动漏损控制发现并修复的管道漏洞数量。
输入数据

确定一个参考时间

相关的指标：Op5

D11——消火栓检查次数（次）

在评估阶段，所有被检查的消火栓次数。
输入数据

确定一个参考时间

如果某个消火栓在评估阶段被检查了不只一次，则应按其实际检查的次数计算

相关的指标：Op6

D12——流量计校准次数（次）

在评估阶段，进行过校准的流量计次数。
输入数据

确定一个参考时间

只计算有企业正规记录的校准次数。
如果某个流量计在评估阶段不只被校准了一次，则应按照其实际校准的次数计算

相关的指标：Op7

D13——压力表校准次数（次）

在评估阶段，进行过校准的压力表次数。
输入数据

确定一个参考时间

只计算有企业正规记录的校准次数。
如果某个压力表在评估阶段不只被校准了一次，则应按照其实际校准的次数计算

相关的指标：Op9

D14——水位计校准次数（次）

在评估阶段，进行过校准的水位计次数。
输入数据

确定一个参考时间

只计算有企业正规记录的校准次数。
如果某个水位计在评估阶段不只被校准了一次，则应按照其实际校准的次数计算

相关的指标：Op10

D15——在线水质监测仪表校准次数（次）

在评估阶段，进行过校准的在线水质监测仪表次数。
输入数据

确定一个参考时间

只计算有企业正规记录的校准次数。
如果某个在线水质监测仪表在评估阶段不只被校准了一次，则应按照其实际校准的次数计算

相关的指标：Op11

D16——已检查过的应急供电系统功率（kW）

在评估阶段，检查过的紧急供电系统功率之和。
输入数据

确定一个参考时间

检查是执行所规定的常规作业程序，应记录结果以使企业评估其服务质量，并作出适当的调整。
如果某个供电设备在评估阶段不只被检查了一次，则应按照其实际被检查的次数与其功率的乘积计算该数据

相关的指标：Op12

D17——信号传输设备检查次数（次）

在评估阶段,信号传输设备检查次数。
输入数据

确定一个参考时间

检查是执行所规定的常规作业程序,应记录结果以使企业评估其服务质量,并作出适当的调整。
如果某个设备在评估阶段不只被检查了一次,则应按照其实际被检查的次数计算该数据

相关的指标：Op13

D18——电力开关检查次数（次）

在评估阶段,变压器设备检查次数。
输入数据

确定一个参考时间

检查是执行所规定的常规作业程序,应记录结果以使企业评估其服务质量,并作出适当的调整。
如果某个设备在评估阶段不只被检查了一次,则应按照其实际被检查的次数计算该数据

相关的指标：Op14

D19——常备车辆（辆）

在某个参考日期下,日平均可使用车辆数,主要用于厂区运行和维护。
输入数据

确定一个参考时间

如果车辆有多种用途,则应考虑其用于和水务相关业务上的比例。
所有与水务企业厂区运行和维护相关的车辆都应计入在内,不管车辆的所有权是否属于企业。超使用年限车辆不应计入在内。
重型车辆不应计入在内

相关的指标：Op15

9.5.3 预防性维护数据

D20——主管网修复长度（km）

在评估阶段,修复的输水及配水干管的总长度。
输入数据

确定一个参考时间

该数据不仅仅包括 D21 和 D22 中修复的长度,还包括利用其他技术修复的管网长度

相关的指标：Op16

第 9 章　指标变量

D21------主管网更新长度（km）

在评估阶段，用环氧中性树脂，水泥砂浆或其他材料翻新的干管长度。
输入数据

确定一个参考时间

见 1.4 补充定义中关于翻新的定义

相关的指标：Op17

D22------主管网更换长度（km）

在评估阶段，更换的干管总长度。
输入数据

确定一个参考时间

见 1.4 补充定义中关于更换的定义

相关的指标：Op18

D23------阀门更换数量（个）

在评估阶段，更换的阀门数量。
输入数据

确定一个参考时间

用户服务端安装的阀门不应计入

相关的指标：Op19

D24------用户服务端恢复数（个）

在评估阶段，更换或更新的服务端数量。
输入数据

确定一个参考时间

相关的指标：Op20

D25------大修过的水泵功率（kW）

在评估阶段，需要替换相关零件以使其恢复正常运转水泵的额定功率之和。
输入数据

确定一个参考时间

水泵大修包括水泵部分零件的替换。
在统计时，如较小的水泵对数据可靠性的影响可以忽略，则功率可不计入在内

相关的指标：Op21

D26------更换过的水泵功率（kW）

在评估阶段，替换水泵的额定功率之和。
输入数据

确定一个参考时间

水泵替换包括完全替换水泵及其电机。
在统计时，如较小的水泵对数据可靠性的影响可以忽略，则功率可不计入在内

相关的指标：Op22

9.5.4 故障数据

D27------水泵故障天数（d）

在评估阶段，统计水泵出现故障的天数之和。
输入数据

确定一个参考时间

在统计时，较小的水泵对数据可靠性的影响可以忽略，可不计入在内

相关的指标：Op30

D28------主管网故障（次）

在评估阶段，主管网出现故障的次数，包括阀门和配件。
输入数据

确定一个参考时间

为便于评价，主管故障次数可等同于记录的主管维修次数，假设所有的发现故障都以被修复和记录。
如果主管故障指标是用于管理目的，还可以采用类似Op31的补充绩效指标进行评估，但不应包括由于第三方原因导致故障的次数，因为这不是水务企业的事物造成的。此数据也不应包括由于主动漏损控制进行的修复

相关的指标：Op31

D29------用户服务端故障（次）

在评估阶段，用户服务端出现故障的次数。
输入数据

确定一个参考时间

为便于评价，服务端故障次数可等同于记录的服务端维修次数，假设所有的发现故障都以被修复和记录。
如果服务端故障指标是用于管理目的，还可以采用类似Op32的补充绩效指标进行评估，但不应包括由于第三方原因导致故障的次数，因为这不是水务企业的事物造成的。此数据也不应包括由于主动漏损控制进行的修复

相关的指标：Op32

D30——消火栓故障（次）

在评估阶段，消火栓出现故障的次数。
输入数据

确定一个参考时间

为便于评价，消火栓故障次数可等同于记录的消火栓维修次数，假设所有的发现故障都以被修复和记录。
如果消火栓故障指标是用于管理目的，还可以采用类似 Op33 的补充绩效指标进行评估，但不应包括由于第三方原因导致故障的次数，因为这不是水务企业的原因所造成的。此数据也不应包括由于主动漏损控制进行的修复

相关的指标：Op33

D31——供电故障（h）

在评估阶段，所有泵站因供电中断而导致无法正常运转的时间之和。
输入数据

确定一个参考时间

此变量用于评估由于供电故障而导致的水泵无法正常工作的时间，不考虑供电的来源（包括一般供电系统和备用供电系统）。这表明，当某个泵站依赖备用供电系统供电时，就不应计入供电故障时间内。此指标用于评估供水企业而不是供电企业

相关的指标：Op34

D32——供水点故障（次）

在某个参考日期，出现故障的供水点数量。
输入数据

确定一个参考时间

此变量和发展中地区相关。供水点包括公用水龙头和竖管（用于在户外公共场所供水）。供水点故障次数的记录不应考虑其形成的原因（如水龙头、水泵、管道、水源等）

相关的指标：Op35

9.5.5 管网水压和服务连续性数据

D33——水压足够的输水点数量（个）

在某个参考日期，供水高峰时期（并非需水量不正常期）水压能够达到规定或目标水压的输水点数量。
输入数据

确定一个参考时间

此变量也可用于批量供水的情况。在此种情况下，应计算达到目标流量、体积和/或水压的输水点

相关的指标：QS10，QS11

D34——平均运行水压（kPa）

在某个参考日期，当系统加压时输水点的平均水压。
输入数据

确定一个参考时间

精确测量平均运行水压，需要连续检测每个输水点的平均水压值。在实践中需要简化。在地势平坦的地区较易获得数据。当采用校对延期水力模型时，某个节点的水压可由节点的流量得到。在山区，最好的方法就是通过等高线地图来简化数据的采集方式，每个等高线的平均水压也可由此图估计得出。最终的平均水压可用加权平均的方式计算得出，考虑每个等高线上人口占总人口的比重

相关的指标：Op29

D35——供水中断（人×h）

在评估阶段，所有受供水中断影响的人口数量与受影响时间的乘积。
输入数据

确定一个参考时间

在此项数据中，仅需计算意外的（即使告知过用户）或未告知用户的且恢复供水时间超过 12 小时的供水异常情况，这些情况包括供水系统管道破裂或故障，以及随后的维修和翻新。还应包括已告知用户但超过告知时间的情况

相关的指标：QS13

D36——供水服务中断次数（次）

在评估阶段，服务中断的次数。
输入数据

确定一个参考时间

在此项数据中，仅需计算意外的（即使告知过用户）或未告知用户的且恢复供水时间超过 12 小时的供水异常情况，这些情况包括供水系统管道破裂或故障，以及随后的维修和翻新。还应包括已告知用户但超过告知时间的情况。
由系统中断而导致的服务中断不应计入

相关的指标：QS14，QS15

D37——供水限制（人×h）

在评估阶段，所有受供水限制影响的人口数量与受影响时间的乘积之和。
输入数据

确定一个参考时间

相关的指标：QS16

D38——供水服务受限制天数（d）

在评估阶段，供水服务受限制的总天数。
输入数据

确定一个参考时间

相关的指标：QS17

9.5.6 计量数据

D39——居民用水抄表频率［次数/（水表数量·a）］

居民用户的抄表频率，由供水企业在评估前确定。
输入数据

确定一个参考时间

"居民"包括所有与居民用户执行相同抄表程序的客户（例如，商业）

相关的指标：Op36，Op37

D40——工业用水抄表频率［次数/（水表数量·a）］

工业用户的抄表频率，由供水企业在评估前确定。
输入数据

确定一个参考时间

"工业"包括所有与工业用水执行相同抄表程序的客户（例如，超过某个直径的计量表或超过一定用水量的）

相关的指标：Op36

D41——批量用水用户水表抄表频率［次数/（水表数量·a）］

批量用水客户的抄表频率，由供水企业在评估前确定。
输入数据

确定一个参考时间

批量用水客户是从供水企业进水并向第三方转输水的单位。它们负责原水或产水的批发转供

相关的指标：Op36

D42——用户表读取次数（次）

在评估阶段对各种类型的用户计量表进行有效读取的次数。
输入数据

确定一个参考时间

相关的指标：Op36

D43——居民用户水表读取次数（次）
在评估阶段对居民用户水表进行有效读取的次数。 输入数据 　　　　　　　　　　　　　　　　　　　　　　　　　　　　确定一个参考时间
"居民"包括所有与居民用户执行相同抄表程序的客户
相关的指标：Op37

D44——运行的水表（个）
在某一参考日期，正常运行的直接用户计量水表的数量。 输入数据 　　　　　　　　　　　　　　　　　　　　　　　　　　　　确定一个参考时间
此变量包括用于读数和计费的计量表。不运行的及读数不准确的计量表都不应计入
相关的指标：Op38

D45——水表更换（个）
在评估阶段，更换的计量表数量。 输入数据 　　　　　　　　　　　　　　　　　　　　　　　　　　　　确定一个参考时间
相关的指标：Op8

9.5.7　水质检测数据

D46——按规定进行的产水水质检测次数（次）
在评估阶段，相关标准和法规规定的对产水进行水质检测的实际次数。 ＝D47＋D48＋D49＋D50 　　　　　　　　　　　　　　　　　　　　　　　　　　　　确定一个参考时间
对任意参数，对其进行检测的记录次数都不应超过相关标准和法规规定的次数
相关的指标：Op40

D47——按规定进行的产水感官检测次数（次）
在评估阶段，按相关标准和法规规定对产水进行感官检测的实际次数。 输入数据 　　　　　　　　　　　　　　　　　　　　　　　　　　　　确定一个参考时间
对任意参数，对其进行检测的记录次数都不应超过相关标准和法规规定的次数
相关的指标：Op40（D46），Op41 相关的变量：D46

第9章 指标变量

D48——按规定进行的产水微生物检测次数（次）

在评估阶段，按相关标准和法规规定对产水进行微生物检测的实际次数。
输入数据
                                                                                         确定一个参考时间

对任意参数，对其进行检测的记录次数都不应超过相关标准和法规规定的次数

相关的指标：Op40（D46），Op42
相关的变量：D46

D49——按规定进行的产水物理化学检测次数（次）

在评估阶段，按相关标准和法规规定对产水进行物理化学检测的实际次数。
输入数据
                                                                                         确定一个参考时间

对任意参数，对其进行检测的记录次数都不应超过相关标准和法规规定的次数

相关的指标：Op40（D46），Op43
相关的变量：D46

D50——按规定进行的产水放射性检测次数（次）

在评估阶段，按相关标准和法规规定对产水进行放射性检测的实际次数。
输入数据
                                                                                         确定一个参考时间

对任意参数，对其进行检测的记录次数都不应超过相关标准和法规规定的次数

相关的指标：Op40（D46），Op44
相关的变量：D46

D51——产水水质检测次数（次）

在评估阶段，对产水进行水质检测的次数。
＝D53＋D54＋D55＋D56
                                                                                         确定一个参考时间

对任意参数，对产水进行检测的次数都应记录，即使其超过了相关标准和法规规定的次数

相关的指标：QS18

D52——水质检测次数（次）

在评估阶段，水务企业水质检测的次数。
输入数据
                                                                                         确定一个参考时间

此变量不仅包括对产水的检测而且包括对原水的检测。超出规定的检测不应被包括

相关的指标：Pe13

第Ⅱ篇　IWA绩效指标体系应用说明

D53——产水感官检测次数（次）

在评估阶段，对产水进行感官检测的次数。
输入数据

确定一个参考时间

对任意参数，对其进行检测的次数都应记录，即使其超过了相关标准和法规规定的次数

相关的指标：QS18（D51），QS19
相关的变量：D51

D54——产水微生物检测次数（次）

在评估阶段，对产水进行微生物检测的次数。
输入数据

确定一个参考时间

对任意参数，对其进行检测的次数都应记录，即使其超过了相关标准和法规规定的次数

相关的指标：QS18（D51），QS20
相关的变量：D51

D55——产水物理化学检测次数（次）

在评估阶段，对产水进行物理化学检测的次数。
输入数据

确定一个参考时间

对任意参数，对其进行检测的次数都应记录，即使其超过了相关标准和法规规定的次数

相关的指标：QS18（D51），QS21
相关的变量：D51

D56——产水放射性检测次数（次）

在评估阶段，对产水进行放射性检测的次数。
输入数据

确定一个参考时间

对任意参数，对其进行检测的次数都应记录，即使其超过了相关标准和法规规定的次数

相关的指标：QS18（D51），QS22
相关的变量：D51

第 9 章 指标变量

D57------规定水质检测次数（次）

在评估阶段，相关标准和法律规定的对产水进行水质检测的次数。
＝D58＋D59＋D60＋D61

确定一个参考时间

规定可以为一般行规，企业规定或者合同规定

相关的指标：Op40

D58------规定感官检测次数（次）

在评估阶段，相关标准和法律规定的对产水进行感官检测的次数。
输入数据

确定一个参考时间

规定可以为一般行规，企业规定或者合同规定

相关的指标：Op40（D57），Op41
相关的变量：D57

D59------规定微生物检测次数（次）

在评估阶段，相关标准和法律规定的对产水进行微生物检测的次数。
输入数据

确定一个参考时间

规定可以为一般行规，企业规定或者合同规定

相关的指标：Op40（D57），Op42
相关的变量：D57

D60------规定物理化学检测次数（次）

在评估阶段，相关标准和法律规定的对产水进行物理化学业检测的次数。
输入数据

确定一个参考时间

规定可以为一般行规，企业规定或者合同规定

相关的指标：Op40（D57），Op43
相关的变量：D57

D61——规定放射性检测次数（次）

在评估阶段，相关标准和法律规定的对产水进行放射性检测的次数。
输入数据
确定一个参考时间

规定可以为一般行规，企业规定或者合同规定

相关的指标：Op40（D57），Op43
相关的变量：D57

D62——符合规定的产水感官检测合格次数（次）

在评估阶段，符合相关标准和法律规定的对产水进行感官检测的合格次数。
输入数据
确定一个参考时间

规定可以为一般行规，企业规定或者合同规定

相关的指标：QS18，QS19

D63——符合规定的产水微生物检测合格次数（次）

在评估阶段，符合相关标准和法律规定的对产水进行微生物检测的合格次数。
输入数据
确定一个参考时间

规定可以为一般行规，企业规定或者合同规定

相关的指标：QS18，QS20

D64——符合规定的产水物理化学检测合格次数（次）

在评估阶段，符合相关标准和法律规定的对产水进行物理化学检测的合格次数。
输入数据
确定一个参考时间

规定可以为一般行规，企业规定或者合同规定

相关的指标：QS18，QS21

D65——符合规定的产水放射性检测合格次数（次）

在评估阶段，符合相关标准和法律规定的对产水进行放射性检测的合格次数。
输入数据
确定一个参考时间

规定可以为一般行规，企业规定或者合同规定

相关的指标：QS18，QS21

9.6 E部分——人口及客户数据

E1——已供水家庭用户和商业用户数量（户）
在某一参考日期下，供水企业已供水的家庭用户数和商业用户数之和。 输入数据 <div align="right">确定一个参考时间</div>
相关的指标：QS1

E2——已供水服务建筑物数量（座）
在某一参考日期下，供水企业已供水的建筑物数量。 输入数据 <div align="right">确定一个参考时间</div>
相关的指标：QS2

E3——家庭用户和商业用户数量（户）
在某一参考日期下，需要供水的家庭和商业用户数量。 输入数据 <div align="right">确定一个参考时间</div>
无论何时当国家调查这些数据时，应以官方公布的数据为准。间歇性的问卷及调查获得数据也是有效的
相关的指标：QS1

E4——建筑物（座）
在某一参考日期下，需要供水的建筑物数量。 输入数据 <div align="right">确定一个参考时间</div>
无论何时当国家调查这些数据时，应以官方公布的数据为准。间歇性的问卷及调查获得数据也是有效的
相关的指标：QS2

第Ⅱ篇　IWA绩效指标体系应用说明

E5——居民人口数（人）

在某一参考日期下，供水企业供水区域内的接受服务的常住居民人口数量。
输入数据
　　　　　　　　　　　　　　　　　　　　　　　　　　　　　　确定一个参考时间

无论何时当国家调查这些数据时，应以官方公布的数据为准。间歇性的问卷及调查获得数据也是有效的

相关的指标：QS3，QS4，QS5
相关的内容信息：CI77

E6——直接用户水表数量（块）

在某一参考日期下，直接客户计量表的数量。
输入数据
　　　　　　　　　　　　　　　　　　　　　　　　　　　　　　确定一个参考时间

直接客户包括居民，工业和其他现有的客户（例如商业，公共，研究机构）不包括批量供水客户

相关的指标：Pe14，Ph11，Ph12，Op8，Op38

E7——居民用户水表数量（块）

在某一参考日期下，居民用户计量表的数量。
输入数据
　　　　　　　　　　　　　　　　　　　　　　　　　　　　　　确定一个参考时间

"居民"包括所有和居民客户执行相同抄表程序的客户（例如商业）

相关的指标：Ph13，Op36，Op37

E8——工业客户水表数量（块）

在某一参考日期下，工业客户计量表的数量
输入数据
　　　　　　　　　　　　　　　　　　　　　　　　　　　　　　确定一个参考时间

"工业"包括所有和工业客户执行相同抄表程序的客户（水表大于某个直径或大于某个平均消耗量）

相关的指标：Op36

E9——批量用户水表数量（块）

在某一参考日期下，大客户计量表的数量。
输入数据
　　　　　　　　　　　　　　　　　　　　　　　　　　　　　　确定一个参考时间

"批量用户"指从供水企业批量进水并将水转输到第三方单位的客户。包括与原水和产水的输送点相连接的表

相关的指标：Ph12，Op36，QS11，QS15

E10──注册用户数（户）

在某一参考日期下，注册的供水用户数量。
输入数据

确定一个参考时间

注册客户包括居民用户，工业用户，批量用户和其他用户。
"居民用户"包括所有和居民客户执行相同抄表程序的客户（例如商务）。
"工业用户"包括所有和工业客户执行相同抄表程序的客户（水表大于某个直径或大于某个平均消耗量）。
"批量用户"指从供水企业进水并将水转输到第三方单位的客户。包括与原水和产水的输送点相连接的表。
"其他"指非以上所列的客户类型，例如商业、公用和研究机构

相关的指标：Ph12，QS27，QS32，QS33
相关的内容信息：CI11

E11──注册居民用户数（户）

在某一参考日期下，注册的供水居民用户数量。
输入数据

确定一个参考时间

"居民"包括所有和居民客户执行相同抄表程序的客户。（例如商务）

相关的指标：Ph13
相关的内容信息：CI12

9.7　F 部分——质量服务数据

9.7.1　服务数据

F1──供水人口（人）

在某一参考日期下，供水企业已提供供水服务的居民总人口。
＝F2＋F3

确定一个参考时间

相关的指标：QS3，QS13，QS16
相关的内容信息：CI70

F2——直供人口数量（人）

在某一参考日期下，供水企业以服务连接管方式直接供水到用户的服务人口数。
输入数据

　　　　　　　　　　　　　　　　　　　　　　　　　　　　　　　　确定一个参考时间

此变量仅与发展中地区相关，在这些地区里，相当一部分供水是由公共水龙头和水塔完成的，因此有必要将供水总人口（F1）分为管道方式供水人口（F2）和公共水龙头和水塔供水总人口（F3）

相关的指标：QS3（F1），QS4，QS13（F1），QS16（F1）
相关的变量：F1
相关的内容信息：CI9

F3——公共水龙头和水塔方式供水人口（人）

在某一参考日期下，以公共水龙头和水塔方式的供水总人口数。
输入数据

　　　　　　　　　　　　　　　　　　　　　　　　　　　　　　　　确定一个参考时间

此变量仅与发展中地区相关，在这些地区里，相当一部分供水是由公共水龙头和水塔完成的

相关的指标：QS3（F1），QS4，QS13（F1），QS16（F1）
相关的变量：F1

F4——供水点与家庭用户的距离（m）

在某一参考日期下，所有供水点与其最远的供水客户的距离之和。
输入数据

　　　　　　　　　　　　　　　　　　　　　　　　　　　　　　　　确定一个参考时间

此变量仅与发展中地区相关，在这些地区里，相当一部分供水是由公共水龙头和水塔完成的。
供水点指水消耗点，在此处安装了一个或多个公共水龙头和水塔

相关的指标：QS7

F5——公共水龙头或水塔用水量（m^3）

在评估阶段，各公共水龙头和水塔消耗水量之和。
输入数据

　　　　　　　　　　　　　　　　　　　　　　　　　　　　　　　　确定一个参考时间

当可行时，此变量应根据与消耗点相连接的流量计的读数获得。可进行抽样测试。如数据不可获得，则可采用该区域的供水量代替，但需要扣除配水管网的漏损
此变量仅与发展中地区相关，在这些地区里，相当一部分供水是由公共水龙头和水塔完成的

相关的指标：QS8

第 9 章　指标变量

F6——供水点数量（个）

在某一参考日期下，供水点的总数。
输入数据

确定一个参考时间

供水点指安装了一个或多个公共水龙头和水塔的水消耗点。所有现存的供水点都应计入在内，不管其是否运行。

此变量仅与发展中地区相关，在这些地区，相当一部分供水是由公共水龙头和水塔完成的

相关的指标：Op35，QS6，QS7

F7——使用的供水点数量（个）

在某一参考日期下，运行供水点的总数。
输入数据

确定一个参考时间

供水点指安装了一个或多个公共水龙头和水塔的水消耗点。如果一个供水点由于设备故障（水龙头断裂，水泵无法运转）而无法向客户输水，则应认为其已经停用。

此变量仅与发展中地区相关，在这些地区，相当一部分供水是由公共水龙头和水塔完成的

相关的指标：QS6

F8——公共水龙头和水塔数量（个）

在某一参考日期下，在使用的公共水龙头和水塔的总数。
输入数据

确定一个参考时间

当某个公共水龙头或水塔已经停用，则不应计入在内。

此变量仅与发展中地区相关，在这些地区，相当一部分供水是由公共水龙头和水塔完成的

相关的指标：QS9

F9——新安装连接点时间（d）

在评价期间，所有新连接点，从客户有需求起，到其安装完成所需时间的总和。
输入数据

确定一个参考时间

此变量指新的客户合同，且服务连接早已安装完成

相关的指标：QS23

F10——新安装连接点数量（个）

在评估期间，新安装连接点的数量。
输入数据

确定一个参考时间

此变量指新的客户合同，且服务连接早已安装完成

相关的指标：QS23

F11——新客户水表安装时间（d）

在评估期间，从客户要求安装水表到其安装完成所需时间之和。
输入数据

确定一个参考时间

此变量特别指为已存在的连接点是新安装一个水表，一般来说需要一些土建工作

相关的指标：QS24

F12——新客户水表安装数量（个）

在评估期间，安装新客户水表的数量。
输入数据

确定一个参考时间

此变量仅指为已存在的连接点新安装了一个水表，一般来说需要一些土建工作

相关的指标：QS24

F13——连接点修复时间（d）

在评估期间，所有连接点故障从接到报告到供水恢复的时间之和。
输入数据

确定一个参考时间

此变量包括所有被报告的连接故障，不仅仅包括客户报告的连接故障

相关的指标：QS25

F14——连接点修复数量（个）

在评估期间，所有连接故障从接到报告到供水恢复的数量之和。
输入数据

确定一个参考时间

此变量包括所有被报告的连接点故障，不仅仅包括客户报告的连接故障

相关的指标：QS25

9.7.2 客户投诉

F15——服务投诉次数（次）

在评估期间，所有上门，电话，书面的对于服务质量的投诉次数。
＝F16＋F17＋F18＋F19

确定一个参考时间

当投诉具有多重性时，仅需考虑与供水相关的服务投诉次数

相关的指标：QS26，QS27，QS28，QS29，QS30，QS31

F16——水压投诉（次）

在评估期间，所有关于水压的投诉次数。
输入数据

确定一个参考时间

相关的指标：QS26（F15），QS28，QS29（F15），QS30（F15），QS31（F15）
相关的变量：F15

F17——供水连续性投诉（次）

在评估期间，所有关于供水连续性的投诉次数。
输入数据

确定一个参考时间

此变量指中长期的供水连续性投诉。由于水量不足或水质较差，以及系统供水能力不足引起的供水受限的投诉都应包括在内。其余的投诉应包括在F19内

相关的指标：QS26（F15），QS28，QS29（F15），QS30（F15），QS31（F15）
相关的变量：F15

F18——水质投诉（次）

在评估期间，所有关于水质问题的投诉次数。
输入数据

确定一个参考时间

相关的指标：QS26（F15），QS28，QS29（F15），QS30（F15），QS31（F15）
相关的变量：F15

F19——供水中断投诉（次）

在评估期间，所有关于供水中断问题的投诉次数。
输入数据

确定一个参考时间

此变量包括由于偶然系统故障或维修工作引起的短期供水间断引起的投诉。间歇性停水以及由于水质不达标或配备不足引起的投诉应包含在 F17 而不是 F19 内。

相关的指标：QS26（F15），QS28，QS29（F15），QS30（F15），QS31（F15）
相关的变量：F15

F20——付费投诉及咨询次数（次）

在评估期间，所有上门、电话以及书面形式的关于付费的投诉以及咨询的次数。
输入数据

确定一个参考时间

账单咨询是指所有和账单相关的咨询（例如：要求澄清账单明细）

相关的指标：QS32

F21——其他投诉及咨询次数（次）

在评估期间，所有其他与供水服务相关的投诉及咨询次数。
输入数据

确定一个参考时间

相关的指标：QS33

F22——书面回复次数（次）

在评估期间，在规定时间内的关于供水服务投诉和咨询的书面回复次数。
输入数据

确定一个参考时间

相关的指标：QS34

F23——书面投诉次数（次）

在评估期间，关于供水服务的书面投诉次数。
输入数据

确定一个参考时间

书面投诉是指任何以信件、便签、文件、电报、传真、电子邮件或其他书面形式送达的投诉，不论言语如何委婉，目的是说明供水企业或其代表的行为没有满足书信人的愿望。所有投诉，包括对收费水平以及其他规定咨询，以及不合理的投诉也应计入在内

相关的指标：QS34

9.8 G 部分——经济及财务数据

G1——总收入（欧元）
在评估期间，营业收入与自建资产的资本化成本之差。 ＝G2－G35 　　　　　　　　　　　　　　　　　　　　　　　　　　　　　确定一个参考时间
用于水务资产的资本性支出应考虑为对营业收入的修正。因此，它应当在总收入中扣除。 见Ⅱ－7.3中的图表。财务术语定义，见表7-9尤其是表7-10的详述。评估结束时，应参考当时的外汇兑换利率
相关的指标：Fi2，Fi3，Fi30，Fi31

G2——营业收入（欧元）
在评估期间，所有与供水相关的营业收入，包括销售收入（G3），在建工程，自建资产的资本化成本（G35）以及其他营业收入。 输入数据 　　　　　　　　　　　　　　　　　　　　　　　　　　　　　确定一个参考时间
见Ⅱ－7.3中的图表。财务术语定义，见表7-9尤其是表7-10的详述。评估结束时，应参考年终的外汇兑换利率
相关的指标：Fi1，Fi2（G1），Fi3（G1），Fi30（G1），Fi38 相关的变量：G1

G3——销售水的收入（欧元）
在评估期间，与供水相关的销售水的收入。 输入数据 　　　　　　　　　　　　　　　　　　　　　　　　　　　　　确定一个参考时间
见Ⅱ－7.3中的图表。财务术语定义，见表7-9尤其是表7-10的详述。评估结束时，应参考年终的外汇兑换利率
相关的指标：Fi2，Fi3，Fi32，Fi45

G4——总成本（欧元）
在评估期间，与供水业务相关的资本成本及运营成本。 ＝G5＋G6 　　　　　　　　　　　　　　　　　　　　　　　　　　　　　确定一个参考时间
见Ⅱ－7.3中的图表。财务术语定义，见表7-9尤其是表7-10的详述。评估结束时，应参考年终的外汇兑换利率
相关的指标：Fi4，Fi30

G5——运营成本（欧元）

在评估期间，与供水相关的运营成本。

G7＋G8

确定一个参考时间

此变量应与 G8，G9，G10，G11，G12，G13，G14，G15 和 G16 之和相等，这些变量代表了运营成本的不同类型。

见Ⅱ－7.3 中的图表。财务术语定义，见表 7-9 尤其是表 7-10 的详述。评估结束时，应参考年终的外汇兑换利率

相关的指标：Fi4（G4），Fi5，Fi6，Fi7，Fi8，Fi9，Fi10，Fi11，Fi12，Fi13，Fi14，Fi15，Fi16，Fi17，Fi18，Fi19，Fi20，Fi21，Fi22，Fi30（G4），Fi31，Fi47

相关的变量：G4

G6——资本成本（欧元）

在评估期间，与供水相关的所有净利息和基于账面价值的资产折旧。

＝G28＋G31

确定一个参考时间

净利息必须要考虑。利息收入将作为实物资产支出的扣减而不会被计为收入。

见Ⅱ－7.3 中的图表。财务术语定义，见表 7-9 尤其是表 7-10 的详述。评估结束时，应参考年终的外汇兑换利率

相关的指标：Fi4（G4），Fi6，Fi23，Fi24，Fi30（G4）

相关的变量：G4

G7——营业成本（欧元）

在评估期间，与供水相关的营业成本，包括：进（原水和产水）水、能耗、外部服务、租赁、药剂，其他用于维护和维修的耗材和材料，税金、规费以及额外收入及损失，以及其他方面的运行支出，不包括人工成本。

＝G9＋G10＋G11＋G12＋G13＋G14＋G15＋G16

确定一个参考时间

见Ⅱ－7.3 中的图表。财务术语定义，见表 7-9 尤其是表 7-10 的详述。评估结束时，应参考年终的外汇兑换利率

相关的指标：Fi4（G4），Fi5（G5），Fi6（G5），Fi7（G5），Fi8（G5），Fi9（G5），Fi10（G5），Fi11（G5），Fi12（G5），Fi13（G5），Fi14（G5），Fi15（G5），Fi16（G5），Fi17（G5），Fi18（G5），Fi19（G5），Fi20（G5），Fi21（G5），Fi22（G5），Fi30（G4），Fi31（G5），Fi47（G5）

相关的变量：G4（G5），G5

G8——内部人工成本（欧元）

在评估期间，与供水相关直接由供水企业支付的人员工资扣减相关的资产性支出计算而得。
输入数据

确定一个参考时间

见Ⅱ-7.3中的图表。财务术语定义，见表7-9尤其是表7-10的详述。人工支出包括人工和其他由人工直接引起的支出，例如补贴及社会保险支出，加班费也应包括在内。评估结束时，应参考年终的外汇兑换利率

相关的指标：Fi4 (G4)，Fi5 (G5)，Fi6 (G5)，Fi7 (G5)，Fi8 (G5)，Fi9 (G5)，Fi10 (G5)，Fi11 (G5)，Fi12 (G5)，Fi13 (G5)，Fi14 (G5)，Fi15 (G5)，Fi16 (G5)，Fi17 (G5)，Fi18 (G5)，Fi19 (G5)，Fi20 (G5)，Fi21 (G5)，Fi22 (G5)，Fi30 (G4)，Fi31 (G5)，Fi47 (G5)

相关的变量：G4 (G5)，G5

G9——外部服务成本（欧元）

在评估期间，与供水相关的外部服务支出扣减相关的资产性支出计算而得。
输入数据

确定一个参考时间

见Ⅱ-7.3中的图表。财务术语定义，见表7-9尤其是表7-10的详述。评估结束时，应参考年终的外汇兑换利率

相关的指标：Fi4 (G4)，Fi5 (G5)，Fi6 (G5)，Fi7 (G5)，Fi8 (G5)，Fi9 (G5)，Fi10 (G5)，Fi11 (G5)，Fi12 (G5)，Fi13 (G5)，Fi14 (G5)，Fi15 (G5)，Fi16 (G5)，Fi17 (G5)，Fi18 (G5)，Fi19 (G5)，Fi20 (G5)，Fi21 (G5)，Fi22 (G5)，Fi30 (G4)，Fi31 (G5)，Fi47 (G5)

相关的变量：G4 (G5)，G5 (G7)，G7

G10——进水（原水和制水）成本（欧元）

在评估期间，所有进水（原水和制水）支出。
输入数据

确定一个参考时间

见Ⅱ-7.3中的图表。财务术语定义，见表7-9尤其是表7-10的详述。评估结束时，应参考年终的外汇兑换利率

相关的指标：Fi4 (G4)，Fi5 (G5)，Fi6 (G5)，Fi7 (G5)，Fi8 (G5)，Fi9 (G5)，Fi10 (G5)，Fi11 (G5)，Fi12 (G5)，Fi13 (G5)，Fi14 (G5)，Fi15 (G5)，Fi16 (G5)，Fi17 (G5)，Fi18 (G5)，Fi19 (G5)，Fi20 (G5)，Fi21 (G5)，Fi22 (G5)，Fi30 (G4)，Fi31 (G5)，Fi47 (G5)

相关的变量：G4 (G5)，G5 (G7)，G7

G11——电力成本（欧元）

在评估期间，与供水相关的电耗支出之和（包括水泵以及其他供水活动，例如工作间、办公室电耗，实验室等）。

输入数据

确定一个参考时间

见Ⅱ—7.3中的图表。财务术语定义，见表7-9尤其是表7-10的详述。此项费用不仅仅包括电费本身，还包括其他附加税。评估结束时，应参考年终的外汇兑换利率

相关的指标：Fi4（G4），Fi5（G5），Fi6（G5），Fi7（G5），Fi8（G5），Fi9（G5），Fi10（G5），Fi11（G5），Fi12（G5），Fi13（G5），Fi14（G5），Fi15（G5），Fi16（G5），Fi17（G5），Fi18（G5），Fi19（G5），Fi20（G5），Fi21（G5），Fi22（G5），Fi30（G4），Fi31（G5），Fi47（G5）

相关的变量：G4（G5），G5（G7），G7

G12——采购成本（欧元）

在评估期间，与供水相关的材料，药剂以及未包括在外部服务支出的耗材支出并扣减相关的资产性支出计算而得。

输入数据

确定一个参考时间

此变量关于购买的消费品和技术与非技术的其他材料。见Ⅱ—7.3中的图表。财务术语定义，见表7-9尤其是表7-10的详述。评估结束时，应参考年终的外汇兑换利率

相关的指标：Fi4（G4），Fi5（G5），Fi6（G5），Fi7（G5），Fi8（G5），Fi9（G5），Fi10（G5），Fi11（G5），Fi12（G5），Fi13（G5），Fi14（G5），Fi15（G5），Fi16（G5），Fi17（G5），Fi18（G5），Fi19（G5），Fi20（G5），Fi21（G5），Fi22（G5），Fi30（G4），Fi31（G5），Fi47（G5）

相关的变量：G4（G5），G5（G7），G7

G13——融资及经营性租赁成本（欧元）

在评估期间，由和供水相关的租赁支出扣减相关的资产性支出计算而得。

输入数据

确定一个参考时间

见Ⅱ—7.3中的图表。财务术语定义，见表7-9尤其是表7-10的详述。评估结束时，应参考年终的外汇兑换利率

相关的指标：Fi4（G4），Fi5（G5），Fi6（G5），Fi7（G5），Fi8（G5），Fi9（G5），Fi10（G5），Fi11（G5），Fi12（G5），Fi13（G5），Fi14（G5），Fi15（G5），Fi16（G5），Fi17（G5），Fi18（G5），Fi19（G5），Fi20（G5），Fi21（G5），Fi22（G5），Fi30（G4），Fi31（G5），Fi47（G5）

相关的变量：G4（G5），G5（G7），G7

第9章 指标变量

G14——税费（欧元）

在评估期间，与供水系统相关的支付给政府及市政机构（不包括直接税 EBT）的所有税费。
输入数据

                 确定一个参考时间

见Ⅱ－7.3 中的图表。财务术语定义，见表 7-9 尤其是表 7-10 的详述。评估结束时，应参考年终的外汇兑换利率

相关的指标：Fi4 (G4)，Fi5 (G5)，Fi6 (G5)，Fi7 (G5)，Fi8 (G5)，Fi9 (G5)，Fi10 (G5)，Fi11 (G5)，Fi12 (G5)，Fi13 (G5)，Fi14 (G5)，Fi15 (G5)，Fi16 (G5)，Fi17 (G5)，Fi18 (G5)，Fi19 (G5)，Fi20 (G5)，Fi21 (G5)，Fi22 (G5)，Fi30 (G4)，Fi31 (G5)，Fi47 (G5)

相关的变量：G4 (G5)，G5 (G7)，G7

G15——额外的收益及损失（欧元）

在评估期间，与供水系统相关额外的销售或实物资产的收入及损失。
输入数据

                 确定一个参考时间

见Ⅱ－7.3 中的图表。财务术语定义，见表 7-9 尤其是表 7-10 的详述。评估结束时，应参考年终的外汇兑换利率

相关的指标：Fi4 (G4)，Fi5 (G5)，Fi7 (G5)，Fi8 (G5)，Fi9 (G5)，Fi10 (G5)，Fi11 (G5)，Fi12 (G5)，Fi13 (G5)，Fi14 (G5)，Fi15 (G5)，Fi16 (G5)，Fi17 (G5)，Fi18 (G5)，Fi19 (G5)，Fi20 (G5)，Fi21 (G5)，Fi22 (G5)，Fi30 (G4)，Fi31 (G5)，Fi47 (G5)

相关的变量：G4 (G5)，G5 (G7)，G7

G16——其他营业成本（欧元）

在评估期间，由和供水相关的其他支出（不包括药剂、耗材和材料，维护和维修，租赁，税费，规费和额外收入及支出）扣减相关的资产性支出计算而得。
输入数据

                 确定一个参考时间

见Ⅱ－7.3 中的图表。财务术语定义，见表 7-9 尤其是表 7-10 的详述。评估结束时，应参考年终的外汇兑换利率

相关的指标：Fi4 (G4)，Fi5 (G5)，Fi6 (G5)，Fi7 (G5)，Fi8 (G5)，Fi9 (G5)，Fi10 (G5)，Fi11 (G5)，Fi12 (G5)，Fi13 (G5)，Fi14 (G5)，Fi15 (G5)，Fi16 (G5)，Fi17 (G5)，Fi18 (G5)，Fi19 (G5)，Fi20 (G5)，Fi21 (G5)，Fi22 (G5)，Fi30 (G4)，Fi31 (G5)，Fi47 (G5)

相关的变量：G4 (G5)，G5 (G7)，G7

G17——综合管理运营成本（欧元）

在评估期间，和供水相关的部分费用，可由扣减相关的资产性支出计算而得，这些费用包括：董事会费用、中心管理、战略计划、市场开发和交流、其他相关利益方关系、法律事务、内部审计、环境管理、新业务拓展以及电脑系统的技术支持等。

输入数据

确定一个参考时间

见Ⅱ-7.2中的定义——组织职能，见表7-3和表7-4。评估结束时，应参考年终的外汇兑换利率

相关的指标：Fi12

G18——人力资源管理成本（欧元）

在评估期间，和供水相关的部分费用，可由扣减相关的资产性支出计算而得，这些费用包括：人事管理、教育培训、职业安全、健康服务以及社会活动发生的费用。

输入数据

确定一个参考时间

见Ⅱ-7.2中的定义——组织职能，见表7-3和表7-4。评估结束时，应参考年终的外汇兑换利率

相关的指标：Fi13

G19——财务及商务运营成本（欧元）

在评估期间，和供水相关的部分费用，可由扣减相关的资产性支出计算而得，这些费用包括：财务计划、成本管理、成本控制、采购及材料管理业务发生的费用。

输入数据

确定一个参考时间

见Ⅱ-7.2中的定义——组织职能，见表7-3和表7-4。评估结束时，应参考年终的外汇兑换利率

相关的指标：Fi14

G20——客户服务运营成本（欧元）

在评估期间，和供水相关的部分费用，可由扣减相关的资产性支出计算而得，这些费用包括：抄表、计费及控制、客户关系和管理发生的费用。

输入数据

确定一个参考时间

见Ⅱ-7.2中的定义——组织职能，见表7-3和表7-4。评估结束时，应参考年终的外汇兑换利率

相关的指标：Fi15

第 9 章 指标变量

G21——规划、设计、建设,运行维护管理成本(欧元)

在评估期间,和供水技术相关的部分费用,可由扣减相关的资产性支出计算而得,这些费用包括:规划、设计、建设、运行和维护支出。

输入数据

确定一个参考时间

见Ⅱ—7.3中的图表。财务术语定义,见表7-9尤其是表7-10的详述。评估结束时,应参考年终的外汇兑换利率

相关的指标:Fi16

G22——水资源及水库管理成本(欧元)

在评估期间,和水资源及水库管理相关的部分费用。

输入数据

确定一个参考时间

评估结束时,应参考年终的外汇兑换利率

相关的指标:Fi17

G23——取水及制水成本(欧元)

在评估期间,部分费用可由扣减相关的资产性支出计算而得,这些费用包括:提取和处理原水时支出。

输入数据

确定一个参考时间

评估结束时,应参考年终的外汇兑换利率

相关的指标:Fi18

G24——储存及输配水成本(欧元)

在评估期间,部分费用可由扣减相关的资产性支出计算而得,这些费用包括:输水,储存和配水的支出。

输入数据

确定一个参考时间

评估结束时,应参考年终的外汇兑换利率

相关的指标:Fi19

G25——水质取样及检测成本（欧元）

在评估期间，部分费用可由扣减相关的资产性支出计算而得的水质取样及检测费用。
输入数据

确定一个参考时间

评估结束时，应参考年终的外汇兑换利率

相关的指标：Fi20

G26——水表管理成本（欧元）

在评估期间，部分费用可由扣减相关的资产性支出计算而得的计量表管理费用。
输入数据

确定一个参考时间

评估结束时，应参考年终的外汇兑换利率

相关的指标：Fi21

G27——支持性服务成本（欧元）

在评估期间，和供水服务相关的部分费用，可由扣减相关的资产性支出计算而得的支持性服务费用。
输入数据

确定一个参考时间

评估结束时，应参考年终的外汇兑换利率

相关的指标：Fi22

G28——折旧（欧元）

在评估期间，和供水服务相关的折旧支出。
输入数据

确定一个参考时间

见Ⅱ—7.3中的图表。财务术语定义，见表7-9尤其是表7-10的详述。评估结束时，应参考年终的外汇兑换利率

相关的指标：Fi4（G6），Fi6（G6），Fi23，Fi24（G6），Fi30（G4），Fi33，Fi36
相关的变量：G4（G6），G6

第 9 章　指标变量

G29——利息支出（欧元）

在评估期间，和供水服务相关的利息支出。
输入数据

确定一个参考时间

见Ⅱ—7.3中的图表。财务术语定义，见表7-9尤其是表7-10的详述。评估结束时，应参考年终的外汇兑换利率

相关的指标：Fi4（G6），Fi6（G6），Fi23（G6），Fi24，Fi30（G4）
相关的变量：G4（G6），G6（G31），G31

G30——利息收入（欧元）

在评估期间，和供水服务相关的利息收入。
输入数据

确定一个参考时间

见Ⅱ—7.3中的图表。财务术语定义，见表7-9尤其是表7-10的详述。评估结束时，应参考年终的外汇兑换利率

相关的指标：Fi4（G6），Fi6（G6），Fi23（G6），Fi24，Fi30（G4）
相关的变量：G4（G6），G6（G31），G31

G31——净利息收入（欧元）

在评估期间，和供水服务相关的利息支出减去利息收入。
＝G29－G30

确定一个参考时间

大多数的情况，利息支出是大于利息收入的，这意味着净利息其实是一个支出。
见Ⅱ—7.3中的图表。财务术语定义，见表7-9尤其是表7-10的详述。评估结束时，应参考年终的外汇兑换利率

相关的指标：Fi4（G6），Fi6（G6），Fi23（G6），Fi24，Fi30（G4）
相关的变量：G4（G6），G6

G32——有形资产投资（欧元）

在评估期间，和供水服务相关的对有形资产的投入（向厂区及设备的投入），包括自建有形资产的资本性支出（G35中与成本性支出相关的部分）。
＝G33＋G34

确定一个参考时间

见Ⅱ—7.3中的图表。
有形资产包括对支持性建筑，车辆等方面的投资。
应参考年终的外汇兑换利率

相关的指标：Fi25，F26，Fi27，Fi34

G33——新增资产及现有资产改造的投资（欧元）

在评估期间，和供水服务相关的，对和新开展业务相关的有形资产的投入（包括新资产和已有资产的更新换代），包括自建有形资产的资本性支出（G35 中与成本性支出相关的部分）。

输入数据

确定一个参考时间

应参考年终的外汇兑换利率

相关的指标：Fi25（G32），F26，Fi27（G32），Fi34（G32）

相关的变量：G32

G34——现有资产更新替代投资（欧元）

在评估期间，对现有供水资产更新和替换的总投资额。（例如，维护现有基础设施的大概功能），包括自建有形资产的资本性支出（G35 中与资产更新和替换的相关的部分）。

输入数据

确定一个参考时间

应参考年终的外汇兑换利率

相关的指标：Fi25（G32），F26，Fi27（G32），Fi34（G32）

相关的变量：G32

G35——自建资产的资本化成本（欧元）

在评估期间，与供水服务相关的自建资产的资本性支出。

输入数据

确定一个参考时间

此变量包括和自建资产的资本性支出相关的投资，包括对和新业务拓展以及现有资产替代相关的有形和无形资产的投入。

它包括如下方面：

外建项目的追加投入，包括在 G2 中的和其他相关的数据。

对运行维护和内部人工费在损益表中的经济学修订。（见Ⅱ－7.3 中的图表。财务术语定义，见表 7-9）因此，以负值的形式输入 G7，G8 和其他相关的变量中。

对营业收入在损益表中的经济学修订见（Ⅱ－7.3）中的图表；财务术语定义见表（7-9）。因此，以负值的形式输入 G1 中以得到实际的收入。

也可见表 7-10 中关于此部分的详述。

应参考年终的外汇兑换利率

相关的指标：Fi1，Fi2（G1），Fi3（G1），Fi30（G1），Fi31（G1）

相关的变量：G1

第 9 章　指标变量

G36——由直供水售水收入（欧元）

在评估期间，由直接消费获得的供水收入。
输入数据

确定一个参考时间

直接客户包括：居民，工业，或其他现有的客户（例如商务、公共、研究机构），批量用户除外

相关的指标：Fi28，Fi37（G43），Fi47（G37）
相关的变量：G43，G57

G37——转供水量的售水收入（欧元）

在评估期间，由向外供水获得的供水收入。
输入数据

确定一个参考时间

见Ⅱ－1.1水量平衡关系说明。
应参考年终的外汇兑换利率

相关的指标：Fi29，Fi37（G43）
相关的变量：G43

G38——应收账款（欧元）

在某个参考日期下，饮用水应收账款。
输入数据

确定一个参考时间

如评价年绩效指标，则应考察年为单位的应收账款。
应参考年终的外汇兑换利率

相关的指标：Fi32

G39——因折旧引起的投资（欧元）

在某个参考日期下，和供水相关的，根据会计准则计算的投资资产折旧值。
输入数据

确定一个参考时间

见图Ⅱ－7.3——财务定义，表7-11。
应参考年终的外汇兑换利率

相关的指标：Fi33

G40——内源性资金投资（欧元）

在某个参考日期下，和供水相关的，由现金流引起的投资额（净收入，折旧，运营资金变动净值之和）。
输入数据

确定一个参考时间

见图Ⅱ－7.3——财务定义，表7-12。
应参考年终的外汇兑换利率

相关的指标：Fi34

G41——累计折旧（欧元）

和供水相关的，从购买之日起，所有实物资产的折旧值之和。
输入数据

确定一个参考时间

此变量指年值。见图Ⅱ－7.3——财务定义，表7-11和表7-12。
应参考年终的外汇兑换利率

相关的指标：Fi35，Fi42

G42——有形资产的历史价值（欧元）

在某一参考日期下，和供水相关的，所有记录在册的有形资产的价值之和。
输入数据

确定一个参考时间

此变量指年值。见图Ⅱ－7.3——财务定义，表7-11、表7-12和表7-13。
应参考年终的外汇兑换利率

相关的指标：Fi35，Fi36，Fi42

G43——客户年欠账款（欧元）

和供水相关的，客户年欠账款额。
＝G44－（G36＋G37）

确定一个参考时间

此变量指年值。应参考年终的外汇兑换利率。

相关的指标：Fi37

第9章 指标变量

G44——年应收账款（欧元）

和供水相关的，每年已有记录的应收账款。
输入数据
                       确定一个参考时间

此变量指年值。应参考年终的外汇兑换利率

相关的指标：Fi37
相关的变量：G43

G45——现金流（欧元）

在评估阶段，和供水相关的，所有净收入、资产折旧和运营资本增加或减少的和。
输入数据
                       确定一个参考时间

此变量指年值。见图Ⅱ－7.3——财务定义，表7-12。
应参考年终的外汇兑换利率

相关的指标：Fi39

G46——债务本金利息（欧元）

在评估阶段，和供水相关的债务融资服务费用包括：所有利息支出（G29）、贷款费用、本金债务偿还费用。
输入数据
                       确定一个参考时间

应参考年终的外汇兑换利率

相关的指标：Fi39

G47——总负债（欧元）

在某一财务年度结束时，和供水相关的长期债务总和（债券和长期金融债务）。
＝G52＋G53
                       确定一个参考时间

应参考年终的外汇兑换利率

相关的指标：Fi40，Fi43（G48）
相关的变量：G48

G48——所有者权益（欧元）

在某一财务年度结束时，和供水相关的资产与负债差值。
＝G50－G47

确定一个参考时间

所有者权益包括股本金、资本准备金、其他准备金以及净利润。
见图Ⅱ—7.3——财务定义，表 7-12。
应参考年终的外汇兑换利率

相关的指标：Fi40，Fi43

G49——流动资产（欧元）

在某个参考日期下，和供水相关的流动资产，包括：银行及现有现金、饮用水应付账款、其他应付账款、存货、预付账款。
输入数据

确定一个参考时间

见图Ⅱ—7.3——财务定义，表 7-13。
应参考年终的外汇兑换利率

相关的指标：Fi40，Fi43

G50——总资产（欧元）

在某个财务年度结束时，和供水相关的无形资产（商誉，特许权和专利权的净值），有形资产（水务企业的净值和其他资产的净值），财务资产（财务资产的净值）以及流动资产（G49）。
输入数据

确定一个参考时间

见图Ⅱ—7.3——财务定义，表 7-13。
从字面意义上来说，总资产等同于投入资本。
应参考年终的外汇兑换利率

相关的指标：Fi40（G48），Fi43（G48），Fi44，Fi45
相关的变量：G48

G51——存货（欧元）

在某个参考日期下，和供水相关的存储在企业里的与生产相关的生产材料的价值。
输入数据

确定一个参考时间

当此变量数据是年值时，则其应用来评估一个财务年度。
此变量为 G49 的一部分，见图Ⅱ—7.3——财务定义，表 7-13。
应参考年终的外汇兑换利率

相关的指标：Fi38

第 9 章　指标变量

G52——长期负债（欧元）

在某个参考日期下，和供水相关的债券和其他长期性负债之和。
输入数据

确定一个参考时间

应参考年终的外汇兑换利率

相关的指标：Fi40（G47，G48），Fi43（G48）
相关的变量：G47，G48（G47）

G53——流动负债（欧元）

在某个参考日期下，和供水相关的流动负债包括：应付账款，长期负债中的现值部分和混合流动负债。
输入数据

确定一个参考时间

当此变量为年值时，应参考一个财务年度的指标。见图Ⅱ－7.3——财务定义，表 7-13。
应参考年终的外汇兑换利率

相关的指标：Fi40（G47，G48），Fi41，Fi43（G48）
相关的变量：G47，G48（G47）

G54——营业利润（欧元）

一年中和供水相关的，付息及缴税前的营业收入。
输入数据

确定一个参考时间

此变量为年值。见图Ⅱ－7.3——财务定义，表 7-13。
应参考年终的外汇兑换利率

相关的指标：Fi42，Fi44

G55——营业利润相关税费（欧元）

一年中和供水营业利润相关的税金。
输入数据

确定一个参考时间

此变量为年值见图Ⅱ－7.3——财务定义，表 7-13。
应参考年终的外汇兑换利率

相关的指标：Fi44

G56──净利润（欧元）

在财务年度结束时，支付利息和税金后，与供水相关的营业收入。

输入数据

确定一个参考时间

此变量为年值。净收入指缴税后的净利润。见Ⅱ—7.3 的表格，表 7-9，财务定义。

应参考年终的外汇兑换利率

相关的指标：Fi43

G57──直供水的平均水价（欧元/m^3）

每单位售水量收取的费用。

G36/（A8+A9）

确定一个参考时间

此变量用于评估漏失水量的费用。对漏失水量的估值是由未计费及未许可用水，表面漏失和实际漏失等变量来评估的。对于未付费用水和表面漏失量，其实际数量的下降都会导致售水量的升高。因此，估值应以平均吨水收费额为依据。

应参考年终的外汇兑换利率

相关的指标：Fi47

G58──分配到单位物理漏失量的成本（欧元/m^3）

进水最高收费额或自有资源的长期边际性投入（LRMC）。

输入数据

确定一个参考时间

此变量用于评估漏失水量的费用。对漏失水量的估值是由未计费及未许可用水，表面漏失和实际漏失等变量来评估的。对于实际漏失量，其实际数量的下降都会导致进水及制水量的提高。因此，估值应计算：1. 进水最高收费额；2. 自有资源的长期边际性投入（LRMC）。

应参考年终的外汇兑换利率

相关的指标：Fi47

9.9　H 部分——时间数据

H1——评估周期（d）

绩效评估持续的时间。
输入数据

确定一个参考时间

IWA 绩效评估系统旨在评估企业一年的绩效情况。因此，极力建议以年作为参考时间。然而，企业可能会在一年内的某个时段跟踪评估其绩效指标，因此，本系统中的大部分变量也可适应其他长度的评估时间。
在这种情况下，为保证单位统一，以便绩效指标的比较，所有和时间相关的且评估阶段不是一年的指标，均应转化为以年为单位的指标。
值得注意的是，大部分的变量值，由于随机性、季节性以及业务计划的因素在一年中是变化的。所有非年值统计指标必须考虑这些因素，以避免评估偏差

相关的变量：WR2，WR3，Pe2，Pe10，Pe11，Pe13，Pe19，Pe20，Pe21，Pe22，Pe23，Pe24，Pe25，Ph2，Ph3，Op1，Op2，Op3，Op4，Op5，Op6，Op7，Op8，Op9，Op10，Op11，Op12，Op13，Op14，Op16，Op17，Op18，Op19，Op20，Op21，Op22，Op23，Op24，Op30，Op31，Op32，Op33，Op34，Op35，Op36，Op37，QS8，QS12，QS13，QS14，QS15，QS16，QS17，QS26，QS27，QS32，QS33，Fi32
相关的内容信息：C170

H2——加压时间（h）

一年内供水系统加压时间总和。
输入数据

确定一个参考时间

未预见性系统故障，以及正在进行的修复工作所占用的时间不应计入在内。在间断性供水体系中，部分供水间断不同时影响整个系统。当有在不同时期供水的次级系统时，可根据各系统分别进行评估。最终的变量值为各系统值的加权平均值，权重指标可以为各系统连接客户的数量

相关的变量：Op27，Op28，Op29（Op27），QS12

9.10　变量索引

9.10.1　水量数据

　　A1——自有水源年产水量
　　A2——允许年购买水量
　　A3——系统进水量

A4——最高日处理水量

A5——原水转供水量

A6——产水量

A7——产水转供水量

A8——计费且计量用水量

A9——计费未计量用水量

A10——授权且计费用水量

A11——未计费计量用水量

A12——未计费且未计量用水量

A13——授权未计费用水量

A14——授权用水量

A15——漏损水量

A16——未授权用水量

A17——计量误差造成的漏失水量

A18——管理漏失水量

A19——物理漏失水量

A20——收取水费的水量

A21——无收入水量

A22——再利用水量

9.10.2 人力资源数据

B1——职工总数

B2——综合管理人员人数

B3——人力资源管理人员人数

B4——财务与商务人员人数

B5——客户服务人员人数

B6——技术支持人员人数

B7——规划与建设人员人数

B8——运行与维护人员人数

B9——水源与水库管理人员人数

B10——取水与制水人员人数

B11——存储及输配水人员人数

B12——水质监测人员人数

B13——水表管理人员人数

B14——后勤服务支持人员人数

B15——大学学历程度人数

B16——基础教育程度人数

B17——其他程度人数

B18——培训总时间

B19——内部培训时间

B20——外部培训时间

B21——工伤事故

B22——缺勤

B23——因病或因工作事故缺勤

B24——其他原因造成的缺勤

B25——工作时间

B26——加班时间

9.10.3 实物资产数据

C1——原水储存能力

C2——产水储存能力

C3——日处理能力

C4——水泵数量

C5——泵站数量

C6——泵站功率

C7——泵站最大运行功率

C8——主管长度

C9——输水主管长度

C10——流量计数量

C11——区域流量计数量

C12——压力表数量

C13——水位计数量

C14——在线水质监测仪表数量

C15——控制单元数量

C16——自动控制单元数量

C17——远程控制单元数量

C18——应急供电系统功率

C19——信号传输设备数量

C20——电力开关数量

C21——主管阀门数量

C22——隔离阀门数量

C23——消火栓数量

C24——用户服务连接点数量

C25——平均服务连接端长度

9.10.4 运行数据

D1——水泵能耗

D2——水泵最大日能耗

D3——能耗基准因素

D4——无功电能消耗

D5——能量再利用

D6——水泵检查

D7——已清洗的储水池容积

D8——管网检查

D9——漏损控制

D10——由主动漏损控制修复的管道漏洞

D11——消火栓检查次数

D12——流量计校准次数

D13——压力表校准次数

D14——水位计校准次数

D15——在线水质监测仪表校准次数

D16——已检查过的应急供电系统功率

D17——信号传输设备检查次数

D18——电力开关检查次数

D19——常备车辆

D20——主管网修复长度

D21——主管网更新长度

D22——主管网更换长度

D23——阀门更换数量

D24——用户服务端恢复数量

D25——大修过的水泵功率

D26——更换过的水泵功率

第9章 指标变量

D27——水泵故障天数

D28——主管网故障

D29——用户服务端故障

D30——消火栓故障

D31——供电故障

D32——供水点故障

D33——水压足够的输水点数量

D34——平均运行水压

D35——供水中断

D36——供水服务中断次数

D37——供水限制时间

D38——供水服务受限制天数

D39——居民用水抄表频率

D40——工业用水抄表频率

D41——批量用水用户水表抄表频率

D42——用户表读取次数

D43——居民用户水表读取次数

D44——运行的水表

D45——水表更换

D46——按规定进行的产水水质检测次数

D47——按规定进行的产水感官检测次数

D48——按规定进行的产水微生物检测次数

D49——按规定进行的产水物化检测次数

D50——按规定进行的产水放射性检测次数

D51——产水水质检测次数

D52——水质检测次数

D53——产水感官检测次数

D54——产水微生物检测次数

D55——产水物理化学检测次数

D56——产水放射性检测次数

D57——规定水质检测次数

D58——规定感官检测次数

D59——规定微生物检测次数

D60——规定物理化学检测次数

D61——规定放射性检测次数

D62——符合规定的产水感官检测合格次数

D63——符合规定的产水微生物检测合格次数

D64——符合规定的产水物理化学检测合格次数

D65——符合规定的产水放射性检测合格次数

9.10.5 人口及客户数据

E1——已供水家庭用户和商业用户数量

E2——已供水服务建筑物数量

E3——家庭用户和商业用户数量

E4——建筑物数量

E5——居民人口数

E6——直接用户水表数量

E7——居民用户水表数量

E8——工业用户水表数量

E9——批量用户水表数量

E10——注册用户数

E11——注册居民用户数

9.10.6 质量服务数据

F1——供水人口

F2——直供人口

F3——公共水龙头和水塔方式供水人口

F4——供水点与家庭用户的距离

F5——公共水龙头或水塔用水量

F6——供水点数量

F7——使用的供水点数量

F8——公共水龙头和水塔数量

F9——新安装连接点时间

F10——新安装连接点数量

F11——新客户水表安装时间

F12——新客户水表安装数量

F13——连接点修复时间

F14——连接点修复数量

F15——服务投诉次数

F16——水压投诉次数

F17——供水连续性投诉次数

F18——水质投诉次数

F19——供水间断投诉次数

F20——付费投诉及咨询次数

F21——其他投诉及咨询次数

F22——书面回复次数

F23——书面投诉次数

9.10.7 经济及财务数据

G1——总收入

G2——营业收入

G3——销售收入

G4——总成本

G5——运营成本

G6——资本成本

G7——营业成本

G8——内部人工成本

G9——外部服务成本

G10——进水（原水和制水）成本

G11——电力成本

G12——采购成本

G13——融资及经营性租赁成本

G14——税费

G15——额外的收益及损失

G16——其他营业成本

G17——综合管理运营成本

G18——人力资源管理成本

G19——财务及商务运营成本

G20——客户服务运营成本

G21——规划、设计、建设、运行和维护管理成本

G22——水资源及水库管理成本

G23——取水及制水成本

G24——储存及输配水成本
G25——水质取样及检测成本
G26——水表管理成本
G27——支持性服务成本
G28——折旧
G29——利息支出
G30——利息收入
G31——净利息收入
G32——有形资产投资
G33——新增资产及现有资产改造的投资
G34——现有资产更新投资
G35——自建资产的资本成本
G36——由直供水售水收入
G37——转供水量的售水收入
G38——应收账款
G39——因折旧引起的投资
G40——内源性资金投资
G41——累计折旧
G42——有形资产的历史价值
G43——客户年欠账款
G44——年应收账款
G45——现金流
G46——债务本金利息
G47——总负债
G48——所有者权益
G49——流动资产
G50——总资产
G51——存货
G52——长期负债
G53——流动负债
G54——营业利润
G55——营业利润相关税费
G56——净利润
G57——直供水的平均水价

G58——分配到单位物理漏失量的成本

9.10.8 时间数据

H1——评估周期
H2——加压时间

第 10 章 背景信息

10.1 背景信息列表

企业信息
CI1——服务地理范围（一）
CI2——业务种类（一）
CI3——资产所有权种类（一）
CI4——运营种类（一）
CI5——供水系统数量（个）
CI6——每个雇员的年平均工作时间（h）
CI7——供水单价（一）
服务信息
CI8——系统类型（一）
CI9——服务人口（人）
CI10——服务人口峰值（人）
CI11——注册客户数量（户）
CI12——注册居民用户数量（户）
CI13——注册非居民用户数量（户）
CI14——供水区域面积（km^2）
CI15——供水种类
CI16——最小供水压力（kPa）
CI17——最大供水压力（kPa）
系统资产
水源
CI18——年抽水能力（m^3/a）
CI19——日抽水能力（m^3/d）

续表

CI20——水源年可靠水源利用量（m³/a）	
CI21——水源日可靠水源利用量（m³/d）	
CI22——原水输送能力（m³/d）	
CI23——保护区域（km²）	
储水池储存	
CI24——原水储水池数量（座）	
CI25——原水储水池总容积（m³）	
净水厂	
CI26——净水厂数量（座）	
CI27——未经处理的水的日供应量（m³/d）	
CI28——仅经过消毒处理的水的日供应量（m³/d）	
CI29——经过传统处理工艺处理的水的日供应量（m³/d）	
CI30——经过深度处理工艺处理的水的日供应量（m³/d）	
输水及配水储存池/服务储水池	
CI31——输水及配水储存池数量（座）	
CI32——输水及配水储存池的总容积（m³）	
泵站	
CI33——泵站数量（座）	
CI34——泵站总功率（kW）	
输水及配水管网	
CI35——管网总长度（km）	
干管材料	
CI36——灰铸铁管（%）	
CI37——球墨铸铁管（%）	
CI38——钢管（%）	
CI39——防护不够的铁管（%）	
CI40——石棉水泥管（%）	
CI41——聚乙烯管（%）	
CI42——聚氯乙烯管（%）	
CI43——混凝土管（%）	
CI44——其他材料管（%）	

续表

主管直径
CI45——直径≤100/110mm（%）
CI46——100/110mm≤直径≤300/315mm（%）
CI47——直径≥300/315mm（%）
主管管龄
CI48——2001年后安装的主管（%）
CI49——1976年到2000年间安装的主管（%）
CI50——1951年到1975年间安装的主管（%）
CI51——1926年到1950年间安装的主管（%）
CI52——1925年前安装的主管（%）
CI53——主管平均管龄（a）
服务连接管
CI54——服务连接管道的数量（个）
CI55——服务连接处到送水点的管道平均长度（m）
CI56——服务连接处到计量点的管道平均长度（m）
服务连接管道材料
CI57——塑料连接（%）
CI58——钢材连接（%）
CI59——铅连接（%）
CI60——其他材料连接（%）
CI61——连接密度（个/km）
私人泵站和储水池
CI62——私人水泵系统（%）
CI63——私人储水池密度（%）
用水高峰因素
系统平均进水
CI64——管网日平均进水量（m^3/d）
各类用水所占比例
CI65——生活用水（%）
CI66——商业用水（%）

续表

CI67——公共或研究机构用水（％）
CI68——工业用水（％）
CI69——大客户用水（％）
CI70——单位人口平均日用水量 [L/（人·d）]
CI71——单位人口生活平均日用水量 [L/（人·d）]
CI72——单位服务连接点年供水量 [m^3/（连接点·a）]
供水峰值信息及出口水
CI73——供水月变化系数
CI74——供水日变化系数
CI75——供水时变化系数
CI76——管网年输水率 [m^3/（km·a）]
人口及经济
CI77——人口（人）
CI78——人口密度（人/km^2）
CI79——户均人口（人/户）
人口增长率
CI80——当前人口增长率（％/a）
CI81——预期人口增长率（％/a）
CI82——年平均国民生产总值 [欧元/（人·a）]
CI83——通货膨胀率（％）
欧元兑换率
CI84——欧元年平均兑换率（当地货币/欧元）
CI85——评估结束时的欧元兑换率（当地货币/欧元）
环境
年降雨量
CI86——年平均降雨量（mm/a）
CI87——年最大降雨量（mm/a）
CI88——年最小降雨量（mm/a）
气温
CI89——日平均气温（℃）
CI90——日最高气温（℃）

续表

CI91——日最低气温（℃）
地形
CI92——水源平均海拔高度（m）
CI93——供水点最高海拔高度（m）
CI94——供水点最低海拔高度（m）
原水质量——水源类型
CI95——高地地表表面水源（%）
CI96——低地地表表面水源（%）
CI97——天然泉水水源（%）
CI98——井水水源（%）
CI99——钻孔水源（%）
CI100——咸水及异味水源（%）

10.2 企业信息

CI1——服务地理范围
把一个组织作为一个整体考虑的业务范围
值 国 州 地区 当地 单选：说明供水区域的名称。

CI2——业务种类
把一个组织作为一个整体考虑的业务种类，除供水外
值 仅供水 供水及供气 供水及污水处理 供水及区域供热 供水及供电 供水及其他（说明）： 可多选

第10章 背景信息

CI3——资产所有权种类
供水基础设施的所有权种类
值 公共 私人 混合 单选

CI4——运营种类
企业运营权的类型
值 公共 私人 混合 单选

CI5——供水系统数量（个）
由企业独立管理的供水系统数量

CI6——每个雇员的年平均工作时间（h）
一个全职职工的年平均工作时间（大略的雇用时间，除去假期） 变量比率：B25/B1

CI7——供水单价
水单价，包括固定及流动成本支出。 平均的收费应包括固定及流动成本的支持，但应扣除税费
值 年用水量在 200m^3 左右的生活用水的单价（欧元/m^3）。 年用水量超过 10000m^3 的商业或工业用水的单价（欧元/m^3）。 只有当供水企业没有建立水单价或者没有将其与支出关联时，才将其归类为环境信息

10.3 服务信息

CI8──系统类型
根据服务系统的种类对其进行分类。
值 批量供水 直接配水 批量供水和直接配水 单选

CI9──服务人口（人）
服务区域内接受供水企业供水服务的居住人口。 也作为变量 F1

CI10──服务人口峰值（人）
服务区域内接受供水企业供水服务的居住人口及非居住人口的最大值

CI11──注册客户数量（户）
注册客户的总数。 也作为变量 E10

CI12──注册居民用户数量（户）
注册常住客户的总数。 也作为变量 E11

CI13──注册非居民用户数量（户）
注册非常住居民的总数

第 10 章 背景信息

CI14——供水区域面积（km²）
配水管网可以达到或者规划的服务面积

CI15——供水种类
值 全天候供水 间歇供水 单选

CI16——最小供水压力（kPa）
由相关的法律或标准规定的在任意供水点均应达到的供水压力

CI17——最大供水压力（kPa）
由相关的法律或标准规定的在任意供水点均不应超过的供水压力

10.4 系统资产

10.4.1 水源

CI18——年抽水能力（m³/a）
可以用于供水的年最大抽水量，取决于原水水源的可利用性和一般的气象条件（例如，设计和抽提许可中规定值）

CI19——日抽水能力（m³/d）
可以用于供水的日最大抽水量，同上

CI20——水源年可靠供水量（m^3/a）

在干旱的情况下，水源年可提供的水量（例如，在供需平衡中数值）

CI21——水源日可靠供水量（m^3/d）

水源日可提供的水量，同上

CI22——原水输送能力（m^3/d）

现有资产的最高日输水量（可能大于或小于水源可提供水量）

CI23——保护区域（km^2）

对饮用水源地附近进行严格水质保护的区域

10.4.2 储水池储存

CI24——原水储水池数量（座）

系统中的原水储水池数量

CI25——原水储水池容积（m^3）

系统中的原水储水池的总净容积。
也作为变量 C1

对于多用途的储水池来说，只应计算和供水相关的储水池的体积

10.4.3 净水厂

CI26——净水厂数量（座）

水处理厂数量

输送水的处理等级

CI27——未经处理的水的日供应量（m³/d）
未经过任何处理工艺直接供应给用户的水量

CI28——仅经过消毒处理的水的日供应量（m³/d）
仅经过消毒处理供应给用户的水量

CI29——经过传统处理工艺处理的水的日供应量（m³/d）
经传统工艺处理厂处理供给用户的水量

CI30——经过深度处理工艺处理的水的日供应量（m³/d）
经深度工艺处理厂处理供给用户的水量

10.4.4 输水及配水储存池/服务储水池

CI31——输水及配水储存池的数量（座）
输水及配水储存池的数量（不包括客户储存池）

CI32——输水及配水储存池的总容积（m³）
输水及配水储存池的总容积（不包括客户储存池） 也作为变量 C2

10.4.5 泵站

CI33——泵站数量（座）
输水及配水系统中包含的泵站数量（不包括客户泵站） 也作为变量 C5

CI34——泵站总功率（kW）

输水及配水系统中包含的泵站输出的额定总功率（不包括客户泵站）。
也作为变量 C6

10.4.6 输水及配水管网

CI35——管网总长度（km）

输水及配水管网的总长度（不包括服务连接管道）。
也作为变量 C8

10.4.7 主管材料

CI36——灰铸铁管（%）

灰铸铁主管的长度/主管总长度×100

CI37——球墨铸铁管（%）

球墨铸铁主管的长度/主管总长度×100

CI38——钢管（%）

主要钢管的长度/主管总长度×100

CI39——防护不够的铁管（%）

由于未采取足够的防腐措施而导致腐蚀的铁管的长度/主管总长度×100

CI40——石棉水泥管（%）

石棉水泥主管的长度/主管总长度×100

CI41——聚乙烯管（%）
聚乙烯主管的长度/主管总长度×100

CI42——聚氯乙烯管（%）
聚乙烯主管的长度/主管总长度×100

CI43——混凝土管（%）
混凝土主管长度/主管总长度×100

CI44——其他材料管（%）
其他材料主管长度/主管总长度×100

10.4.8 主管直径

CI45——直径≤100/110mm（%）
直径≤100/110mm 的主管长度/主管总长度×100

CI46——100/110mm≤主管直径≤300/315mm（%）
100/110mm≤直径≤300/315mm 的主管长度/主管总长度×100

CI47——主管直径≥300/315mm（%）
直径≥300/315mm 的主管长度/主管总长度×100

10.4.9 主管管龄

CI48——2001年后安装的主管（%）
2001（包括）年后安装的主管长度/主管总长度×100

CI49——1976年到2000年间安装的主管（%）
1976（包括）年到2000（包括）年间安装的主管长度/主管总长度×100

CI50——1951年到1975年间安装的主管（%）
1951（包括）年到1975（包括）年间安装的主管长度/主管总长度×100

CI51——1926年到1950年间安装的主管（%）
1926（包括）年到1950（包括）年间安装的主管长度/主管总长度×100

CI52——1925年前安装的主管（%）
1925（包括）年前安装的主管长度/主管总长度×100

CI53——干管平均管龄（a）
主管使用时间的加权平均值，权重是各时期安装主管的长度占主管总长度的比例

10.4.10 服务连接管

CI54——服务连接管道的数量（个）
服务连接管道的总数 也作为变量 C24

CI55——服务连接处到送水点的管道平均长度（m）
从服务连接处或取样处到送水点的平均长度

CI56——服务连接处到计量点的管道平均长度（m）
从服务连接处或取样处到计量点的平均长度

10.4.11 服务连接管道材料

CI57——塑料连接（％）
塑料服务连接点的数量/服务连接点总数×100％

CI58——钢材连接（％）
钢材服务连接点的数量/服务连接点总数×100％

CI59——铅连接（％）
铅服务连接点的数量/服务连接点总数×100％

CI60——其他材料连接（％）
其他材料服务连接点的数量/服务连接总数点×100％

CI61——连接密度（个/km）
服务连接点数量/主管总长度

10.4.12 私人泵站和储水池

CI62——私人水泵系统（%）
安装有私人水泵系统建筑的数量/建筑的总数量×100%

CI63——私人储水池密度（%）
安装有私人储水池建筑的数量/建筑的总数量×100%

10.5 用水及高峰因素

10.5.1 系统平均进水

CI64——管网日平均进水量（m³/d）
评估期输水管网总进水量/评估时间

10.5.2 各类用水所占比例

CI65——生活用水（%）
评估期生活用水量/许可用水量

CI66——商业用水（%）
评估期商业用水量/许可用水量

CI67——公共或研究机构用水（%）
评估期公共研究研究用水量/许可用水量

第 10 章 背景信息

CI68——工业用水（%）
评估期工业用水量/许可用水量

CI69——大客户用水（%）
评估期大客户用水量/许可用水量
（A5＋A7）/年 14

CI70——单位人口平均日用水量［L/（人·d）］
（管网总进水量－出口水量）/服务人口/评估期
（A3－A5－A7）/F1/H1×1000

CI71——单位人口生活平均日用水量［L/（人·d）］
生活用水量/服务人口/评估期

CI72——单位服务连接点年供水量［m³/（连接点·a）］
（许可用水量－出口水量）/服务连接的数量
（A14－A5－A7）/C24

10.5.3 供水峰值信息及出口水

CI73——供水月变化系数
供水量最大月水量×12/年总供水量（峰值月/年平均）

CI74——供水日变化系数
供水量最大日水量×365/年总供水量（峰值日/年平均）

CI75——供水时变化系数

供水量最大小时水量×24×365/年总供水量（峰值小时/年平均）

CI76——管网年输水率 [m^3/(km·a)]

许可供水量（包括转供水量）/主管总长度
A14/C8

10.6 人口及经济

CI77——人口（人）

供水服务区内总人口

（通常也作为变量 E5）

CI78——人口密度（人/km^2）

常住人口/供水企业承担的服务面积

CI79——户均人口（人/户）

常住人口/居住单位数量（房＋公寓）

10.6.1 人口增长率

CI80——当前人口增长率（％/a）

过去 10 年中的人口增长量/起始年份的人口量/10

如人口增长较快，则应统计过去五年人口的变化情况

CI81——预期人口增长率（％/a）

预期十年的平均年人口增长率

CI82——年平均国民生产总值 [欧元/（人·a）]
年国民生产总值/总人口

CI83——通货膨胀率（%/a）
消费者物价指数（CPI）的年变化百分数

10.6.2 欧元兑换率

CI84——欧元年平均兑换率（当地货币/欧元）
在评估当年的欧元平均兑换率，为每个月末兑换率的平均值

CI85——评估期末的欧元兑换率（当地货币/欧元）
评估期结束时的欧元兑换率

10.7 环境

以下统计数据与服务区域相关。

年降水量

CI86——年平均降雨量（mm/a）
过去30年的年平均降雨量

CI87——年最大降雨量（mm/a）
过去30年的年最大降雨量

CI88——年最小降雨量（mm/a）
过去30年的年最小降雨量

气温

CI89——日平均气温(℃)
过去30年的日平均气温

CI90——日最高气温(℃)
过去30年的日最高气温

CI91——日最低气温(℃)
过去30年的日最低气温

地形

CI92——水源平均海拔高度(m)
水源平均海拔高度,包括进水点的海拔高度加权平均值。每个水源产水量占总产水量比重作为权重值

CI93——供水点最高海拔高度(m)
供水区域内最高供水点的海拔高度

CI94——供水点最低海拔高度(m)
供水区域内最低供水点的海拔高度

原水质量——水源类型

CI95——高地地表水源(%)
高地地表水源年抽水量/年总抽水量×100%

CI96——低地地表表水源（%）
高地地表表水源年抽水量/年总抽水量×100%

CI97——天然泉水水源（%）
天然泉水水源年抽水量/年总抽水量×100%

CI98——井水水源（%）
井水水源年抽水量/年总抽水量×100%

CI99——钻孔水源（%）
钻孔孔眼水源年抽水量/年总抽水量×100%

CI100——咸味及异味水源（%）
咸味及异味水源年抽水量/年总抽水量×100%

第 11 章 不确定度及其传递

11.1 准确度、可信度及不确定度

此部分讲述评估绩效指标精确度级别的基本程序。在第 2 章 2.3 节中，已经强调过输入数据可信度级别的重要性。数据源可信度以及数据准确度的概念如下所述。

准确度：观察值、计算值或估计值与真实值之间的接近程度。准确度和结果的准确性相关，并与精确度有所区别，后者是指数据获取操作过程中的准确程度。

可信度（数据源的）：数据源获取数据的一致性、稳定性及相同性的程度。通过在相同条件下多次测量和观察实现。

当数据通过代数运算得到绩效指标时，结果的可靠程度取决于数据本身的可靠程度。考察数据的准确度与结果可靠程度关联不大，或者说意义不大。然而，评价数据不确定度对结果可靠程度的影响程度是十分重要的。

根据国际不确定度测量基本及通用词汇表，不确定度是一个和测量结果相关的参数，即测量值与真实值之间的合理差异。

如果数据提供方以 $A \pm U_A$ 的形式提供数据，那么就意味着他/她确信真实值与测量值 A 之间的差异范围在 U_A 内。则 U_A 就是不确定度。不确定度时常也以相对值的形式出现，用测量平均值的一个百分率来表示。不同人对"置信度"的看法是不同的。在统计学上，它应以置信度级别的形式表示（即真实值存在于某个置信区间的概率）。例如，某一置信区间的置信度为 95%，则意味着真实值落在区间 $[A-U_A, A+U_A]$ 外的概率将不超过 5%（1/20）。

不确定度一般是由一系列由随机分布引起的多重因素造成的。如果是这样的话，则其测量值与真实值间的差异将呈正态分布。不确定度可由相应的数据标准偏差（σ）测量。在实际中，最常见的不确定度是：

$U=1\sigma$（对应的置信度为 68%）

$U=2\sigma$（对应的置信度为 95%）

$U=3\sigma$（对应的置信度为 99%）

第 11 章 不确定度及其传递

不确定度通常也以相对值表示（$u_A = U_A/a$）

建议提供数据时，相应地说明其置信区间，用相对不确定度表示：

准确性等级	相应的相对误差
0～5%	≤±5%
5%～20%	>±5%，但≤±20%
20%～50%	>±20%，但≤±50%
>50%	>±50%

评价绩效指标的准确性等级，需要用到不确定度的相关概念。

11.2 不确定度传递规律

绩效指标由四个基本的代数运算获得，即：加、减、乘和除。我们先看一些简单例子，然后再推导出一般的计算方法：

假设有两个测量数据 A 和 B，其不确定度为 U_A 和 U_B。则我们在报告中将记录（$A \pm U_A$）和（$B \pm U_B$）。如果测量这两个变量是为了计算出 C，那 C 的变量 U_C 是什么呢？在此手册中，我们使用一个简化的计算方法。不确定度传递的计算方法详见 ISO 标准，"不确定度表示及关联性测量"[①]。

加和减：$C = A + B + \cdots$ 或 $C = A - B - \cdots$ 或两者的结合

则 $U_C = \sqrt{(U_A)^2 + (U_B)^2 + \cdots}$

乘和除：$C = A \times B \times \cdots$ 或者 $C = A/B/\cdots$ 或两者的结合

则 $u_C = \sqrt{(u_A)^2 + (u_B)^2 + \cdots}$

以上两种情况成立的前提假设是：$U_W = 1\sigma_W$。（68% 的置信区间）

一般的，对于变量 $z = f(w_1, w_2, \cdots, w_N)$，且 $w_1, w_2, \cdots, w_N$ 相互独立。则

平均偏差 $U_z = \sqrt{\left|\dfrac{\partial f}{\partial w}\right|(U_W)^2 + \left|\dfrac{\partial f}{\partial x}\right|(U_X)^2 + \left|\dfrac{\partial f}{\partial y}\right|(U_y)^2 + \cdots}$

一般的，对于变量 $z = f(w_1, w_2, \cdots, w_N)$，则此种情况下应采用不确定度计算的完全表达式

---

① 不确定度表示及关联性测量导论，国际标准化组织。(1993)

假设 $U=1\sigma$ 则，z 的不确定度为

$$\sigma_z^2 = \sum_{i=1}^{N}\left(\frac{\partial f}{\partial w_i}\right)^2 \sigma_i^2 + 2\sum_{i=1}^{N} j \sum_{j=i+1}^{N} \frac{\partial f}{\partial w_i}\frac{\partial f}{\partial w_j}\rho_{ij}$$

σ_i^2 为 u_i 的标准偏差，ρ_{ij} 为 u_i 和 u_j 的相关系数。如果输入变量彼此独立，则其关联度为 0，上述公式的第Ⅱ篇将会消失。上述公式通常叫做"误差传递公式"，但此公式实际上表示的是不确定度（非误差）的传递方式。